COLLECTION

DES

LOIS CIVILES ET CRIMINELLES

DES ÉTATS MODERNES,

PUBLIÉE SOUS LA DIRECTION

DE M. VICTOR FOUCHER,

AVOCAT GÉNÉRAL DU ROI.

A PARIS,

Chez JOUBERT, Libraire, rue des Grès, n° 14;

A RENNES,

Chez BLIN, Libraire-Éditeur, place du Palais.

CODE CIVIL

GÉNÉRAL

DE L'EMPIRE D'AUTRICHE,

TRADUIT

SUR LA DERNIÈRE ÉDITION OFFICIELLE,

PAR A. DE CLERCQ,

AVOCAT ATTACHÉ AU MINISTÈRE DES AFFAIRES ÉTRANGÈRES.

PARIS.

IMPRIMÉ PAR AUTORISATION DU ROI

A L'IMPRIMERIE ROYALE.

M DCCC XXXVI.

INTRODUCTION.

Les sources connues du droit germanique, les monuments les plus anciens qui en sont parvenus jusqu'à nous ne remontent guère qu'au cinquième siècle.

Ces monuments, presque tous écrits en langue latine ou anglo-saxonne, nous représentent le droit primitif des peuplades allemandes comme se composant de principes homogènes développés par une nationalité et des mœurs communes.

Presque tous ces documents, autant historiques que législatifs, furent recueillis seulement pour la plupart sous les rois francs.

Composée spécialement des lois qui ont encore aujourd'hui conservé le nom des peuples auxquels elles s'appliquaient [1], cette législation

---

[1] Voyez les *Salica*; les *Ripuariorum*; les *Alemannorum*; les *Bajuariorum*; les *Longobardorum*; les *Frisonum*; les *Saxonum*; les *Angliorum et Werinorum* (*Thuringorum*); les *Wisigothorum*.

formait pour chaque peuple allemand, dans l'é-
tat franc, un statut personnel, mais non réel,
au même titre et de la même manière que le
droit romain régissait l'état des personnes d'ex-
traction romaine et des gens d'église.

Bientôt les capitulaires des rois francs vinrent
modifier ces divers droits et furent, pour les
peuples allemands qui appartenaient à la monarchie franque, une sorte de droit commun écrit,
dont les premières traces datent de la race mé-
rovingienne, et qui reçut sa plus grande exten-
sion sous Charlemagne.

Vers la fin du neuvième siècle, ce droit, dont
l'ensemble se complétait par des coutumes qui
puisaient leur existence dans les mœurs et les
usages, perdit lui-même de sa force après la séparation de l'Allemagne des autresparties de la
monarchie franque : toutefois, il se maintint
comme droit coutumier, et fut interprété, soit
par des espèces de jugements, de règlements
émanés des tribunaux, et connus sous le nom de
ordeel, soit par des actes de notoriété appelés
weistheimer [1].

---

[1] Ces actes de notoriété étaient des déclarations sous serment,
faites par les juges ou les assesseurs, au sujet du droit usité dans le
tribunal.

Ce fut aussi dans le dixième siècle que se développèrent les divers droits municipaux des villes, qui durent le caractère d'uniformité qu'on leur remarque à l'usage qui s'introduisait de transmettre les droits d'une ville à une autre, soit par priviléges du souverain, soit par adoption volontaire des villes elles-mêmes [1].

Ces droits, successivement amendés, sont encore aujourd'hui le fond du droit de plusieurs villes, lorsqu'une loi générale n'est point venue remplacer les priviléges particuliers.

Cependant, comme les lois de l'empire s'occupaient rarement du droit privé, qui ne fut longtemps composé que de coutumes non écrites, comme aux temps antérieurs, et qui forme dans toute l'Allemagne ce qu'on pourrait appeler le droit territorial [2], cet état de choses fit sentir la nécessité d'une rédaction écrite de ces coutumes.

Cette rédaction fut l'œuvre bénévole des jurisconsultes, et les recueils renfermant les cou-

---

[1] C'est ainsi, par exemple, que le droit de la ville de Lubeck est devenu la base de tous les droits municipaux des villes du Nord.

[2] La Frise seule formait une exception; son droit territorial était écrit.

tumes ainsi réd'gées prirent le nom de *Miroirs*
(*Spiegels*)[1].

L'empire germanique se divisa de bonne
heure, comme on sait, en états particuliers, qui
tous s'efforcèrent de développer et de garantir
l'indépendance de leur administration intérieure :
de là des constitutions particulières, à la formation ou à la sanction desquelles les princes eurent
soin de faire concourir les assemblées nationales,
et dans lesquelles s'introduisirent souvent des
dispositions sur le droit privé.

C'est ainsi, par exemple, que le droit territorial autrichien se trouva confirmé vers la fin
du treizième siècle.

Ce ne fut toutefois que dans le quinzième
siècle que les législations territoriales proprement dites se fixèrent successivement, et encore ne s'occupèrent-elles en général du droit
privé que dans ses rapports avec la police ou
l'administration de la justice.

Dans le même siècle, le droit romain, qui
était usité en Allemagne dès le douzième comme
droit impérial, devint d'un usage presque général, par suite de la connaissance qu'en répan-

[1] Le plus important de ces recueils est le Miroir de Saxe, qui
date de 1215 à 1218.

dirent les universités fondées en ce pays vers le milieu du quatorzième siècle.

L'étude exclusive de ce droit dans les universités fit que bientôt les jurisconsultes le considèrent comme source générale du droit commun, et que peu à peu les coutumes perdirent leur autorité devant les tribunaux, excepté pour les questions qui, tenant aux mœurs ou aux anciennes institutions nationales, ne pouvaient trouver de solution dans le droit romain.

Cet état de choses conduisait nécessairement à la rédaction de nouvelles lois civiles, devenues surtout nécessaires pour sanctionner la révolution que l'étude et l'application du droit romain avaient apportée dans la législation. Or, comme les lois de l'empire ne s'occupaient en général que des rapports de droit public des états entre eux, ce furent naturellement les souverains territoriaux qui s'emparèrent, dans chaque pays, du droit de régler ou de modifier les lois civiles.

C'est ainsi que se formèrent, dans les seizième et dix-septième siècles, les divers droits territoriaux (*landrecht*), qui comprenaient l'ensemble des droits privés, et les lois territoriales spéciales s'appliquant uniquement à certains objets du droit.

Parmi ces nouvelles législations, les constitutions saxonnes de 1543 et des années suivantes furent celles qui obtinrent le plus d'autorité et réagirent le plus puissamment sur les autres législations.

Quant aux villes impériales qui relevaient aussi directement de l'empire, elles continuèrent à se régir par leurs anciens statuts, qu'elles modifièrent toutefois au fur et à mesure de leurs besoins, en ayant soin quelquefois de les faire confirmer par des priviléges impériaux.

Le droit germanique devint donc une agrégation de droits particuliers, mais basés sur des principes généraux politiques et conformes, puisqu'ils s'appliquaient aux mêmes institutions organiques.

Enfin, vers le milieu du dix-huitième siècle, l'influence des idées de civilisation amena les premiers essais faits pour remplacer les diverses sources du droit privé par des codes complets.

La Prusse ouvrit la première la voie, et de 1749 à 1752 parut le projet connu sous le nom de *Corpus juris Fridericiani*[1].

---

[1] On peut lire sur l'histoire du code prussien actuel, comparée avec celle des codes français, un excellent travail de M. d'Oppen, président de *landgericht* à Cologne.

Vers le même temps (1753), l'impératrice Marie-Thérèse organisa une commission législative composée de jurisconsultes, de magistrats et d'avocats, auxquels elle donna une instruction claire et substantielle, par laquelle elle détermina l'étendue de leur mandat.

Cette commission devait se borner à rédiger un code du droit privé où, tout en conservant les lois déjà en usage, on s'efforcerait de mettre en harmonie les différentes lois provinciales et d'utiliser le droit commun.

Le professeur Azzoni fut, par suite, désigné pour rédiger un projet de code général ; mais son travail, basé entièrement sur le droit romain et ses interprètes[1], ne répondit pas aux sages intentions de l'impératrice : elle le fit connaître à la commission législative, par une résolution où elle l'invitait surtout à abréger et simplifier cet œuvre, en s'attachant moins à la lettre du droit romain ; le célèbre professeur Horten fut en conséquence chargé de la révision du premier travail, et ce fut seulement en 1786, sous le règne de Joseph II, que parut la première partie du Code civil, comprenant le droit de famille (des personnes), revu par de Kees.

[1] Ce travail, terminé en 1767, se composait de 8 vol. in-folio.

On continua à travailler pour compléter l'ensemble de la nouvelle législation, et pendant que M. de Haan rédigeait le Code pénal, qui fut publié en 1784, M. de Martini achevait le projet du Code civil.

Ce projet terminé fut d'abord provisoirement mis en vigueur en Gallicie, sous le règne de l'empereur François II. D'un autre côté on recueillit les observations des tribunaux et des universités ; on les fit examiner par la commission législative, et le savant M. de Zeiller rédigea sur tous ces documents un nouveau projet, qui fut soumis au vote de membres de la commission aulique et promulgué par l'empereur, après examen du conseil d'état, par une résolution en date du 7 juillet 1810[1].

Le plan de ce code est simple ; une courte introduction, traitant des lois civiles en général (art. 1 à 4), en ouvre les dispositions, qui se divisent ensuite en trois parties.

La première comprend le droit relatif aux personnes.

La deuxième, le droit relatif aux choses. Il y est traité d'abord des choses et de leur divi-

[1] Bien que le décret de publication soit du 1er juillet 1811, ce Code ne fut mis en vigueur qu'au 1er janvier 1812.

sion ; puis, en deux sections séparées, des droits
réels et des droits des personnes sur les choses.

La troisième partie contient les dispositions
communes aux droits relatifs aux personnes et
aux choses.

Ce code abroge le droit commun suivi jusqu'alors, la première partie du Code civil. publiée le 1er novembre 1786, le Code civil donné
en essai à la Gallicie, ainsi que toutes les lois et
tous les usages relatifs aux objets compris dans
le nouveau code général.

Néanmoins, malgré la généralité des dispositions de ce code, il est certaines matières qui
restent encore soumises à une législation spéciale.

Telles sont les constitutions de l'état[1], les
droits fiscaux, les droits féodaux[2], les droits
et priviléges des états provinciaux, et les matières forestières, qui sont encore régis par les
anciennes lois du pays[3]; la législation spéciale

---

[1] Voyez l'ouvrage de M. de Barth-Barthenheim sur la législation politique du royaume autrichien. Vienne 1821 et 1822.

[2] Voyez Collection des lois féodales, par Weller de Weller-
thal. Vienne, 1795, 2 vol. in-4°.

[3] Ces lois sont renfermées dans différentes collections, dont la
meilleure est le *Codex Austriacus, ordine alphabetico compilatus*,
par de Guarient. Vienne, 1704, 11 vol. in-folio. Il a été publié

pour l'armée, qui comprend le droit privé[1] ; celle relative aux finances et aux droits privés qui en dérivent, celle concernant les affaires de commerce et de change[2] ; les lois concernant les Juifs[3], ce code ne s'occupant que des dispositions relatives à leur mariage. (Voyez art. 123 à 136.)

Enfin ce code, bien que déclaré obligatoire pour tous les états héréditaires autrichiens, et qui s'introduisit en 1815 dans le royaume Lombardo-Vénitien, ne s'applique pas au royaume de Hongrie dont la législation nationale a été maintenue[4].

divers suppléments à cet ouvrage. Le dernier comprend les ordonnances jusqu'en 1770.

Il existe en outre des recueils des lois de chaque règne. Le plus utile à consulter est la Collection des lois politiques et judiciaires parues sous François II, par M. de Kropatschek, continuée par Ghutha. Vienne, 1792 à 1812, 52 vol.

[1] Voyez le Recueil des lois de l'armée autrichienne, par Heinrichs, Vienne, 1794 ; le droit civil de l'armée autrichienne, par C. F. Berg-Mayer. Vienne, 1827 et 1828, 2 vol.

[2] Voyez Ordonnances sur les lettres de change, du 15 septembre 1635, renouvelées le 1er octobre 1763 ; décrets des 17 juillet 1803 et 15 juillet 1810, qui appliquent le Code de commerce français au royaume Lombardo-Vénitien et au Tyrol.

On s'occupe en ce moment d'un projet de loi général sur les lettres de change.

[3] Voyez Ordonnance sur les Juifs, de Joseph II, du 2 janvier 1782.

[4] Les meilleurs commentaires du Code civil autrichien sont

La traduction que nous donnons de ce code
n'est pas la première qui en ait été entreprise.
Il a été traduit en polonais par M. de Stoiovsky,
en langue bohémienne par M. Negedley, en italien en 1815, édition officielle, et en latin en
1817 [1].

Nous espérons que notre travail sera utile;
c'est le seul but que nous pouvions nous proposer.

ceux de M. de Zeiller, Vienne 1811, 4 vol., plusieurs fois traduits
en italien, et celui de M. Scheidlen, Vienne, 1833, 1 vol.

[1] Nous regrettons de n'avoir pu nous procurer cette traduction qu'alors que la nôtre était sous presse. Elle nous eût été
d'autant plus utile à consulter, que le texte allemand a germa-
nisé une foule de termes techniques, et que ces germanismes sont
loin d'avoir prévalu, ce qui nous en a rendu la traduction quelquefois embarrassante.

ORDONNANCE

DE PROMULGATION

DU

CODE CIVIL AUTRICHIEN.

———

Nous, François Ier, par la grâce de Dieu Empereur d'Autriche, Roi de Hongrie et de Bohême, Archiduc d'Autriche, etc., etc.

Considérant que, pour assurer aux citoyens la jouissance paisible de leurs droits privés, les lois civiles doivent être basées non-seulement sur les principes généraux de la justice, mais encore sur les relations particulières des habitants; qu'elles doivent être publiées dans une langue qu'ils comprennent et réunies dans une collection méthodique propre à en perpétuer la mémoire, nous avons mis tous nos soins, depuis le commencement de notre règne, à achever la publication d'un Code civil national complet, publication qui avait déjà été ordonnée et entreprise par nos prédécesseurs.

Le projet rédigé sous notre règne par notre commission impériale législative a été soumis, ainsi que

1

cela s'est pratiqué pour le projet de Code relatif aux crimes et aux graves infractions de police, à l'examen de commissions spéciales instituées à cet effet dans les différentes provinces, et en même temps il a été mis à exécution dans la Gallicie.

Après avoir ainsi mis à profit, pour le règlement de cette branche de la législation, les opinions des personnes versées dans la connaissance des lois, et l'expérience acquise par la pratique, nous avons résolu de publier le présent Code civil général pour tous nos États héréditaires allemands, et d'ordonner qu'il fût mis en vigueur à partir du 1er janvier 1812.

En conséquence, nous déclarons abrogés le droit commun suivi jusqu'à ce jour, la première partie du Code civil publiée le 1er novembre 1786, le Code civil spécial de la Gallicie ainsi que toutes les lois et coutumes qui se rapportent aux objets prévus par le présent Code.

Mais comme dans ce même Code nous avons établi le principe de la non-rétroactivité des lois, ce Code n'influera en rien sur les actions antérieures au jour où il doit devenir exécutoire, ni sur les droits déjà acquis conformément aux lois antérieures, soit que ces actions consistent dans des obligations synallagmatiques parfaites, ou dans des déclarations de volonté que le déclarant aurait encore le pouvoir de changer par sa seule volonté et de mettre en harmonie avec les dispositions du présent Code.

Par conséquent, une usucapion ou une prescription commencée avant la mise en vigueur de ce Code devra être jugée d'après les anciennes lois. Si quelqu'un veut se prévaloir d'une usucapion ou d'une prescription dont la durée aurait été abrégée par la nouvelle loi, il ne pourra compter ce délai qu'à partir du moment où le présent Code deviendra exécutoire.

Quoique les dispositions de ce Code soient obligatoires pour tous, cependant il existe pour les militaires et pour les personnes attachées à l'état militaire des dispositions particulières relatives à leurs droits privés, lesquelles devront être observées dans les actions judiciaires dirigées par eux ou contre eux, alors même que les articles de ce Code n'y renverraient pas d'une manière expresse. Les affaires de commerce et de lettres de change devront être jugées conformément aux lois spéciales qui régissent ces matières dans tout ce qu'elles ont de contraire aux dispositions de ce Code.

Les ordonnances relatives aux matières de police, de domaines ou de finances, qui restreignent ou expliquent d'une manière particulière les droits privés, lors même que les articles du Code n'y renverraient pas expressément, resteront également en vigueur : notamment les droits et obligations relatifs aux payements en argent devront être jugés d'après la patente publiée le 20 février 1811 au sujet des monnaies destinées à servir à la circulation et à former la valeur monétaire légale du pays (valeur de Vienne), ou d'après les lois qui pourront intervenir ultérieurement sur cette matière, et, seulement à défaut de celles-ci, d'après les dispositions générales du présent Code.

Nous déclarons en outre que le présent texte allemand du Code devra être considéré comme le texte original d'après lequel devront être jugées les traductions qui en seront faites dans les idiomes particuliers en usage dans nos diverses provinces.

Donné dans notre capitale et résidence de Vienne, le 1ᵉʳ juin de l'année 1811, et de notre règne la 19ᵉ [1].

FRANÇOIS.

(L. S.)

Aloys Cᵗᵉ D'Ugarte,
Chancelier suprême du royaume de Bohême et premier Chancelier de l'archiduché d'Autriche.

François Comte de Woyna.

Par l'ordre exprès de Sa Majesté impériale et royale :
Jean Népomucène Baron de Grisslern.

[1] Ce Code ayant été traduit en italien a été rendu exécutoire dans le royaume Lombardo-Vénitien par un décret du 31 mai 1815.

CODE CIVIL

GÉNÉRAL.

DE L'EMPIRE D'AUTRICHE.

INTRODUCTION.

Art. 1ᵉʳ. L'ensemble des lois qui déterminent les droits et les devoirs privés des habitants de l'État entre eux constitue le droit civil de cet état.

2. Dès qu'une loi a été dûment promulguée, personne ne peut alléguer pour excuse qu'elle lui est demeurée inconnue.

3. La loi devient exécutoire, et produit les conséquences légales qui en doivent découler, immédiatement après sa publication, à moins que la loi elle-même ne renferme une disposition qui recule l'époque de la mise en vigueur.

4. Les lois civiles obligent tous les citoyens des pays pour lesquels elles ont été rendues publiques. Les citoyens demeurent soumis à ces lois pour les

actes et les affaires qu'ils entreprennent hors du terri-
toire de l'État, en tant qu'elles restreignent leur capacité personnelle pour contracter et que ces mêmes
actes ou affaires doivent également produire des effets légaux dans l'intérieur de l'Empire. Il sera expliqué
dans le chapitre suivant jusqu'à quel point ces lois
obligent les étrangers.

5. Les lois n'ont pas d'effet rétroactif; elles n'in-
fluent pas par conséquent sur des actes consommés et
des droits acquis antérieurement.

6. Il ne doit être donné aux lois, dans leur application, d'autre sens que celui qui ressort clairement
de la signification propre des mots pris dans leur ensemble ainsi que de l'intention manifeste du législateur.

7. Lorsqu'une cause judiciaire ne peut être décidée
ni d'après le texte littéral, ni d'après le sens naturel
de la loi, on doit prendre en considération des cas
analogues déterminés par les lois, ainsi que les motifs
des lois qui se rapportent à des matières analogues.
Si même alors la cause demeure douteuse, elle devra être décidée d'après les principes du droit naturel,
en ayant égard aux circonstances de l'affaire, qui devront être réunies avec soin et pesées avec maturité.

8. Au législateur seul appartient le pouvoir d'interpréter une loi d'une manière généralement obligatoire. Une telle interprétation doit être appliquée à
toutes les causes encore pendantes; à moins que la

législateur n'ait ajouté que son interprétation ne devait pas être étendue à la décision des causes qui se rapportent aux actions intentées et aux droits réclamés antérieurement à cette interprétation.

9. Les lois conservent leur force obligatoire tant qu'elles n'ont pas été changées ou expressément abrogées par le législateur.

10. Les coutumes ne peuvent être prises en considération que dans les cas où une loi s'y réfère.

11. Conserveront seuls force de loi, les statuts des différentes provinces et des différents districts qui, après la publication du présent Code, seront expressément confirmés par le souverain territorial.

12. Les décisions intervenues sur des cas particuliers, et les jugements rendus par les tribunaux sur des contestations particulières, ne peuvent jamais avoir force de loi ni être étendus à d'autres cas ou à d'autres personnes.

13. Les privilèges et exemptions accordés à des particuliers ou à des corporations doivent être appréciés comme toute autre espèce de droits, lorsque les règlements de police ne contiennent à cet égard aucune disposition particulière.

14. Les dispositions contenues dans le Code civil ont pour objet les droits relatifs aux personnes, les droits sur les choses et les règles communes à ces deux espèces de droits.

PREMIÈRE PARTIE.

DROIT RELATIF AUX PERSONNES.

CHAPITRE Ier.

DES DROITS QUI ONT RAPPORT AUX QUALITÉS ET AUX RELATIONS DES PERSONNES.

15. Les droits relatifs aux personnes se rapportent à leurs qualités ou à leurs relations, ou dérivent de l'état de famille.

16. Tout homme a des droits innés que la seule raison rend évidents, et il doit, par ce motif, être considéré comme une personne.

L'esclavage ou le servage, non plus que l'exercice d'aucun pouvoir qui s'y rapporte, ne sont tolérés dans nos États.

17. Tout ce qui est conforme aux droits naturels innés est considéré comme existant, tant que la restriction légale de ces droits n'est point prouvée.

18. Tout individu est capable d'acquérir des droits sous les conditions prescrites par la loi.

19. Quiconque se croit lésé dans ses droits a la

faculté de porter sa plainte devant les autorités instituées à cet effet par la loi. Mais quiconque, sans recourir à ces autorités, se fait justice à soi-même ou dépasse les bornes de la légitime défense, encourt une
responsabilité.

20. Les affaires judiciaires qui concernent le chef
de l'État, mais qui ont rapport à son domaine privé
ou aux manières d'acquérir établies par le droit civil,
doivent également être jugées par les autorités judiciaires conformément aux lois.

21. Ceux qui, par défaut d'âge ou par faiblesse
d'esprit, ou par d'autres circonstances, sont incapables
de gérer eux-mêmes leurs affaires d'une manière convenable, sont placés sous la protection spéciale des
lois. Appartiennent à cette classe de personnes : les
enfants qui n'ont pas accompli leur 7ᵉ année ; les impubères qui n'ont pas accompli leur 14ᵉ année ; les
mineurs qui n'ont pas accompli leur 24ᵉ année ; puis
les furieux, les fous, les imbécilles, qui sont entièrement privés de l'usage de leur raison ou qui sont du
moins incapables de discerner les suites de leurs actions ; en outre, ceux auxquels le juge a interdit l'administration ultérieure de leur fortune, comme prodigues déclarés ; enfin les absents et les communes.

22. Les enfants mêmes qui ne sont pas nés ont,
dès le moment de leur conception, des droits à la protection des lois. Ils sont considérés comme nés toutes

les fois qu'il s'agit de leurs droits et non de ceux d'un tiers; mais un enfant mort-né est considéré, en ce qui regarde les droits qui lui avaient été réservés pour le moment de sa naissance, comme s'il n'avait jamais été conçu.

23. En cas de doute sur la question de savoir si un enfant est né viable ou mort, on présume la viabilité. Celui qui soutient le contraire doit en fournir la preuve.

24. S'il s'élève des doutes sur la vie ou la mort d'une personne absente ou qui a disparu, sa mort n'est présumée que dans les circonstances suivantes :

1° Lorsque depuis sa naissance il s'est écoulé quatre-vingts ans et que le lieu de sa résidence est inconnu depuis dix ans;

2° Sans égard au temps écoulé depuis sa naissance, lorsqu'on n'a point eu de ses nouvelles pendant trente années entières;

3° Lorsque cette personne a été grièvement blessée à la guerre, ou si elle se trouvait sur un navire au moment de son naufrage, ou si elle s'est trouvée dans un danger analogue de perdre la vie, et que depuis cette époque elle ait disparu pendant trois ans. Dans tous ces cas, la déclaration de mort peut être demandée et prononcée avec les formalités déterminées en l'article 277.

25. En cas d'incertitude sur la question de savoir laquelle de deux ou de plusieurs personnes décédées

est morte la première, celui qui soutient le prédécès de l'une ou de l'autre de ces personnes doit prouver son assertion : s'il ne peut fournir cette preuve, toutes sont présumées être décédées en même temps, et il ne peut être question d'aucune dévolution de droits entre elles.

26. Les droits respectifs des membres d'une société autorisée sont réglés par le contrat ou par le but de l'association et par les dispositions réglementaires spéciales qui concernent ces sortes de sociétés. A l'égard des tiers, les sociétés autorisées jouissent en général des mêmes droits que les simples particuliers. Les sociétés non autorisées n'ont aucun droit à ce titre, soit à l'égard de leurs membres, soit à l'égard des tiers, et elles sont incapables d'acquérir des droits. On considère comme sociétés non autorisées celles qui sont spécialement défendues par les lois politiques, ou qui sont évidemment contraires à la sûreté, à l'ordre public ou aux bonnes mœurs.

27. Les lois politiques déterminent jusqu'à quel point les communes se trouvent placées, en ce qui concerne leurs droits, sous la surveillance spéciale de l'administration publique.

28. On acquiert la jouissance complète des droits civils par le droit de bourgeoisie. Le droit de bourgeoisie dans nos États héréditaires appartient, par droit de naissance, aux enfants de tout bourgeois autrichien.

29. Les étrangers acquièrent le droit de bourgeoisie autrichienne en entrant dans un service public; en entreprenant une industrie dont l'exercice exige un domicile habituel dans le pays; par un séjour non interrompu de dix années dans nos États, sous la condition toutefois que, dans ce laps de temps, l'étranger ne se soit attiré aucune peine à raison d'un délit.

30. On peut aussi sans l'exercice d'une industrie ou d'un métier, et avant l'écoulement de dix années, se pourvoir auprès des autorités politiques pour obtenir le droit de bourgeoisie, et celles-ci pourront l'accorder suivant l'état de la fortune, la capacité industrielle et la moralité du demandeur.

31. On n'acquiert pas le droit de bourgeoisie autrichienne par la simple habitation ou l'usage temporaire d'un fonds rural, d'une maison rurale ou d'un bien-fonds, ni par l'établissement d'un commerce, d'une fabrique ou la participation à l'un ou à l'autre, sans une résidence effective dans l'un des pays de nos États.

32. La perte du droit de bourgeoisie par suite d'émigration ou par suite du mariage d'une bourgeoise avec un étranger est réglée par les lois sur l'émigration.

33. Les étrangers jouissent en général des mêmes droits civils et sont tenus des mêmes obligations que les nationaux, lorsque la qualité de bourgeois n'est pas expressément exigée pour la jouissance de ces droits. Les étrangers doivent aussi, pour jouir des mêmes droits que les nationaux, prouver, dans les cas douteux, que l'État auquel ils appartiennent traite les bourgeois de nos États, relativement au droit en question, de la même manière que ses propres citoyens.

34. La capacité personnelle des étrangers dans les actions judiciaires doit, en général, être jugée d'après les lois locales auxquelles l'étranger se trouve soumis en raison de son domicile, ou en raison de sa naissance s'il n'a pas de domicile réel; à moins que la loi, dans des cas particuliers, n'en ait ordonné autrement.

35. Une affaire consommée dans nos États par un étranger, et par laquelle celui-ci confère des droits à des tiers sans les obliger réciproquement envers lui, doit être jugée, soit d'après ce Code, soit d'après la loi à laquelle cet étranger est soumis comme sujet; suivant que l'une ou l'autre législation favorise le plus la validité de cette transaction.

36. Lorsqu'un étranger contractera dans ce pays une obligation synallagmatique avec un bourgeois, elle sera jugée sans exception d'après les dispositions de ce Code; mais lorsqu'il l'aura conclue avec un étranger, elle ne sera jugée d'après ce Code qu'autant qu'il ne sera pas prouvé que les parties en la contractant avaient une autre législation en vue.

37. Lorsque des étrangers contractent avec des étrangers ou avec des sujets de nos États en pays étranger, ces transactions doivent être jugées d'après les lois du lieu où l'affaire a été conclue, à moins qu'une autre législation n'ait manifestement servi de base à la conclusion du contrat, et à moins que la disposition contenue en l'article 4 ci-dessus ne s'y oppose.

38. Les envoyés, les chargés d'affaires officiels et les personnes qui sont à leur service, jouissent des privilèges établis par le droit des gens ou par les traités publics.

39. La différence de religion n'a aucune influence sur les droits privés, excepté dans quelques cas où les lois le décrètent spécialement.

40. On entend par famille les mobiliers avec tous leurs descendants; la liaison entre ces personnes est appelée parenté, et celle qui se forme entre un époux et les parents de l'autre époux, alliance.

41. On détermine le degré de parenté entre deux personnes en ligne directe, par le nombre de générations par lesquelles l'une d'elles descend de l'autre, et, en ligne collatérale, par le nombre de générations par lesquelles toutes deux descendent de leur souche commune la plus proche. Une personne est alliée à l'un des époux, dans la même ligne et au même degré que dans la ligne et au degré qu'il est parent de l'autre.

42. On comprend en général sous le nom d'aïeuls,

sans distinction de degrés, tous les parents de la ligne ascendante, et sous celui d'enfants tous les parents de la ligne descendante.

43. Les droits particuliers des membres d'une famille sont indiqués à l'occasion des différentes positions légales dans lesquelles ils leur compètent.

CHAPITRE II.

DU MARIAGE.

44. Les relations de famille sont fondées par le contrat de mariage. Dans le contrat de mariage deux personnes, de sexe différent, déclarent légalement leur volonté de vivre en une communauté indissoluble, de procréer des enfants, de les élever et de se prêter un appui réciproque.

45. Les fiançailles, ou la promesse préliminaire de se marier, quelles que soient les circonstances ou les conditions sous lesquelles elle ait été donnée ou obtenue, ne produisent aucune obligation légale, soit quant à la conclusion du mariage, soit quant à la prestation de ce qui aurait été convenu en cas de délit.

46. Seulement la partie qui n'a de son côté donné aucun motif réel au délit a le droit de demander la réparation du dommage réel qu'elle peut prouver avoir subi par suite de ce délit.

47. Toute personne peut contracter mariage si aucun empêchement légal ne s'y oppose.

48. Les furieux, les fous, les imbéciles et les impubères sont incapables de contracter un mariage valable.

49. Les mineurs ou les majeurs qui, par quelque motif que ce soit, ne peuvent seuls contracter une obligation valable, sont également incapables de se marier d'une manière valable sans le consentement de leur père légitime. Si le père est mort ou incapable d'exercer la puissance paternelle, le mariage ne sera valable qu'autant qu'outre la déclaration du tuteur ou curateur ordinaire, on aura obtenu le consentement de l'autorité judiciaire.

50. Les mineurs de naissance illégitime ont besoin, pour la validité de leur mariage, outre la déclaration de leur tuteur, du consentement de l'autorité judiciaire.

51. Lorsqu'un étranger mineur voudra se marier dans nos États et ne pourra représenter le consentement nécessaire, il lui sera nommé par le tribunal autrichien, sous la juridiction duquel il se trouverait placé par son état et par son domicile, un curateur qui devra déclarer devant ce tribunal son consentement au mariage ou son refus.

52. Lorsque le consentement au mariage aura été refusé à un mineur ou à une personne placée en curatelle, et que ceux qui demandent à se marier se croient lésés par ce refus, ils ont le droit d'implorer l'appui du juge compétent.

53. Le défaut de revenus suffisants, les mauvaises mœurs prouvées ou notoires, des maladies contagieuses ou des infirmités contraires au but du mariage dans la personne de celui avec lequel on veut contracter mariage, sont de légitimes motifs pour refuser le consentement au mariage.

54. Les lois militaires déterminent les militaires ou les personnes appartenant aux corps militaires qui ne peuvent contracter un mariage valable sans le consentement écrit de leur régiment, de leur corps, ou en général de leurs supérieurs.

55. Le consentement au mariage est sans force légale lorsqu'il a été extorqué par suite d'une crainte fondée. La question de savoir si la crainte était fondée doit être jugée d'après la grandeur et la probabilité du péril, et d'après la constitution corporelle et intellectuelle de la personne menacée.

56. Le consentement est également invalide lorsqu'il a été donné par une personne enlevée et qui n'a pas encore été remise en liberté.

57. L'erreur n'invalide le consentement au mariage que lorsqu'elle porte sur la personne même du futur conjoint.

58. Lorsqu'un époux reconnaît après la célébration du mariage que son épouse se trouve déjà enceinte des œuvres d'une autre personne, il peut, hors le cas déterminé en l'article 121, demander que le mariage soit déclaré nul.

59. Toutes les autres erreurs des époux, ainsi que leurs espérances trompées relativement aux conditions préalablement stipulées ou communes, ne nuisent point à la validité du mariage.

60. L'impuissance permanente de remplir le but du mariage est un empêchement au mariage, lorsqu'elle existait déjà au moment de la conclusion du contrat. Une impuissance purement temporaire ou survenue pendant la durée du mariage, alors même qu'elle serait incurable, ne peut dissoudre le lien du mariage.

61. Un criminel condamné à la prison très-dure ou dure ne peut, à partir du moment où son jugement lui a été signifié et tant que dure sa peine, contracter un mariage valable.

62. Un homme ne peut être marié à la fois qu'à une seule femme, et une femme qu'à un seul homme. Celui qui a déjà été marié et qui veut convoler à de secondes noces doit prouver légalement la séparation qui a eu lieu, c'est-à-dire la dissolution complète du lien conjugal.

63. Les ecclésiastiques qui ont déjà reçu les ordres supérieurs, ainsi que les religieux des deux sexes qui ont fait le vœu solennel du célibat, ne peuvent contracter de mariage valable.

64. Il ne peut être contracté de mariage valable entre les chrétiens et des personnes qui ne reconnaissent pas la religion chrétienne.

65. Il ne peut être contracté de mariage valable entre parents en ligne ascendante et descendante; entre frère et sœur consanguins ou utérins, entre enfants de frères et sœurs, ni entre ces enfants et les frères et sœurs des père et mère, c'est-à-dire avec l'oncle ou la tante du côté paternel ou maternel, soit que la parenté provienne de naissance légitime ou illégitime.

66. L'alliance empêche que le mari ne puisse épouser celles des parentes de sa femme énumérées à l'article 65, et que la femme ne puisse épouser les parents y dénommés de son mari.

67. Le mariage entre deux personnes qui ont commis ensemble un adultère est nul. Cependant l'adultère doit avoir été prouvé avant la célébration du mariage.

68. Lorsque deux personnes, même sans avoir commis d'adultère préalable, ont promis de s'épouser et que, pour atteindre ce but, l'une d'elles a attenté à la vie de l'époux qui formait l'obstacle à leur union, il ne peut être formé entre elles de mariage valable, alors même que le meurtre n'aurait pas été effectivement consommé.

69. La publication des bans et la déclaration solennelle du consentement sont également nécessaires pour la validité du mariage.

70. La publication des bans consiste dans l'annonce du mariage projeté avec l'énonciation des pré-

noms, noms de famille, lieux de naissance, profession et domicile des deux futurs époux, et avec l'invitation à toute personne qui connaîtrait un empêchement au mariage de le faire connaître. Cette dénonciation doit être faite directement, ou par l'intermédiaire du curé qui a publié les bans, au curé compétent pour la célébration du mariage.

71. La publication doit être faite pendant trois dimanches ou jours fériés devant l'assemblée religieuse ordinaire de la paroisse, et si les deux époux demeurent sur des paroisses différentes, devant celle des deux paroisses. Dans les mariages entre des personnes appartenant à un culte chrétien non catholique, la publication des bans doit être faite non-seulement dans les réunions religieuses de leur culte, mais encore dans les églises paroissiales catholiques dans la circonscription desquelles elles ont leur domicile; et dans les mariages entre catholiques et personnes d'un culte chrétien non catholique, la publication des bans doit être faite non-seulement dans l'église paroissiale de la partie catholique et dans le temple de la partie non catholique, mais encore dans l'église paroissiale catholique dans la circonscription de laquelle cette dernière a son domicile.

72. Lorsque les fiancés, ou l'un des deux, ne seront pas encore domiciliés depuis six semaines sur la paroisse dans laquelle le mariage doit être célébré, la publication devra être faite également dans le lieu du

dernier domicile où ils auront résidé un plus long espace de temps que celui ci-dessus fixé, ou bien les
fiancés devront continuer leur résidence pendant six
semaines dans le lieu où ils se trouveront, afin que
la publication de leur mariage dans cette paroisse
puisse être suffisante.

73. Si le mariage n'a pas été célébré dans les six
mois qui suivront la publication des bans, les trois
publications devront être renouvelées.

74. Il suffit à la vérité pour la validité des publications et la validité du mariage qui s'y trouve subordonnée, que les noms des futurs époux et leur mariage
projeté aient été publiés, au moins une fois dans la
paroisse du futur mari et dans celle de la future épouse,
et un défaut dans la forme ou le nombre des publications ne rend point le mariage invalide; néanmoins,
les futurs époux ou leurs protecteurs naturels, ainsi
que les curés, sont tenus, sous des peines proportionnées, de veiller à ce que toutes les publications prescrites
par les présentes aient lieu dans la forme convenable.

75. La déclaration solennelle du consentement
doit être faite, en présence de deux témoins, devant
le curé ordinaire de l'un des deux époux; soit que ce
curé, suivant la différence des religions, s'appelle curé,
pasteur ou autrement, ou bien devant son suppléant.

76. La déclaration solennelle du consentement
au mariage peut être faite par un fondé de pouvoirs;

mais l'autorisation du tribunal local sera nécessaire à cet effet, et il faudra que la personne avec laquelle le mariage devra être célébré soit désignée dans la procuration. Le mariage contracté sans une telle procuration spéciale est nul. Si la procuration a été révoquée avant la célébration du mariage, le mariage, à la vérité, sera nul, mais celui qui aura donné la procuration sera responsable du dommage causé par sa révocation.

77. Lorsqu'une personne catholique et une autre non catholique se marieront, le consentement devra être déclaré en présence de deux témoins devant le curé catholique; cependant, sur la demande de l'autre partie contractante, l'ecclésiastique non catholique pourra assister à cet acte solennel.

78. Lorsque les fiancés ne pourront fournir la preuve écrite de la publication régulière de leurs bans, ou lorsque les personnes mentionnées aux articles 49, 50, 51 et 54 ne pourront produire l'autorisation nécessaire pour leur mariage, ou lorsque ceux dont la majorité ne sera pas évidente ne pourront représenter leur acte de baptême ou la preuve écrite de leur majorité, ou bien s'il s'élève un autre empêchement au mariage, il est interdit au curé, sous forte peine, de procéder à la célébration du mariage jusqu'à ce que les futurs époux aient fourni les preuves nécessaires et levé tous les empêchements.

79. Si les futurs époux se croient lésés par le refus

de passer outre à la célébration, ils peuvent porter
leur plainte devant le tribunal local, et, dans les lieux
où il n'y en a pas, devant le bailliage du cercle.

80. Pour assurer la preuve durable de la célébration du mariage, les curés sont tenus de l'inscrire eux-
mêmes dans le registre des mariages à ce spécialement
destiné. Ils devront également y mentionner, 1° les
prénoms, noms de famille, âges, domiciles et professions
des époux, avec la mention s'ils ont déjà été mariés ou
non; 2° les prénoms, noms de famille et professions
de leurs parents et des témoins; 3° le jour de la célébration; 4° les noms du curé devant lequel le consentement a été solennellement déclaré; 5° les documents sur lesquels les oppositions survenues auront
été levées devront être énoncés.

81. Si le mariage doit être célébré dans une troisième paroisse à la circonscription de laquelle aucun
des deux futurs époux n'appartient, le curé ordinaire
devra, au moment même où il dressera l'acte par lequel il se substituera un autre curé, faire mention de
cette circonstance sur le registre des mariages de sa
paroisse, en désignant le lieu où le mariage devra être
célébré et le nom du curé qui devra y procéder.

82. Le curé du lieu où le mariage sera célébré devra également insérer la célébration du mariage sur le
registre des mariages de sa paroisse en ajoutant le nom
du curé qui l'aura délégué pour le remplacer, et il

devra, dans les huit jours, annoncer la célébration
du mariage au curé dont il tiendra ses pouvoirs.

83. La dispense des empêchements au mariage
pourra être demandée, à raison de motifs graves, au
tribunal local qui, suivant les circonstances, devra
procéder à une instruction ultérieure.

84. C'est aux parties contractantes à solliciter elles-
mêmes et en leur propre nom, avant la célébration
du mariage, les dispenses des empêchements au mariage. Mais s'il venait à se présenter après la célébration du mariage un empêchement non dirimant jusqu'alors inconnu, les parties pourraient solliciter des
dispenses auprès du tribunal local par l'intermédiaire
de leurs curés et sans faire connaître leurs noms.

85. Dans les endroits où il n'y a point de tribunal
local, les bailliages du cercle sont autorisés à dispenser
pour des motifs graves de la seconde et de la troisième
publication.

86. Dans des circonstances urgentes le tribunal
local ou le bailliage du cercle, et, lorsqu'un danger
imminent de mort dûment constaté n'admet aucun
délai même l'autorité locale, peuvent dispenser de
toute publication de bans; cependant les futurs époux
devront affirmer sous serment qu'ils ne connaissent
aucun empêchement à leur mariage.

87. La dispense des trois publications pourra être
accordée moyennant la prestation du serment ci-dessus

mentionné, lorsque les deux personnes qui voudront contracter mariage seront présumées dans l'opinion générale avoir déjà été mariées ensemble. Dans ce cas, la dispense pourra être demandée au tribunal local par le curé, sans faire connaître les noms des parties.

88. Lorsqu'il sera accordé une dispense à raison d'un empêchement existant au moment de la célébration du mariage, les bans n'auront pas besoin d'être renouvelés, mais le consentement devra être déclaré de nouveau devant le curé et deux témoins dignes de foi, et cet acte solennel inscrit sur le registre des mariages; lorsque cette disposition aura été observée, un tel mariage devra être considéré comme s'il avait été valablement contracté dès l'origine.

89. Les droits et les obligations des époux prennent leur origine dans le but de leur union, dans la loi et dans les stipulations conventionnelles. Les droits personnels des époux sont seuls déterminés dans ce chapitre, tandis que les droits réels qui naissent des conventions matrimoniales sont fixés dans la seconde partie de ce Code.

90. Les époux se doivent avant tout, réciproquement, les devoirs conjugaux, la foi et des égards convenables.

91. Le mari est le chef de la famille. En cette qualité, il a principalement le droit de diriger le mé-

nage, mais il est aussi dans l'obligation de fournir à sa femme, suivant sa fortune, un entretien convenable, et de la protéger dans toutes les circonstances.

92. La femme prend le nom de son mari et jouit des droits de son état. Elle est tenue de suivre le mari dans son domicile, de l'assister suivant ses forces dans la tenue du ménage et dans son industrie, et non-seulement d'exécuter elle-même, mais de faire exécuter les mesures qu'il a prescrites, autant que l'exige l'ordre domestique.

93. Il n'est nullement au pouvoir des époux, fussent-ils d'accord entre eux à cet égard, de dissoudre arbitrairement le lien conjugal, soit qu'ils soutiennent la nullité de leur mariage, soit qu'ils veuillent arriver à la dissolution de leur union, soit qu'ils veuillent seulement obtenir une séparation de table et de lit.

94. La nullité d'un mariage, fondée sur l'un des empêchements mentionnés aux articles 56, 62, 63, 64, 65, 66, 67, 68, 75 et 119, doit être poursuivie d'office. Dans tous les autres cas, on doit attendre les poursuites de ceux qui se trouvent lésés dans leurs droits par un mariage contracté au mépris d'un empêchement.

95. L'époux qui a connu l'erreur commise sur la personne, ou la crainte à laquelle son conjoint a été soumis, ainsi que le mari qui a caché la circonstance qu'il ne pouvait, aux termes des articles 49, 50, 51,

52 et 54, contracter seul un mariage valable, ou
qui a faussement allégué l'autorisation qui lui était nécessaire, ne peuvent contester la validité du mariage
à raison de leurs propres actes illégaux.

96. En général, la partie innocente a seule le
droit de demander que le contrat de mariage soit déclaré nul; mais elle perd ce droit si, après avoir eu
connaissance de l'empêchement, elle a continué le
mariage. Un mariage contracté arbitrairement par un
mineur ou par une personne en tutelle ne peut être
attaqué par le père ou le tuteur que pendant la durée
de la puissance paternelle ou de la tutelle.

97. La procédure relative à la nullité d'un mariage n'appartient qu'au tribunal du district dans lequel
les époux ont leur domicile ordinaire. Le tribunal
chargera l'autorité fiscale ou un autre homme capable
et probe d'instruire sur les circonstances et de défendre le mariage, afin d'établir d'office le véritable
état de l'affaire, même dans le cas où l'action est
poursuivie sur la demande d'une partie.

98. Lorsque l'empêchement pourra être levé, le
tribunal s'efforcera d'y parvenir par des démarches
convenables auprès des parties et par l'obtention de
leur consentement; mais, lorsque ce consentement ne
pourra être obtenu, le tribunal devra prononcer sur
la validité du mariage.

99. La présomption est toujours en faveur de la

validité du mariage. L'empêchement allégué doit donc être complétement prouvé, sans que, dans ce cas, l'aveu concordant des époux puisse faire preuve, ni que leur serment puisse être admis.

100. Dans le cas où on alléguerait une impuissance antérieure et permanente de remplir le devoir conjugal, la preuve doit en être fournie par des experts, c'est-à-dire par des médecins et des chirurgiens expérim: 'és, et, suivant les circonstances, également par des sages-femmes.

101. Lorsqu'on ne peut déterminer avec certitude si l'impuissance est perpétuelle ou si elle n'est que temporaire, les époux sont tenus de cohabiter encore pendant une année, et si l'impuissance a continué pendant cet espace de temps, le mariage doit être déclaré nul.

102. S'il résulte des débats du procès relatif à la validité du mariage que l'empêchement était connu à l'une des parties ou à toutes les deux, et qu'elles l'ont célé à dessein, on appliquera aux coupables les peines déterminées par le Code relatif aux graves infractions de police. Si l'une des parties est innocente, elle aura la faculté de demander des dommages-intérêts. Enfin, si des enfants sont nés d'un tel mariage, on devra en prendre soin d'après les principes fixés au titre des devoirs des pères et mères.

103. La séparation de lit et de table, lorsque les

deux époux y consentent et sont d'accord sur les conditions, doit être autorisée par le tribunal sous la réserve suivante.

104. Les époux sont tenus d'abord de soumettre à leur curé la résolution où ils sont de se séparer, ainsi que les motifs qui les y portent. Le devoir du curé est de rappeler aux époux la promesse solennelle et réciproque qu'ils ont faite lors de la célébration du mariage, et de leur représenter avec force les suites fâcheuses de leur séparation. Ces représentations doivent être répétées à trois reprises différentes. Si elles demeurent sans effet, le curé délivrera aux parties une attestation écrite constatant que, nonobstant les trois représentations, elles persistent dans la demande de leur séparation.

105. Les deux époux devront présenter la demande de séparation à leur tribunal ordinaire, en y joignant cette attestation. Le tribunal les fera comparaître en personne, et s'ils confirment devant lui qu'ils sont d'accord sur leur séparation ainsi que sur les stipulations relatives à leur fortune et à leur entretien, il devra, sans plus ample information, autoriser la séparation et l'inscrire sur les actes du tribunal. Lorsqu'il y a des enfants, le tribunal est tenu de veiller à leurs intérêts, conformément aux dispositions contenues dans le chapitre suivant.

106. Un époux mineur ou en curatelle peut bien

consentir seul à la séparation quant à sa personne ; mais le consentement du protecteur légal et du tribunal de la tutelle sera nécessaire pour les conventions relatives à la fortune des époux et à leur entretien, ainsi qu'à l'entretien des enfants.

107. Si l'une des parties ne veut pas consentir à la séparation, et si l'autre partie a des motifs légitimes pour y insister, les représentations conciliatrices du curé doivent également dans ce cas précéder la demande. Si elles restent sans effet, ou si la partie incriminée refuse de comparaître devant le curé, la demande doit être introduite, accompagnée de l'attestation du curé, devant le tribunal ordinaire qui devra d'office examiner l'affaire et en connaître. Le juge peut accorder à la partie lésée, même avant sa décision, un domicile distinct convenable.

108. Les contestations qui naissent par suite d'une demande en séparation formée sans le consentement de l'autre époux, relativement au partage de la fortune ou à l'entretien des enfants, doivent être jugées d'après la même règle que celle qui est indiquée ci-après à l'article 117 par rapport au divorce.

109. Les motifs graves qui peuvent faire prononcer la séparation sont ceux qui suivent : lorsque le défendeur a été déclaré coupable d'adultère ou d'un crime, lorsqu'il a méchamment abandonné l'époux demandeur, ou qu'il a mené une vie irrégulière qui

a compromis une partie notable de la fortune du conjoint demandeur ou les bonnes mœurs de la famille,
en outre, lorsqu'il s'est rendu coupable d'attentats dangereux contre la vie ou la santé de son conjoint, ou
de sévices graves, ou même, suivant la condition des
personnes, d'humiliations très-sensibles et répétées,
ou enfin, lorsqu'il est atteint de vices corporels invé-
térés et susceptibles de contagion.

110 Il est loisible à des époux séparés de se
réunir de nouveau ; cependant cette réunion doit être
annoncée au tribunal ordinaire. Si, après une semblable réunion, les époux veulent se séparer encore,
ils devront suivre la même marche que celle prescrite relativement à une première séparation.

111. Le lien d'un mariage valide ne peut être dissous entre des personnes catholiques que par la mort
de l'un des époux. Le lien conjugal est également indissoluble lors même qu'au moment de la célébration
du mariage une seule des parties appartenait à la religion catholique.

112. La simple expiration des délais fixés en l'article 24 pour la déclaration de mort, et pendant lesquels un époux se sera trouvé absent, ne donne pas
encore, à la vérité, à l'autre conjoint, le droit de considérer le mariage comme dissous et de convoler à de
secondes noces ; mais si l'absence est accompagnée de
circonstances telles qu'elles ne laissent aucun motif de
douter que l'absent ne soit décédé, on pourra requérir

du tribunal du district, dans lequel le conjoint abandonné a son domicile, la déclaration judiciaire que
l'absent doit être considéré comme mort et que le
mariage est dissous.

113. Sur cette demande il est nommé un curateur pour la recherche de l'absent, et l'absent sera
cité par un édit fixant le terme à un an, et qui devra
être inséré à trois reprises dans les gazettes publiques
et, suivant les circonstances, dans les journaux étrangers, avec l'avis que le tribunal, s'il ne se présente
dans ce délai ou s'il ne lui fournit autrement la preuve
de son existence, passera outre à la déclaration de
mort.

114. Si ce délai expire sans résultat, le procureur
fiscal ou une autre personne probe et expérimentée,
devra, sur une nouvelle demande du conjoint présent, être délégué pour la défense du lien conjugal et,
après due instruction, il sera décidé si la demande
doit ou non être accueillie. L'autorisation ne devra
pas être notifiée immédiatement à la partie, mais être
soumise au tribunal supérieur pour être l'objet d'une
décision définitive.

115. La loi permet aux chrétiens non catholiques
de demander le divorce pour des motifs graves conformément aux préceptes de leur religion. Des motifs
de ce genre sont ceux qui suivent : lorsque le conjoint
s'est rendu coupable d'adultère ou d'un crime qui a

emporté une condamnation à cinq ans de prison au
moins ; lorsqu'un conjoint a délaissé l'autre avec intention, et que, dans le cas où le lieu de sa résidence
est inconnu, il n'a pas reparu dans le délai d'un an,
bien que sommé par une citation judiciaire publique ;
ou lorsqu'il y a eu attentats dangereux contre la vie
ou la santé, ou sévices graves et répétés, ou enfin
lorsqu'il existe une aversion invincible par suite de
laquelle les deux époux demandent la dissolution du
mariage ; mais, dans ce dernier cas, le divorce ne doit
pas être accordé immédiatement : on tentera auparavant et suivant les circonstances, à plusieurs reprises,
une séparation de lit et de table. Du reste, on procé-
dera dans tous ces cas d'après les règles tracées pour
l'instruction et le jugement d'une nullité de mariage.

116. La loi permet à l'époux non catholique de
demander le divorce pour les motifs ci-dessus indiqués,
alors même que l'autre conjoint aurait embrassé la
religion catholique.

117. Si à l'occasion d'un divorce il s'élève des contestations relatives à un arrangement contracté pour
l'avenir, à la séparation de biens, à l'entretien des enfants ou pour d'autres réclamations et demandes recon-
ventionnelles, le juge ordinaire devra toujours tenter
d'abord d'arranger ces différends à l'amiable. Si les parties ne peuvent être amenées à une transaction, il les
renverra se pourvoir par une action régulière, qui devra

être jugée suivant les dispositions du titre des conventions matrimoniales ; mais, en attendant, il devra être alloué à la femme et aux enfants une provision convenable.

118. Lorsque des époux séparés veulent se réunir de nouveau, cette réunion doit être considérée comme un nouveau mariage et être célébrée avec toutes les solennités requises par la loi pour le mariage.

119. Il est en général permis aux époux divorcés de se remarier ; cependant il ne peut être contracté de mariage valable avec ceux qui, d'après les preuves produites à l'occasion de la demande en divorce, ont donné lieu à la prononciation du divorce pour cause d'adultère, d'attentat ou de tout autre fait punissable par la loi pénale.

120. Lorsqu'un mariage a été déclaré nul ou a été dissous par la mort du mari, ou que le divorce a été prononcé, la femme ne peut, si elle est enceinte, convoler à de secondes noces avant son accouchement, et, s'il s'élève des doutes sur sa grossesse, avant l'expiration de six mois ; mais, si d'après les circonstances ou le témoignage des gens de l'art la grossesse n'est pas probable, la dispense peut être accordée au bout de trois mois dans les chef-lieux par le tribunal civil, et dans les autres districts par le bailliage du cercle.

121. La violation de cette disposition (art. 120) n'entraîne pas, à la vérité, la nullité du mariage ;

mais la femme perd les avantages à elle faits par son
précédent mari par contrat de mariage, contrat successoral, acte de dernière volonté, ou par l'arrangement intervenu à l'occasion du divorce, en même
temps que le mari qu'elle a épousé en secondes noces
perd le droit que lui accorde dans tout autre cas l'article 58 de faire déclarer le mariage nul; les deux époux
devront être, en outre, punis d'une peine proportionnée aux circonstances. S'il naît un enfant d'un tel mariage et s'il est au moins douteux qu'il ne soit pas
des œuvres du précédent mari, il lui sera nommé un
curateur pour la défense de ses droits.

122. Lorsqu'un mariage a été déclaré nul ou que
le divorce a été prononcé, il doit en être fait mention
sur le registre des actes de mariage, à l'endroit où est
inscrit l'acte de célébration; à cet effet, le tribunal
devant lequel a été suivie la procédure relative à la
nullité ou au divorce devra en transmettre l'avis à
l'autorité chargée de veiller à la régularité des registres
de mariage.

123. Les exceptions suivantes aux dispositions de
ce chapitre sur le mariage sont admises en faveur
des juifs, en considération de leur croyance religieuse.

124. Pour la conclusion d'un mariage valide, les
futurs époux doivent se munir de l'autorisation du
bailliage du cercle dans l'arrondissement duquel se

trouve la congrégation principale à laquelle l'un et l'autre sont agrégés.

125. Les empêchements au mariage pour cause de parenté ne s'étendent pas en ligne collatérale, entre juifs, au delà du mariage entre frère et sœur, entre la sœur et le fils, ou le neveu du frère ou de la sœur. Les empêchements pour cause d'alliance sont restreints aux personnes suivantes : après la dissolution d'un mariage, il n'est pas permis au mari d'épouser une parente de sa femme en ligne ascendante ou descendante, ni une sœur de sa femme, et il n'est pas permis à la femme d'épouser un parent de son mari en ligne ascendante ou descendante, ni un frère de son mari, ni un fils ou un neveu du frère ou de la sœur de son mari.

126. La publication des mariages des juifs doit être faite dans la synagogue ou dans l'oratoire commun ; mais, dans les endroits où il n'en existe point, elle est faite par l'autorité locale dans la communauté principale et spéciale à laquelle appartiennent l'une et l'autre partie contractante, pendant trois sabbats ou jours de fête consécutifs, en observant les formalités indiquées aux articles 70 à 73. La dispense des publications doit être obtenue suivant les dispositions des articles 83 à 88.

127. La célébration du mariage doit être faite par le rabbin ou le docteur religieux de la communauté

principale de l'une ou de l'autre des parties contractantes en présence de deux témoins et après qu'ils
auront produit les certificats exigés. Le rabbin ou le
docteur religieux peut aussi déléguer la célébration du
mariage au rabbin ou au docteur religieux d'une autre
communauté.

128. Le rabbin ou le docteur religieux ordinaire
devra inscrire l'acte de célébration du mariage en
langue vulgaire sur le registre des actes de mariage,
dans la forme prescrite par les articles 80 à 82, coter
les certificats exigés fournis par les futurs époux sous
le numéro de l'enregistrement de l'acte dans le registre des actes de mariage, et les annexer à ce registre.

129. Tout mariage entre juifs, contracté sans l'ob-
servation des formalités légales, est nul.

130. Les futurs époux ou les rabbins et les docteurs religieux qui contreviendraient aux dispositions
ci-dessus citées, ainsi que ceux qui célébreraient un
mariage sans délégation régulière, seront punis conformément à l'article 252 de la seconde partie du
Code pénal.

131. Les rabbins ou docteurs religieux qui ne
tiendront pas les registres conformément aux prescriptions de la loi seront punis d'une amende ou d'une
peine corporelle proportionnée, privés de leur emploi
et déclarés à jamais incapables de l'occuper.

132. Les dispositions générales relatives à la séparation de lit et de table sont également applicables
aux époux juifs; ils doivent, en conséquence, s'a-
dresser à leur rabbin ou au docteur religieux, et celui-
ci suivra la marche prescrite ci-dessus (art. 104 à
110).

133. Un mariage entre juifs, contracté d'une manière valide, peut être dissous par leur consentement
mutuel et libre au moyen d'une lettre de divorce
donnée par le mari à la femme; néanmoins les époux
doivent auparavant annoncer leur divorce à leur rabbin
ou au docteur religieux qui devra tenter leur réconciliation par les plus pressantes représentations, et, dans
le cas seulement où cette tentative serait infructueuse,
leur délivrer par écrit un certificat attestant qu'il a
rempli le devoir qui lui était imposé, mais que malgré tous ses efforts il n'a pu faire changer la résolution
des parties.

134. Munis de ce certificat, les deux époux doivent
se présenter devant le tribunal de l'arrondissement
dans lequel ils ont leur domicile. Si cette autorité juge
d'après les circonstances qu'il y a encore quelque espoir de réconciliation, elle ne doit pas autoriser immédiatement le divorce, mais renvoyer les époux à
un ou deux mois. Ce n'est que dans le cas où ce moyen
serait également infructueux, ou qu'il n'y aurait dès
le principe aucun espoir de réconciliation, que le tri-

bunal doit permettre que le mari remette la lettre de divorce à la femme, et lorsque les deux parties auront de nouveau déclaré devant le tribunal qu'elles sont résolues de plein gré à recevoir et à donner la lettre de divorce, cette lettre sera considérée comme légalement valable et le mariage dissous en conséquence.

135. Lorsque la femme a commis un adultère et que le fait a été prouvé, le mari a le droit de la renvoyer même contre son gré par une lettre de divorce. Mais la demande en divorce dirigée contre la femme doit être portée devant le tribunal de l'arrondissement dans lequel les époux ont leur domicile habituel, et instruite de la même manière qu'un procès ordinaire.

136. La conversion d'un conjoint juif à la religion chrétienne ne dissout pas le mariage, mais il peut être dissous pour les causes ci-dessus indiquées (art. 133 à 135).

CHAPITRE III.

DES DROITS RESPECTIFS DES PARENTS ET DES ENFANTS.

137. Lorsque des enfants naissent d'un mariage, il s'établit de nouvelles relations légales qui donnent naissance à des droits et à des devoirs entre les père et mère et leurs enfants légitimes.

138. La présomption de naissance légitime existe en faveur des enfants qui sont nés dans le septième mois de la célébration du mariage, ou dans le dixième, soit après la mort du mari, soit après la dissolution entière du lien conjugal.

139. Les parents ont en général l'obligation d'élever leurs enfants légitimes, c'est-à-dire de veiller à leur existence et à leur santé, de leur procurer un entretien convenable, de développer leurs forces corporelles et leurs facultés intellectuelles, et de jeter les fondements de leur bonheur à venir en les instruisant dans la religion et dans des connaissances utiles.

140. Les lois de police déterminent la religion dans laquelle doit être élevé un enfant dont les parents n'appartiennent pas à la même croyance religieuse, ainsi que l'âge auquel il est permis à un enfant d'embrasser une religion différente de celle dans laquelle il a été élevé.

141. Le devoir de veiller à l'entretien des enfants jusqu'à ce qu'ils puissent se nourrir eux-mêmes appartient surtout au père. La mère est principalement tenue de se charger du soin de leur corps et de leur santé.

142. Lorsque les époux sont séparés ou divorcés, et qu'ils ne sont pas d'accord sur la question de savoir lequel des deux doit être chargé de l'éducation des enfants, le tribunal veillera, sans permettre un procès, à ce que les enfants du sexe masculin soient soignés et élevés par la mère jusqu'à l'âge de quatre ans révolus, et ceux du sexe féminin jusqu'à l'âge de sept ans révolus, à moins que des motifs graves fondés principalement sur la cause occasionnelle de la séparation ou du divorce n'exigent une disposition différente. Les frais de l'éducation doivent être supportés par le père.

143. Lorsque le père est sans fortune, la mère doit pourvoir avant tout à l'entretien des enfants, et, lorsque le père est mort, à leur éducation en général. Si la mère est également décédée ou si elle est sans moyens d'existence, ce soin retombe sur les aïeuls paternels, et, après ceux-ci, sur les aïeuls de la ligne maternelle.

144. Les père et mère ont le droit de diriger de concert les actions de leurs enfants; les enfants leur doivent respect et obéissance.

145. Les père et mère ont le droit de rechercher leurs enfants égarés, de réclamer ceux qui ont quitté le toit paternel, et de ramener, avec le secours des autorités, ceux qui se sont enfuis; ils sont aussi autorisés à corriger, d'une manière modérée et non nuisible à leur santé, des enfants immoraux, désobéissants ou qui troublent l'ordre et la tranquillité domestique.

146. Les enfants prennent le nom de leur père, ses armoiries, et tous les autres droits de sa famille et

de son état, qui ne sont pas purement personnels.

147. La puissance paternelle se compose des droits qui appartiennent essentiellement au père comme chef de la famille.

148. Le père peut élever son enfant mineur pour l'état qu'il juge devoir lui convenir; mais, à sa majorité, l'enfant peut, s'il a vainement exposé à son père le désir d'embrasser une autre profession plus conforme à ses penchants et à ses facultés, porter sa demande devant le tribunal ordinaire qui en décidera d'office eu égard à l'état, à la fortune et aux objections du père.

149. Tout ce que les enfants acquièrent d'une manière légitime quelconque est leur propriété; mais tant qu'ils se trouvent sous la puissance paternelle, l'administration en appartient au père. Dans le cas seulement où le père serait incapable d'exercer cette administration ou en aurait été exclu par ceux qui ont laissé cette fortune à ses enfants, le tribunal nomme un autre administrateur.

150. Les frais d'éducation doivent être prélevés sur les revenus de la fortune jusqu'à due concurrence; s'il reste un excédant, il doit être placé et il doit en être rendu compte tous les ans. Le père ne peut être dispensé d'une reddition de compte, ni l'excédant abandonné à sa libre disposition, que dans le cas où cet excédant serait peu considérable. Lorsque l'usufruit

a été accordé au père par celui qui a laissé la fortune à l'enfant, les revenus sont cependant toujours affectés à l'entretien convenable de l'enfant, et ne peuvent être saisis au détriment de celui-ci par les créanciers du père.

151. Un enfant a la libre disposition des choses qu'il a acquises par son travail, pendant sa minorité, lorsqu'il n'est pas à la charge de ses parents, de même que de celles qui lui ont été données pour son usage après sa majorité.

152. Les enfants qui sont sous la puissance paternelle ne peuvent contracter aucune obligation valable sans le consentement exprès ou du moins tacite du père. On doit en général appliquer à ces obligations les règles prescrites par le chapitre suivant pour les actes obligatoires des mineurs placés en tutelle. Le père est aussi obligé de protéger ses enfants mineurs.

153. Les dispositions qui doivent être observées pour la validité du mariage d'une personne mineure sont contenues dans le chapitre précédent (art. 49 et suivants).

154. Les dépenses faites pour l'éducation des enfants ne donnent aux parents aucun droit sur la fortune que les enfants acquièrent postérieurement. Mais si les parents tombent dans l'indigence, les enfants sont tenus de les entretenir d'une manière convenable.

155. Les enfants naturels ne jouissent pas des mêmes droits que les enfants légitimes. Il y a présomption légale de naissance illégitime, même à l'égard des enfants d'une femme mariée, lorsqu'ils sont nés, soit avant, soit après le délai légal ci-dessus fixé (art. 138), par rapport à la célébration ou à la dissolution du mariage.

156. Mais cette présomption n'a lieu dans le cas d'une naissance prématurée, qu'autant que le mari, ignorant la grossesse avant la célébration du mariage, désavoue en justice la paternité de l'enfant au plus tard dans les trois mois après qu'il a reçu avis de sa naissance.

157. La légitimité d'une naissance prématurée ou tardive, légalement désavouée dans le délai ci-dessus, ne peut être prouvée que par des gens de l'art qui, après un mûr examen de l'état de l'enfant et de la mère, indiqueraient clairement la cause de ce cas extraordinaire.

158. Lorsqu'un mari prétend que l'enfant né de sa femme dans le délai légal n'est pas issu de ses œuvres, il doit contester la légitimité de la naissance de l'enfant, au plus tard dans le délai de trois mois après qu'il en a reçu avis, et prouver contre le curateur, qui sera nommé pour défendre la légitimité de la naissance, l'impossibilité d'avoir pu concourir à la conception de l'enfant. L'adultère commis par la mère et son aveu que l'enfant est illégitime ne sont pas suffisants pour enlever à l'enfant les droits de la naissance légitime.

159. Si le mari est mort dans le délai qui lui est accordé pour contester la légitimité de la naissance, les héritiers dont les droits seraient lésés peuvent également, dans les trois mois de la mort du mari, contester la légitimité de la naissance de l'enfant pour le motif ci-dessus énoncé.

160. Les enfants qui sont nés d'un mariage nul, mais dont la nullité ne se fonde pas sur l'un des empêchements énumérés aux articles 62 à 64, doivent être considérés comme légitimes, lorsque l'empêchement au mariage a été levé postérieurement, ou que du moins l'un des époux peut alléguer en sa faveur l'ignorance excusable de l'empêchement au mariage; néanmoins, dans ce dernier cas, ces enfants demeurent exclus de toute participation à la partie de la fortune qui, par des arrangements de famille, est exclusivement réservée à la descendance légitime.

161. Les enfants nés hors mariage, et qui sont entrés dans la famille par le mariage subséquent de leurs père et mère, sont, ainsi que leur descendance, comptés parmi les enfants légitimes; néanmoins ils ne peuvent contester les avantages de la primogéniture et les autres droits acquis aux enfants légitimes issus d'un mariage conclu entre leur naissance et leur légitimation.

162. La naissance illégitime ne peut porter aucun préjudice à la considération civile et à la carrière d'un enfant. L'enfant n'a pas besoin, dans ce but, d'une concession spéciale du prince qui le déclare légitime. Les parents seuls peuvent solliciter une telle concession lorsqu'ils veulent faire participer l'enfant, à l'égal d'un enfant légitime, aux priviléges de leur rang ou aux droits sur la partie de leur fortune dont ils peuvent librement disposer à titre successif.

163. Est présumé père de l'enfant celui qui, suivant le mode établi par les lois sur la procédure, est convaincu d'avoir cohabité avec la mère d'un enfant dans les sept mois au moins et les dix mois au plus qui ont précédé le moment de l'accouchement, ou celui qui avoue un tel fait, même hors justice.

164. L'inscription du nom du père sur le registre des naissances ou des baptêmes, d'après la déclaration de la mère, ne fait preuve complète que lorsque cette déclaration a été faite conformément aux dispositions de la loi, avec le consentement du père, et que ce consentement a été constaté par le témoignage du curé et du parrain, avec cette addition que le père leur est personnellement connu.

165. Les enfants naturels sont en général exclus des droits de famille et de parenté; ils n'ont aucun droit au nom du père, ni à sa noblesse, ni à ses armes,

ni aux autres priviléges des parents ; ils portent le nom
de famille de la mère.

166. Mais un enfant naturel a également le droit
d'exiger de ses parents un entretien, une éducation
et un établissement conformes à leur fortune, et les
droits des parents sur lui s'étendent à tout ce que le
but de l'éducation exige. Du reste, l'enfant naturel
n'est pas à proprement parler sous la puissance de son
père naturel, mais il est protégé par un tuteur.

167. L'obligation de l'entretenir est particulièrement imposée au père ; mais lorsque celui-ci n'est pas
en état d'entretenir son enfant, cette obligation retombe sur la mère.

168. Tant que la mère a la volonté et les moyens
d'élever son enfant naturel d'une manière conforme à
son état à venir, le père ne peut pas le lui retirer ; il
n'en doit pas moins payer les frais d'entretien.

169. Mais si le bien-être de l'enfant est compromis
par l'éducation maternelle, le père est tenu de séparer
l'enfant de la mère et de le prendre auprès de lui, ou
de le placer ailleurs d'une manière sûre et convenable.

170. Les parents peuvent se concerter au sujet
de l'entretien, de l'éducation et de l'établissement de
leur enfant illégitime ; mais cet accord ne peut préjudicier aux droits de l'enfant.

171. L'obligation de soigner et d'établir les enfants

naturels passe, comme toute autre charge, aux héritiers des parents.

172. La puissance paternelle cesse immédiatement à la majorité de l'enfant, à moins que par un motif légitime, et sur la demande du père, la continuation n'en ait été accordée par le tribunal et n'ait été rendue publique.

173. Il y a motif légitime pour requérir en justice la continuation de la puissance paternelle, lorsque l'enfant, malgré sa majorité, n'est pas en état, par suite de faiblesse corporelle ou d'esprit, de veiller lui-même à son entretien ou de soigner ses affaires, ou bien lorsque pendant sa minorité il a fait des dettes considérables ou s'est rendu coupable de fautes qui exigent qu'il soit maintenu plus longtemps sous la stricte surveillance du père.

174. Les enfants peuvent aussi sortir de la puissance paternelle avant l'accomplissement de leur vingt-quatrième année, lorsque le père, avec l'autorisation du tribunal, y renonce expressément, ou lorsqu'il permet à un fils, âgé de vingt ans, de tenir ménage séparé.

175. Lorsqu'une fille mineure se marie, elle passe par rapport à sa personne (art. 91 et 92) sous la puissance de son mari; mais, relativement à sa fortune, le père exerce jusqu'à sa majorité les droits et les devoirs d'un curateur. Si son mari meurt pen-

dant sa minorité, elle retombe sous la puissance paternelle.

176. Si un père vient à perdre l'usage de la raison,
s'il est déclaré prodigue ou s'il est condamné par suite
d'un délit à plus d'un an de prison, s'il émigre sans
permission ou s'il reste absent pendant plus d'une
année sans faire connaître le lieu de sa résidence,
l'exercice de la puissance paternelle est suspendu
et il est nommé un tuteur aux enfants; mais, dès
que ces empêchements cessent, le père rentre dans
l'exercice de ses droits.

177. Les pères qui négligent totalement l'entretien et l'éducation de leurs enfants sont privés pour
toujours de la puissance paternelle.

178. En cas d'abus de la puissance paternelle au
préjudice des droits de l'enfant, ou en cas de négligence des devoirs que cette puissance entraîne, non-
seulement l'enfant, mais encore toute personne qui
en a connaissance, et surtout les plus proches parents,
peuvent invoquer l'assistance des tribunaux. Le tribunal instruira sur l'objet de la plainte et prendra les
mesures que commandent les circonstances.

179. Les personnes qui n'ont pas solennellement
fait vœu de célibat et qui n'ont pas d'enfants peuvent
en adopter; la personne qui adopte s'appelle père
adoptif ou mère adoptive, et l'adopté, enfant adoptif.

180. Le père adoptif ou la mère adoptive doit être

âgé de plus de cinquante ans, et l'enfant adoptif doit être plus jeune que ses parents adoptifs d'au moins dix-huit ans.

181. L'adoption d'un enfant mineur ne peut avoir lieu qu'avec le consentement du père légitime et, à défaut de père, avec celui de la mère, du tuteur et du tribunal. Même lorsque l'enfant est majeur et que son père légitime existe, le consentement de celui-ci est exigé. On peut porter plainte devant le juge ordinaire contre le refus de consentement sans motif plausible. L'adoption à laquelle le consentement exigé a été donné doit être soumise à la confirmation du gouvernement provincial et être communiquée au tribunal du domicile tant des parents que de l'enfant adoptif, pour être portée sur les registres judiciaires.

182. L'un des effets essentiels et légaux de l'adoption est que l'adopté prend le nom du père adoptif ou le nom de famille de la mère adoptive; mais il conserve en même temps son propre nom ainsi que la noblesse de famille qui pourrait lui appartenir. Si les parents adoptifs désirent que leur noblesse personnelle et leurs armes passent à l'enfant adoptif, ils doivent en solliciter l'autorisation du souverain.

183. Il existe entre les parents adoptifs et leur enfant adoptif ainsi que ses descendants, sauf les exceptions admises par la loi, les mêmes droits qu'entre les parents et les enfants légitimes. Le père adoptif

assume la puissance paternelle. Les rapports entre les parents et l'enfant adoptif n'ont aucune influence sur les autres membres de la famille des parents adoptifs; par contre, l'enfant adoptif ne perd pas non plus ses d :its dans sa propre famille.

184. Les droits entre les parents et les enfants adoptifs peuvent être modifiés par convention, pourvu qu'il ne soit pas dérogé à l'effet essentiel de l'adoption, mentionné à l'article 182, et qu'il ne soit pas porté préjudice aux droits d'un tiers.

185. Les relations légales entre les parents et l'enfant adoptif ne peuvent être dissoutes tant que l'enfant adoptif est mineur sans le consentement des protecteurs naturels du mineur et celui des tribunaux. A la cessation des relations légales entre le père adoptif et l'enfant adoptif, cet enfant retombe sous la puissance de son père légitime.

186. Les droits et les obligations des parents et enfants adoptifs ne s'appliquent point aux enfants que l'on prend seulement en tutelle officieuse. Cette tutelle est libre à chacun; mais si les parties veulent établir des conventions à cet égard, ces conventions doivent être confirmées en justice toutes les fois qu'elles auront pour objet de restreindre les droits du pupille ou de lui imposer des obligations particulières. Les parents officieux n'ont aucun droit au remboursement des frais d'entretien.

CHAPITRE IV.

DES TUTELLES ET DES CURATELLES.

187. Les lois accordent une protection spéciale, au moyen d'un tuteur ou d'un curateur, aux personnes privées des soins d'un père et qui, soit à raison de leur minorité, soit à raison de tout autre motif, sont incapables de gérer elles-mêmes leurs affaires.

188. Le tuteur doit principalement prendre soin de la personne du mineur, mais il doit en même temps administrer sa fortune. Le curateur est institué pour la gestion des affaires de ceux qui, par toute autre cause que celle de leur minorité, sont incapables de les gérer eux-mêmes.

189. Lorsqu'il y a lieu de nommer un tuteur à un mineur de naissance légitime ou illégitime, les parents du mineur ou les personnes qui se trouvent en rapport intime avec lui, doivent, sous peine de censure, en faire la déclaration au tribunal sous la juridiction duquel le mineur est placé. Les autorités politiques, ainsi que les chefs temporels et spirituels des communes, doivent également veiller à ce que le tribunal en soit informé.

190. Le tribunal doit, immédiatement après cet avis, pourvoir d'office à la nomination d'un tuteur capable.

191. Sont en général incapables d'exercer la tutelle ceux qui, à raison de leur minorité, d'infirmités corporelles ou de faiblesse d'esprit, ou de tout autre motif, ne peuvent gérer leurs propres affaires; ceux qui ont été reconnus coupables d'un crime, ou dont on ne peut attendre des soins convenables pour l'éducation d'un orphelin ou pour la bonne administration de sa fortune.

192. Il ne doit non plus, en règle générale (art. 198), être conféré de tutelle aux femmes, aux personnes qui appartiennent à un ordre religieux ou qui habitent les pays étrangers.

193. On ne doit pas admettre à une tutelle déterminée ceux que le père en a expressément exclus, ceux qui ont notoirement vécu en état d'inimitié avec les parents du mineur ou avec ce dernier lui-même, ni ceux qui sont déjà engagés dans un procès avec le mineur ou qui peuvent s'y trouver engagés par suite de prétentions encore indécises.

194. Les personnes qui n'habitent pas la province à laquelle le mineur appartient par son for judiciaire, ou qui sont dans la nécessité d'en être absentes pendant plus d'une année, ne doivent pas non plus en général être chargées de la tutelle.

195. On ne peut obliger à se charger d'une tutelle les ecclésiastiques séculiers, les militaires et les fonctionnaires publics en activité de service; ceux qui ont atteint leur soixantième année; ceux qui sont chargés

du soin de cinq enfants ou neveux, ou qui sont déjà pourvus d'une tutelle pénible ou de trois tutelles de moindre importance.

196. La tutelle revient avant tout à celui que le père y a appelé, lorsqu'aucun des empêchements énumérés dans les articles 191 à 194 ne s'y oppose.

197. Lorsque la mère ou toute autre personne a laissé un héritage à un mineur et institué en même temps un tuteur, celui-ci ne doit être accepté qu'en qualité de curateur pour l'héritage délaissé.

198. Lorsque le père n'a point institué de tuteur ou n'a institué qu'un tuteur incapable, la tutelle doit être confiée de préférence à l'aïeul paternel, ensuite à la mère, après elle à l'aïeul maternel, et, à leur défaut, au parent qui est le plus proche dans la ligne paternelle, ou qui est le plus âgé, en cas de concours de parents également proches.

199. Si la tutelle ne peut être déférée de la manière indiquée ci-dessus, le tribunal choisira pour tuteur la personne qu'il jugera convenable suivant sa capacité, son état, sa fortune et son domicile.

200. Le tribunal pupillaire ordonnera à tout tuteur datif sans distinction, immédiatement après sa nomination, d'entrer dans l'exercice de la tutelle. Le tuteur est tenu, alors même qu'il serait placé pour sa personne sous une autre juridiction, de se charger de

la tutelle, et se trouve soumis pour tout ce qui a rapport à ces fonctions au tribunal pupillaire.

201. Si celui que le tribunal a appelé à la tutelle pense qu'il n'est pas apte à ces fonctions ou que la loi l'en dispense, il doit, dans le délai de quinze jours, à partir de la notification du mandat qui lui a été judiciairement conféré, s'adresser au tribunal pupillaire ou, s'il n'est pas personnellement soumis à sa juridiction, à son tribunal personnel qui donnera son avis sur ses excuses et les soumettra au tribunal pupillaire pour y être statué.

202. Celui qui garde le silence sur son inaptitude pour la tutelle est, ainsi que le tribunal qui a sciemment institué un tuteur incapable suivant la loi, responsable non-seulement du dommage qui en sera résulté pour le mineur, mais encore du gain dont il aura été privé.

203. Celui qui sans motif fondé refuse de se charger d'une tutelle encourt la même responsabilité et sera en outre contraint à l'accepter par des moyens coercitifs convenables.

204. On ne peut se charger d'une tutelle qu'en vertu d'un mandat spécial conféré par le tribunal compétent. Quiconque s'immisce arbitrairement dans une tutelle est tenu de réparer le dommage qui a pu en résulter pour le mineur.

205. Tout tuteur à l'exception de l'aïeul, de la

mère ou de l'aïeule, doit promettre, par serment,
d'élever le mineur dans des sentiments de probité et
de vertu, ainsi que dans la crainte de Dieu; d'en faire
un citoyen utile selon sa condition; de le défendre
tant en justice que hors; d'administrer sa fortune fi-
dèlement et soigneusement, et de se conformer en
tout aux prescriptions de la loi.

206. Le tribunal doit remettre au tuteur ainsi as-
sermenté un acte qui le légitime dans l'exercice de sa
charge et lui serve au besoin de justification. Lorsqu'un
aïeul, une mère ou une aïeule, entre dans l'exercice
d'une tutelle, il doit lui être délivré un acte semblable sur lequel seront mentionnées les obligations
que les autres tuteurs prennent par serment.

207. Tout tribunal pupillaire est obligé de tenir
un registre dit de tutelle et d'orphelins. Dans ce registre doivent être insérés les prénoms, le nom de famille et l'âge du mineur, et toutes les circonstances
importantes qui se présentent à l'occasion du commencement, de la durée et de la fin de la tutelle.

208. Dans ce registre doivent aussi être mentionnés tous les documents à l'appui de la gestion, de
manière que le tribunal lui-même, et par la suite les
orphelins devenus majeurs, puissent y trouver, sous
une forme authentique, tous les renseignements qu'il
peut leur être utile de connaître.

209. De même qu'un tuteur nommé par le père

doit veiller non-seulement sur la personne du mineur mais encore sur sa fortune, de même on présume que le père, qui a nommé un curateur pour la fortune, a voulu aussi lui confier la surveillance de la personne. Mais lorsque le père n'a pas nommé de tuteur à tous les enfants, ou de curateur pour toute la fortune, le tribunal est tenu d'instituer un tuteur pour les autres enfants, ou un curateur pour le reste de la fortune.

210. Lorsque plusieurs tuteurs ont été nommés, ils peuvent administrer la fortune du mineur, soit en commun, soit séparément. Lorsqu'ils l'administrent en commun ou qu'ils s'en partagent l'administration sans l'autorisation de la justice, tous sont solidairement responsables du dommage causé au mineur. Mais le tribunal doit toujours prendre des mesures pour que la personne du mineur et la gestion principale de ses affaires ne soient confiées qu'à un seul.

211. Il doit être donné un co-tuteur aux mères ou aïeules qui se chargent d'une tutelle. Dans le choix de ce tuteur on aura égard, avant tout, à la volonté déclarée du père, puis à la proposition de la tutrice, enfin à l'avis des parents du mineur.

212. Le co-tuteur doit également obtenir du tribunal un acte de légitimation et promettre de concourir au bien-être du mineur, et il doit à cette fin assister la tutrice de ses conseils. S'il s'aperçoit de fautes graves, il doit s'efforcer d'y porter remède et,

en cas de besoin, en donner connaissance au tribunal pupillaire.

213. Un autre devoir essentiel du co-tuteur consiste à signer avec la tutrice les demandes relatives aux affaires pour la validité desquelles l'autorisation du tribunal pupillaire est nécessaire, ou à y joindre son avis personnel; il devra aussi, sur la demande du tribunal, donner immédiatement son avis sur l'affaire en question.

214. Le co-tuteur qui a rempli ces obligations est affranchi de toute responsabilité ultérieure; mais si l'administration de la fortune a été confiée en même temps au co-tuteur, il se trouve soumis pour cette administration à tous les devoirs d'un curateur.

215. Lorsqu'une tutrice quitte la tutelle, cette tutelle doit en général être déférée au co-tuteur.

216. Le tuteur a, comme le père, le droit et l'obligation de veiller à l'éducation du mineur; mais, dans les occasions importantes et graves, il doit préalablement demander l'autorisation et les directions du tribunal pupillaire.

217. Le mineur doit respect et obéissance à son tuteur; mais il est néanmoins en droit de se plaindre à ses plus proches parents ou à l'autorité judiciaire, lorsque le tuteur abuse d'une manière quelconque de son pouvoir ou ne remplit pas ses devoirs de surveillance avec la sollicitude convenable. Cette

plainte peut être formée également par les parents du mineur et par toute personne à qui les faits viennent à être connus. Le tuteur peut, de son côté, s'adresser à la même autorité, lorsqu'il lui est impossible d'arrêter l'inconduite du mineur par l'emploi du pouvoir qui lui est délégué pour son éducation.

218. La personne du pupille doit de préférence être confiée à la mère, alors même qu'elle n'a pas été chargée de la tutelle ou qu'elle s'est remariée; à moins que l'intérêt de l'enfant n'exige une autre disposition.

219. Le tribunal pupillaire détermine le montant des dépenses d'entretien; il doit avoir égard dans cette fixation aux dispositions du père, à l'avis du tuteur, à la fortune, à la condition et aux autres relations du mineur.

220. Si les revenus ne suffisent pas pour payer les frais d'entretien ou subvenir aux dépenses nécessaires pour assurer au mineur un état qui lui fournisse des moyens permanents d'existence, on peut, avec l'autorisation du tribunal, toucher également au capital de la fortune.

221. Dans le cas où le pupille serait sans aucune ressource, le tribunal tâchera d'engager les plus proches parents fortunés à se charger de son entretien, si déjà ils n'y sont légalement obligés aux termes de l'article 143. Le tuteur est en outre autorisé à recourir aux institutions de bienfaisance publique et aux établissements de pauvres, jusqu'à ce que le mineur soit en état de pourvoir lui-même à sa nourriture par son travail et son industrie.

222. La surveillance que le tribunal est chargé d'exercer à l'égard de la fortune exige qu'il cherche d'abord à connaître la fortune du mineur et qu'il en assure ensuite la conservation par l'apposition des scellés, par des inventaires et par des estimations.

223. Les objets mobiliers ne sont mis en garde par le moyen des scellés que dans le cas où leur conservation l'exige; mais l'inventaire, c'est-à-dire l'énumération exacte de tous les biens appartenant au pupille, doit toujours être dressé, même malgré la défense du père ou de tout autre testateur.

224. Il doit être procédé à l'inventaire de la fortune et à l'estimation des choses mobilières sans perte de temps, même, s'il y a lieu, avant la nomination du tuteur. L'inventaire est conservé avec les actes de la succession et il en est remis une copie certifiée au tuteur. L'estimation des choses immobilières doit être faite aussi promptement que les circonstances le permettent; mais elle peut être omise entièrement, lorsque la valeur résulte d'autres sources certaines.

225. Lorsqu'un bien immobilier du mineur est situé dans une autre province ou dans un état étranger, l'autorité pupillaire doit requérir le tribunal ordinaire de cette province ou de l'état étranger de pro-

céder à l'inventaire et à l'estimation, et de lui en donner communication; mais elle doit laisser à ce tribunal le soin de nommer un curateur pour l'immeuble.

226. Si l'immeuble est situé dans la même province, mais qu'il se trouve placé sous une autre juridiction, tous les droits relatifs à ce bien, par conséquent aussi l'inventaire et l'estimation, appartiennent
à la compétence de cette dernière juridiction; mais
celle-ci est non-seulement obligée, sur la demande de
l'autorité pupillaire, de lui communiquer une copie
de ses actes, mais elle doit encore laisser au tuteur la
libre administration de l'immeuble, sans s'attribuer
aucune espèce de juridiction sur les actes qu'il fera
en cette qualité.

227. Les meubles qui se trouvent sur un bien
immobilier pour y rester à perpétuelle demeure
doivent être considérés comme parties de ce bien;
tous les autres objets mobiliers, ainsi que les titres
de créances et même les capitaux hypothéqués sur
l'immeuble, tombent sous la juridiction de l'autorité
pupillaire.

228. Dès que le tuteur ou curateur a pris possession de la fortune du pupille, il doit l'administrer
avec tout le soin d'un loyal et bon père de famille, et
il devient responsable de ses fautes.

229. Les bijoux et autres choses précieuses, ainsi
que les titres de créances et tous documents impor-

tants, sont mis sous la garde de la justice ; il est remis au tuteur un inventaire des bijoux et matières précieuses et des copies des titres dont il peut avoir à faire usage.

230. Il ne doit être laissé entre les mains du tuteur que les deniers comptants nécessaires pour l'éducation du pupille et pour l'entretien ordinaire du ménage ; le surplus des deniers doit être employé de préférence à l'acquittement des dettes qui pourraient exister ou à un autre usage avantageux, et s'il n'y a point d'usage plus utile à en faire, il doit être placé dans des caisses publiques, ou même avec des sûretés légales, sur des particuliers. Mais la sûreté n'est censée légale que lorsque, par l'effet de l'emprunt hypothécaire en y comprenant les charges éventuelles, une maison ne se trouve pas grevée au delà de la moitié de sa valeur, ni un bien rural ou un bien-fonds au delà des deux tiers.

231. Le surplus de la fortune mobilière dont la conservation n'est exigée ni pour l'usage du mineur, ni pour perpétuer le souvenir de famille, ni par les dispositions du père, et qui ne peut être autrement employé d'une manière avantageuse, doit en général être vendu aux enchères publiques. Les ustensiles de ménage peuvent être cédés à l'amiable, au prix de l'estimation judiciaire, aux parents et aux cohéritiers. Les objets qui n'ont pu être vendus aux enchères publiques peuvent être vendus par le tuteur, même au-

dessous du prix de l'estimation, avec l'autorisation du tribunal pupillaire.

232. Un bien immobilier ne doit être vendu qu'en cas de nécessité et pour l'avantage manifeste du mineur avec l'agrément du tribunal pupillaire, et, en général, la vente n'en doit être faite qu'aux enchères publiques; mais le tribunal peut, par des motifs graves, en autoriser la vente à l'amiable.

233. En général, un tuteur ne peut rien entreprendre sans autorisation judiciaire dans toutes les affaires qui n'appartiennent pas à l'administration intérieure du ménage et qui sont d'une importance majeure; ainsi il ne peut, de sa propre autorité, refuser une succession ou l'accepter purement et simplement, aliéner aucun des biens confiés à sa garde, contracter aucun bail, retirer aucun capital placé avec des sûretés légales, céder aucune créance, transiger sur aucune contestation, ni établir, continuer ou cesser aucune fabrique, commerce ou industrie, sans l'agrément du tribunal.

234. Un tuteur ne peut de son chef recevoir aucun capital du mineur en cas de remboursement. Le débiteur de qui le remboursement d'un tel capital est réclamé doit, pour sa sûreté, se faire représenter par le tuteur le décret judiciaire qui l'autorise à recevoir le capital et ne pas se contenter de la seule quittance du tuteur; il a aussi la faculté de s'acquitter directement entre les mains du tribunal.

235. Toutes les fois qu'il y a lieu à toucher un capital placé, le tuteur doit prendre les mesures nécessaires pour en faire un emploi judicieux, et se pourvoir de l'autorisation du tribunal pour en faire le placement définitif.

236. Le tuteur doit chercher à se procurer les titres des créances dont les titres justificatifs manquent, et s'efforcer d'ajouter des sûretés à celles dont le placement n'est pas sûr, ou en poursuivre la rentrée à l'échéance. Néanmoins, le remboursement du capital appartenant au mineur ne sera point réclamé de ses parents alors même qu'il n'y aurait point de sûretés légales, si, d'après les probabilités, le mineur n'est exposé à aucun danger de perte, toutes les fois que le remboursement leur serait onéreux sans une aliénation de leurs biens-fonds ou sans la cession de leur industrie.

237. Le tuteur n'est point tenu de fournir caution en entrant en fonctions. Il demeure aussi dispensé de toute caution par la suite, tant qu'il observe exactement les dispositions de la loi relatives à la garantie de la fortune du mineur, et qu'il rend ses comptes régulièrement aux époques déterminées.

238. En règle générale, tout tuteur ou curateur est tenu de rendre compte de l'administration qui lui est confiée. Le testateur peut dispenser le tuteur de toute reddition de compte relativement aux biens par lui librement légués ; le tribunal pupillaire a le même pouvoir quand il y a probabilité que les revenus ne dépassent pas les dépenses nécessaires à l'entretien et à l'éducation du mineur ; mais le tuteur doit, dans tous les cas, justifier du capital et de la fortune principale portée sur l'inventaire, et rendre aussi compte de la situation de son pupille lorsqu'elle vient à subir un changement important.

239. Les comptes doivent être remis au tribunal pupillaire accompagnés de toutes les pièces à l'appui, à la fin de chaque année ou, au plus tard, dans les deux mois suivants. Ces comptes doivent préciser exactement la recette et la dépense, l'augmentation ou la diminution du capital. Si dans la fortune du mineur se trouve compris un établissement de commerce, le tribunal devra se contenter, en les tenant secrets, des arrêtés de compte dûment certifiés, qui lui seront soumis avec ce que l'on appelle un bilan. Le tuteur qui néglige de rendre ses comptes dans le délai prescrit doit y être contraint par des moyens coercitifs légaux appropriés aux circonstances.

240. Lorsqu'un mineur possède dans différentes provinces des immeubles dont l'administration ne peut être confiée à un seul tuteur, celui-ci doit tenir un compte particulier pour chaque province et remettre ce compte à l'autorité des lieux ; toutefois il lui est loisible, pour le bien du mineur, d'employer

dans une province l'excédant de revenus d'un bien situé dans une autre.

241. Le tribunal pupillaire est tenu de faire examiner et rectifier les comptes du tuteur par des experts conformément aux dispositions spéciales, et de communiquer au tuteur le rapport fait en conséquence.

242. Si quelque chose a été omis dans les comptes ou s'il s'y trouve quelque autre erreur, il n'en peut résulter aucun préjudice pour le tuteur ni pour le mineur.

243. Un mineur ne peut ester en justice ni comme demandeur ni comme défendeur, le tuteur doit, ou le représenter lui-même, ou le faire représenter par un autre.

244. Le mineur peut acquérir pour son compte sans l'intermédiaire de son tuteur, par des actes licites; mais il ne peut rien aliéner de ce qui lui appartient ni contracter aucune obligation sans l'agrément du tuteur.

245. Les mineurs sont spécialement incapables de contracter un mariage valable sans l'autorisation du tuteur (art. 49 à 51).

246. Si le mineur a loué ses services à prix d'argent sans l'autorisation du tuteur, celui-ci ne peut le rappeler sans motifs graves avant le terme légal ou conventionnel; le mineur peut disposer librement de

tout ce qu'il a acquis par son travail de cette manière
ou de toute autre, ainsi que des objets qui lui ont été
remis pour son usage lorsqu'il a atteint l'âge de pu-
berté, et il peut également s'obliger à leur égard.

247. La haute tutelle peut abandonner au mineur
qui a atteint sa vingtième année la libre administration de l'excédant net de ses revenus; il est autorisé
à s'obliger de son chef relativement aux sommes ainsi
confiées à son administration.

248. Tout mineur qui, après avoir atteint sa
vingtième année, se fait passer dans une transaction
pour majeur, est responsable de tout le dommage
lorsque l'autre partie contractante n'était pas en mesure de pouvoir facilement vérifier la vérité de cette
allégation avant la conclusion de l'affaire. En général,
il répond aussi personnellement et sur sa fortune de
tout acte illicite ainsi que des dommages causés par
sa faute.

249. La tutelle finit entièrement par la mort du
mineur. Mais si le tuteur meurt ou est destitué, il
doit en être nommé un autre suivant les dispositions
de la loi (art. 198 et 199).

250. La tutelle cesse aussi lorsque le père reprend
l'exercice de sa puissance temporairement suspendue
(art. 176).

251. La tutelle finit aussi dès que le pupille a atteint sa majorité; néanmoins le tribunal pupillaire

peut, sur l'avis du tuteur et des proches parents, proroger la durée de la tutelle pendant un temps indéterminé pour cause d'infirmités corporelles ou de faiblesse d'esprit du pupille, pour cause de dissipation ou autres motifs graves. Mais cette disposition doit être rendue publique à une époque convenable avant l'accomplissement de sa majorité.

252. Le tribunal pupillaire peut aussi, après avoir pris l'avis du tuteur et même s'il y a lieu des plus proches parents, accorder au mineur qui a atteint sa vingtième année une dispense d'âge, et le déclarer majeur. Si le tribunal permet au mineur l'exercice d'un commerce ou d'un métier, il est par ce fait seul déclaré majeur. La déclaration de majorité produit les mêmes effets que la majorité réelle.

253. Il est des cas où le tribunal est appelé d'office à prononcer la destitution d'un tuteur; dans les autres cas, il ne peut la prononcer que lorsqu'elle lui est demandée.

254. Un tuteur doit être destitué d'office lorsqu'il ne remplit pas les devoirs de la tutelle, lorsqu'il est reconnu incapable ou lorsqu'il survient des circonstances qui l'eussent légalement empêché d'accepter une tutelle.

255. Lorsqu'une mère qui a la tutelle de son enfant se remarie, elle-même ou le co-tuteur doit en donner avis au tribunal pupillaire pour qu'il juge si elle doit être autorisée à continuer la tutelle.

256. Si le testateur ou le tribunal a institué le tuteur pour un temps déterminé ou l'a exclu en cas d'accomplissement d'un certain événement, il doit être démis de ses fonctions dès que le terme est arrivé ou l'événement accompli.

257. Lorsque pendant la tutelle il se présente des motifs qui, aux termes de la loi, eussent dispensé le tuteur de s'en charger ou l'en eussent fait exclure, il peut dans le premier cas, et il doit, dans le dernier, demander sa démission.

258. Le tuteur à qui la tutelle a été déférée comme étant le plus proche parent putatif a la faculté de proposer à sa place un parent plus proche et capable qui aurait été découvert postérieurement ; mais le parent plus proche n'a pas le droit d'exiger qu'un parent qui l'est moins lui cède une tutelle déjà commencée, à moins qu'il n'ait été empêché de se présenter plus tôt.

259. La mère ou le frère peuvent, s'ils étaient mineurs au moment où la tutelle a été déférée, la réclamer lorsqu'ils ont atteint leur majorité. Tout parent peut aussi, lorsque le tribunal a appelé à la tutelle une personne étrangère à la famille, se présenter pour prendre la tutelle dans le délai d'une année.

260. Lorsqu'une mineure se marie, il est laissé au tribunal de décider si sa curatelle doit être déférée au mari (art. 175).

261. Le tuteur ne peut en général se démettre de la tutelle qu'à la fin d'une année de gestion et qu'après que son successeur est régulièrement chargé de l'administration de la fortune. Mais si le tribunal le juge nécessaire aux intérêts de la personne ou de la fortune du mineur, il peut lui retirer la tutelle immédiatement.

262. Un tuteur est tenu de remettre au tribunal son compte final, au plus tard dans le délai de deux mois après la fin de la tutelle, et il reçoit en retour, après que l'exactitude en a été reconnue, un acte attestant la régularité et l'intégrité de son administration. Mais ce document ne le décharge pas de la responsabilité d'un acte frauduleux qui serait ultérieurement découvert.

263. Il est du devoir du tuteur, à la fin de sa tutelle, de remettre les biens administrés contre récépissé au pupille devenu majeur, ou au tuteur nouvellement institué, et de justifier de cette remise devant le tribunal. L'inventaire de la fortune et les comptes annuellement approuvés servent de base aux remises de ce genre.

264. En général, le tuteur n'est responsable que de ses propres fautes et non de celles de ses subordonnés. Mais s'il a sciemment institué des personnes incapables, s'il les a conservées en place ou s'il n'a pas exigé la réparation du dommage par eux causé, il est

personnellement responsable en raison de cette négligence.

265. Le tribunal pupillaire lui-même qui a négligé ses devoirs au détriment d'un mineur est responsable du dommage qui a pu en résulter, et s'il
n'existe aucun autre moyen de réparation il est tenu
de l'en indemniser.

266. Le tribunal peut accorder aux tuteurs zélés,
sur les revenus économisés, une récompense annuelle
proportionnelle; mais cette récompense ne doit jamais excéder cinq pour cent des revenus nets, ni
s'élever à plus de quatre mille florins par an.

267. Lorsque la fortune du mineur est si minime
qu'il n'a pu être fait qu'une très-faible ou aucune éco-
nomie annuelle, il pourra du moins être accordé au
tuteur, qui a conservé la fortune du mineur intacte,
ou qui a procuré au mineur un moyen d'existence
convenable, une récompense proportionnée aux circonstances.

268. Un tuteur qui se croit lésé par une décision
du tribunal pupillaire doit porter sa plainte d'abord
à ce même tribunal, et ne former son recours auprès
du tribunal supérieur que lorsque celle-ci est demeurée
infructueuse.

269. Le tribunal nomme un curateur ou administrateur aux personnes qui sont hors d'état de gérer
elles-mêmes leurs affaires et de défendre leurs droits,

lorsqu'il n'y a pas lieu à l'exercice de la puissance paternelle ou tutélaire.

270. Ce cas se présente à l'égard des mineurs qui possèdent des immeubles dans une autre province (art. 225) ou qui, dans une circonstance spéciale, ne peuvent pas être représentés par leur père ou leur tuteur; à l'égard des majeurs devenus fous ou imbécilles; à l'égard des personnes déclarées prodigues; à l'égard des enfants à naître; quelquefois aussi à l'égard des sourds et muets, et enfin à l'égard des absents et des condamnés.

271. Le tribunal doit être requis de nommer un curateur spécial au mineur pour les affaires d'intérêt qui se présentent à régler entre les ascendants et un enfant mineur, ou entre un mineur et son tuteur.

272. S'il s'élève des procès entre deux ou plusieurs mineurs qui ont le même tuteur, ce dernier ne peut agir pour aucun de ces mineurs, mais il doit requérir le tribunal de nommer à chacun un curateur spécial.

273. On ne peut considérer comme fou ou imbécille que celui qui a été judiciairement déclaré tel après une enquête exacte sur sa conduite, et d'après le rapport des médecins également délégués à cet effet par le tribunal.

Le tribunal doit déclarer prodigue celui à l'égard duquel il résulte de la dénonciation faite et de l'enquête instruite en conséquence, qu'il dissipe sa fortune d'une manière irréfléchie, et qu'il s'expose dans l'avenir, lui ou sa famille, à un état de misère par des emprunts téméraires ou accompagnés de conditions ruineuses. Dans l'un et l'autre cas, la déclaration judiciaire doit être rendue publique.

274. Quant aux enfants à naître, il est nommé un administrateur pour tous les enfants à naître en général, ou seulement pour un enfant déjà conçu (art. 22). Dans le premier cas, l'administrateur doit veiller à ce qu'il ne soit porté aucun préjudice aux droits des enfants à naître, sur l'héritage qui leur est destiné; et dans le second cas, à ce que les droits de l'enfant conçu soient conservés intacts.

275. Les sourds et muets, qui sont en même temps imbécilles, restent constamment en tutelle; mais si, après avoir atteint leur vingt-cinquième année, ils sont capables de gérer leurs affaires, il ne peut leur être donné de curateur contre leur gré; seulement ils ne peuvent ester en justice sans un curateur.

276. La nomination d'un curateur pour des absents, ou pour des ayants droit momentanément inconnus au tribunal, a lieu lorsqu'ils n'ont pas laissé de fondé de pouvoir ordinaire, et lorsque l'absence d'un représentant mettrait leurs droits en péril par suite de retards, ou entraverait la poursuite des droits d'un tiers. Si le lieu de la résidence d'un absent est connu, le curateur doit l'instruire de la situation de ses affaires et gérer celles-ci, comme celles d'un mineur, si l'absent n'a pris aucune autre mesure.

277. Lorsqu'une personne, dans les cas déterminés par l'article 24 du présent Code, poursuit la déclaration de mort d'un absent, le tribunal doit, avant tout, nommer un curateur à cet absent; celui-ci est ensuite cité à comparaître dans le délai d'un an, par un édit portant en outre que s'il ne se présente pas dans ce délai ou s'il ne fournit au tribunal d'autre preuve de son existence, le tribunal passera outre à la déclaration d'absence.

278. Le jour auquel une déclaration de mort a acquis sa force légale est réputé le jour légal du décès de l'absent; cependant une déclaration de mort n'exclut pas la preuve que l'absent est mort avant ou après, ou qu'il existe encore. Lorsqu'une telle preuve est produite, celui qui, par suite de la déclaration judiciaire de mort, a pris possession de la fortune, doit être considéré comme tout autre possesseur de bonne foi.

279. Il doit être nommé un curateur au criminel condamné à la prison très-dure ou dure lorsqu'il possède des biens qui pourraient être compromis pendant la durée de la peine.

280. Le tribunal auquel appartient le droit de nommer un tuteur est également chargé d'instituer le curateur d'après les mêmes principes et avec

les mêmes précautions. Mais s'il s'agit de l'administration d'une chose ou d'une affaire qui ressortisse à une autre juridiction, c'est à cette dernière qu'appartient aussi la nomination du curateur.

281. Celui qui possède les qualités requises pour les fonctions de tuteur peut aussi être chargé d'une curatelle. Les motifs d'excuse ou de préférence qui s'appliquent à la tutelle s'appliquent également à la curatelle.

282. Les droits et les devoirs des curateurs qui ont été nommés, soit pour veiller seulement à l'administration de la fortune, soit pour prendre soin en même temps de la personne de leur pupille, doivent être déterminés d'après les dispositions ci-dessus relatives aux tuteurs.

283. La curatelle cesse lorsque les affaires confiées au curateur sont terminées, ou lorsque les causes qui empêchaient le pupille de veiller à l'administration de ses affaires viennent à cesser. La question de savoir si un fou ou un imbécille a recouvré l'usage de sa raison, ou si la volonté d'un prodigue s'est améliorée d'une manière sérieuse et durable, doit être décidée sur un examen scrupuleux des circonstances, par des observations continues et, dans le premier cas, par le témoignage de médecins délégués par le tribunal pour la visite du malade.

284. Les dispositions spéciales relatives à la tutelle et à la curatelle des paysans sont renfermées dans les lois politiques.

DEUXIÈME PARTIE.

DROIT RELATIF AUX CHOSES.

DES CHOSES ET DE LEUR DIVISION LÉGALE.

285. Tout ce qui est distinct de la personne et qui sert à l'usage des hommes est appelé *chose* dans le sens légal.

286. Les choses dans l'étendue de l'empire sont ou des biens publics ou des biens privés. Ces derniers appartiennent, soit à des personnes individuelles, soit à des personnes morales, lesquelles sont ou des sociétés restreintes ou des communautés entières.

287. Les choses que tous les citoyens peuvent s'approprier s'appellent choses libres. Celles dont l'usage seul leur est permis, telles que les routes, les rivières, les fleuves, les ports et les rivages de la mer, s'appellent biens communs ou publics. Ce qui est destiné à couvrir les besoins de l'État, comme le droit de battre monnaie, le droit de poste et autres droits régaliens, les biens domaniaux, les mines et salines, les impôts et péages, forme la fortune de l'État.

288. De même les choses qui, d'après la constitution du pays, servent à l'usage de chaque membre d'une commune, constituént les biens communaux ; mais les choses dont les revenus sont destinés à pourvoir aux dépenses de la commune, forment la fortune communale.

289. La partie de la fortune que le souverain ne possède pas comme chef de l'État est également considérée comme bien privé.

290. Les dispositions contenues dans ce Code civil sur la manière dont les choses s'acquièrent, se conservent et se transmettent légalement à d'autres, doivent en général être observées également par les administrateurs des biens de l'État ou des communes, ou de la fortune de l'État et des communes. Les exceptions et les dispositions particulières relatives à l'administration et à l'usage de ces biens sont contenues dans le droit public et dans les règlements politiques.

291. Les choses sont divisées sui   différence de leur nature, en corporelles e   corporelles, mobilières et immobilières, fongibles et non fongibles, appréciables et non appréciables.

292. Les choses corporelles sont celles qui tombent sous les sens; sans cela elles s'appellent incorporelles :

par exemple, le droit de chasser, de pêcher et autres droits.

293. Les choses mobilières sont celles qui peuvent être transportées d'un lieu dans un autre sans altération de leur substance. Les choses sont immobilières dans le cas contraire.

Les choses qui sont mobilières par elles-mêmes sont considérées dans le sens légal comme immobilières, lorsqu'en vertu de la loi ou de la destination du propriétaire elles forment l'accessoire d'une chose immobilière.

294. On entend par accessoire ce qui est attaché à une chose à perpétuelle demeure. On y comprend non-seulement l'accroissement d'une chose tant qu'il n'en est pas séparé, mais encore les choses accessoires sans lesquelles on ne peut faire usage de la chose principale, ou qui sont destinées à son usage perpétuel par la loi ou par la destination du propriétaire.

295. L'herbe, les arbres, les fruits et toutes les choses susceptibles d'usage que la terre produit à sa superficie restent biens immobiliers tant qu'ils n'ont pas été détachés du fonds ou du sol. De même le poisson dans les étangs et le gibier dans les forêts ne deviennent biens mobiliers qu'après que les poissons ont été pêchés et le gibier pris ou tué dans les forêts.

296. Le blé, le bois, le fourrage et toutes les

autres productions quoique déjà récoltées, de même que tout le bétail et les machines, instruments ou ustensiles appartenant à un bien-fonds, sont considérés comme choses immobilières en tant qu'elles sont nécessaires à son exploitation ordinaire.

297. Sont comprises également parmi les choses immobilières celles qui sont élevées à demeure sur un fonds, telles que les maisons et autres édifices dans toute la hauteur de leur construction ; en outre, non-seulement tout ce qui est maçonné, rivé et cloué, comme les cuves à brasseur, les alambics à eau-de-vie et les armoires d'attache, comme aussi les choses qui sont destinées à l'usage continu de la propriété : par exemple, les seaux à puits, les cordes, les chaînes, les appareils pour éteindre le feu, et autres objets semblables.

298. Les droits sont compris parmi les choses mobilières lorsqu'ils ne se rattachent pas à la possession d'une chose immobilière, ou qu'ils ne sont pas déclarés choses immobilières par la constitution de l'État.

299. Les créances ne deviennent pas propriété immobilière par leur hypothèque sur un bien immobilier.

300. Les choses immobilières sont soumises aux lois du district du lieu dans lequel elles sont situées ; toutes les autres choses, au contraire, sont soumises

aux mêmes lois que la personne de leur propriétaire.

301. Sont choses fongibles celles qui se détruisent
ou se consomment par l'usage ordinaire; sont choses
non fongibles celles d'une nature opposée.

302. Un ensemble de plusieurs choses distinctes,
communément considérées comme une même chose
et désignées sous une dénomination commune, forme
une chose composée (*universitas rerum*) considérée
comme un tout.

303. On appelle choses appréciables celles dont
la valeur peut être déterminée par comparaison avec
d'autres destinées au commerce; y sont comprises
également les prestations de services, les ouvrages
manuels et d'esprit. On appelle au contraire non appréciables les choses dont la valeur ne peut être déterminée par aucune comparaison avec d'autres choses
qui se trouvent dans le commerce.

304. La valeur déterminée d'une chose s'appelle
son prix. Lorsqu'une chose doit être estimée par un
tribunal, l'appréciation doit s'en faire moyennant une
somme déterminée d'argent.

305. Le prix ordinaire et habituel d'une chose est
celui qui s'apprécie d'après son usage ordinaire et général sous le rapport du temps et du lieu. Le prix extraordinaire se détermine d'après les circonstances spéciales à la chose et l'affection que lui porte la per-

6

sonne à laquelle la valeur en doit être comptée, selon les qualités accidentelles de cette chose.

306. Dans tous les cas où il n'en a été autrement convenu ou disposé par la loi, l'estimation d'une chose doit se faire d'après son prix ordinaire.

307. On appelle droits réels les droits qui compètent à une personne sur une chose sans égard à des personnes déterminées. On appelle droits réels personnels sur les choses ceux qui résultent directement d'une loi ou d'une action obligatoire contre des personnes déterminées.

308. Les droits réels sur les choses sont ceux de possession, de propriété, d'hypothèque, de servitude et de succession.

LIVRE PREMIER.

DU DROIT SUR LES CHOSES.

DES DROITS RÉELS.

CHAPITRE Iᵉʳ.

DE LA POSSESSION.

309. On appelle détenteur d'une chose celui qui l'a en sa puissance ou sous sa garde. Lorsque le détenteur d'une chose a la volonté de la garder comme sienne, il en est le possesseur.

310. Les personnes privées de l'usage de la raison sont incapables d'acquérir par elles-mêmes la possession. Elles sont représentées par un tuteur ou un curateur. Les impubères qui ont passé l'âge de l'enfance sont aptes à acquérir par eux-mêmes la possession d'une chose.

311. Toutes les choses corporelles et incorporelles qui sont l'objet d'un commerce légitime peuvent être possédées.

312. La possession des choses corporelles mobilières s'acquiert par l'appréhension physique, par

6.

l'enlèvement ou par la mise en garde; celle des choses immobilières s'acquiert par l'occupation, par la délimitation, par la clôture, par l'apposition de marques distinctives ou par la mise en culture. On acquiert la possession des choses ou des droits incorporels par l'usage que l'on en fait en son propre nom.

313. On fait usage d'un droit lorsqu'une personne réclame quelque chose d'une autre personne comme lui étant due et que celle-ci s'en acquitte; ou bien lorsqu'une personne applique à son profit une chose appartenant à un tiers avec le consentement de celui-ci; enfin lorsque, sur la défense d'un tiers, une personne s'abstient de ce qu'autrement elle eût été en droit de faire.

314. La possession des droits, comme celle des choses corporelles, s'acquiert d'une manière directe lorsqu'on s'empare de droits et de choses libres, ou d'une manière indirecte, lorsqu'il s'agit d'un droit ou d'une chose appartenant à un tiers.

315. Par la prise de possession arbitraire directe ou indirecte on n'acquiert que la possession de ce qui a été réellement saisi, occupé, employé, marqué ou mis en garde; par la prise de possession indirecte, lorsque le détenteur cède un droit ou une chose en son nom, ou au nom d'un tiers, on acquiert la possession de tout ce que le précédent détenteur possédait et a transmis par des marques distinctes, sans

qu'il soit nécessaire de prendre spécialement possession de chaque partie du tout.

316. La possession d'une chose est légitime lorsqu'elle repose sur un titre valable, c'est-à-dire sur une
cause légale d'acquisition. Dans le cas contraire elle
est illégitime.

317. Le titre pour les choses libres repose sur la
liberté naturelle de faire ce qui ne lèse pas les droits
d'autrui; pour les autres choses sur la volonté du précédent possesseur ou sur la décision du juge, ou enfin
sur la loi qui attribue à quelqu'un le droit à la possession.

318. Le détenteur qui ne détient pas une chose
en son nom, mais au nom d'un autre, n'a encore
aucun titre légal à la possession de cette chose.

319. Le détenteur d'une chose ne peut arbitrairement changer la cause de sa détention et se créer
ainsi un titre; mais celui qui a légitimement possédé
une chose en son propre nom peut transmettre son
droit de possession à un tiers et la détenir par la
suite au nom du nouveau possesseur.

320. Un titre valable ne peut donner que le droit
à la possession de la chose et non la possession
même. Celui qui n'a que le droit à la possession ne
peut en cas d'opposition se mettre arbitrairement
en possession, il doit la demander par les voies légales
au juge ordinaire en produisant son titre.

331. Dans les lieux où il existe des tables provinciales, des livres municipaux ou fonciers, ou autres registres officiels de même nature, la possession légitime d'un droit réel sur des choses immobilières ne s'acquiert que par l'inscription régulière sur ces registres officiels.

322. Lorsqu'une chose mobilière a été successivement livrée à plusieurs personnes, le droit de possession appartient à celui qui l'a en son pouvoir. Mais lorsque la chose est immobilière et qu'il existe des registres publics, le droit de possession appartient exclusivement à celui qui s'y trouve inscrit comme possesseur.

323. Le possesseur d'une chose a pour lui la présomption légale d'un titre valable ; il ne peut donc pas être sommé de le produire.

324. Il ne suffit pas pour justifier une telle sommation de prétendre que la possession de l'adversaire ne peut s'accorder avec d'autres présomptions légales telles, par exemple, que la vacance de la propriété. Dans ces cas, la partie qui élève des prétentions doit porter sa demande devant le juge ordinaire et prouver, ainsi qu'elle le prétend, que son titre est meilleur. En cas de doute, la préférence est accordée au possesseur.

325. Les lois politiques et pénales déterminent jusqu'à quel point le possesseur d'une chose dont le commerce est prohibé, ou qui pourrait avoir été dérobée, est tenu de justifier sur quel titre se fonde sa possession.

326. Celui qui a des raisons plausibles de considérer comme sienne la chose qu'il possède est un possesseur de bonne foi. Le possesseur de mauvaise foi est celui qui sait ou qui doit présumer d'après les circonstances que la chose qui se trouve en sa possession appartient à un autre. On peut, par suite d'erreurs sur les faits ou d'ignorance des dispositions de la loi, être possesseur illégitime (art. 316), et néanmoins l'être de bonne foi.

327. Quand une personne possède la chose, et une autre le droit à tous ou à quelques-uns des usages de cette chose, la même personne peut, en dépassant les limites de son droit, se trouver à la fois sous différents rapports possesseur légitime et illégitime, de bonne et de mauvaise foi.

328. La bonne ou la mauvaise foi du possesseur doit en cas de procès être décidée par sentence du juge ; en cas de doute, la présomption est en faveur de la bonne foi du possesseur.

329. Un possesseur de bonne foi peut, par le seul fondement de la possession de bonne foi, employer, consommer et même détruire à volonté la chose qu'il possède, sans encourir aucune responsabilité.

330. Tous les fruits qui naissent de la chose deviennent la propriété du possesseur de bonne foi dès

qu'ils en ont été détachés : tous les autres fruits réalisés restent également sa propriété pourvu qu'ils soient échus pendant la durée de sa possession paisible.

331. Si le possesseur de bonne foi a fait une dépense nécessaire pour la conservation permanente de la substance de la chose, ou une dépense utile pour en augmenter les produits continus, il a droit à une indemnité proportionnée à la valeur actuelle de la chose, pourvu que cette indemnité n'excède pas la dépense réelle.

332. Il n'est dû d'indemnité pour les dépenses faites uniquement dans un but d'agrément ou d'embellissement que jusqu'à concurrence de la plus value qui en est résultée dans la valeur ordinaire de la chose; mais le précédent possesseur a la faculté de retirer de la chose tout ce qui peut en être détaché sans dommage pour sa substance.

333. Le possesseur, même quand il est de bonne foi, ne peut réclamer le prix qu'il a payé à son cédant pour la chose qui lui est abandonnée. Mais celui qui a loyalement acheté une chose appartenant à autrui, que le propriétaire eût difficilement récupérée sans cette circonstance, et qui a ainsi procuré au propriétaire un avantage évident, peut réclamer une indemnité proportionnée.

334. La question de savoir si le possesseur de bonne foi a le droit de retenir la chose à raison de sa

créance est résolue au chapitre relatif au droit de gage.

335. Le possesseur de mauvaise foi est tenu de rendre non-seulement tous les profits qu'il a retirés de la possession de la chose d'autrui, mais encore de tenir compte de ceux que le véritable propriétaire aurait pu en retirer, et de réparer tout le dommage causé par sa possession. Dans le cas où le possesseur de mauvaise foi a acquis la possession par une action illicite prévue par les lois pénales, le dédommagement s'étend jusqu'à la valeur du prix d'affection.

336. Si le possesseur de mauvaise foi a fait des dépenses, on se réglera d'après ce qui est prescrit au chapitre du mandat relativement aux dépenses faites par le gérant d'affaires sans mandat.

337. La possession d'une commune est qualifiée d'après la bonne ou mauvaise foi des mandataires qui agissent au nom des membres de la commune : néanmoins les membres de mauvaise foi doivent toujours dédommager les membres de bonne foi aussi bien que le véritable propriétaire.

338. Le possesseur de bonne foi, lorsqu'il a été par sentence du juge condamné à restituer la chose, doit, à partir de l'introduction de la plainte formée contre lui, être considéré comme possesseur de mauvaise foi, tant par rapport à la restitution des produits et à la réparation des dommages, que par rapport aux

dépenses qu'il a faites; il n'est cependant responsable des accidents, qui ne seraient pas survenus à la chose entre les mains du propriétaire, que dans les cas où il aurait retardé la restitution de la chose par un procès vexatoire.

339. Quelle que soit la nature de la possession, personne ne peut la troubler arbitrairement. Le possesseur troublé a le droit de réclamer en justice la cessation du trouble et la réparation du dommage causé.

340. Quand le possesseur d'une chose immobilière ou d'un droit réel est troublé dans la jouissance par la construction d'un nouveau bâtiment, d'un ouvrage hydraulique ou de tout autre ouvrage, sans que le constructeur se soit mis en règle à son égard, conformément à l'ordonnance générale sur la procédure, il est en droit de demander aux tribunaux la cessation de ces constructions nouvelles, et le tribunal est tenu de décider la question dans le plus bref délai possible.

341. Le tribunal doit en général interdire la continuation des travaux pendant la durée du procès. La continuation provisoire de ces travaux ne peut être autorisée que dans le cas d'un péril imminent et constaté, ou lorsque le constructeur donne une caution suffisante pour garantir que la chose sera remise dans son état primitif, ainsi que pour compenser le dommage éventuel, et lorsque dans ce dernier cas l'oppo-

sant ne peut fournir une caution semblable pour la garantie des suites de son opposition.

342. Les dispositions des articles précédents relatives aux constructions nouvelles sont également applicables à la démolition d'un vieil édifice ou de tout autre ouvrage.

343. Quand le possesseur d'un droit réel peut prouver qu'une construction existante appartenant à autrui est sur le point de s'écrouler et le menace d'un danger évident, il est autorisé à réclamer en justice des garanties, si d'ailleurs l'autorité politique n'a pas déjà pris les mesures convenables dans l'intérêt de la sûreté générale.

344. Le droit de possession emporte celui de se protéger dans sa possession et de repousser la force par l'emploi d'une force suffisante dans les cas où le secours de la justice arriverait trop tard (art. 19). Du reste, c'est à l'autorité politique à veiller au maintien de la tranquillité publique, de même qu'aux tribunaux criminels à veiller à la punition des violences publiques.

345. Lorsque quelqu'un s'empare de la possession ou se la procure furtivement par ruse ou par prière, et qu'il cherche à convertir en un droit durable ce qui lui a été concédé par complaisance sans qu'on voulût prendre d'engagement permanent, la possession illégitime et de mauvaise foi devient en outre vicieuse;

dans le cas contraire la possession est considérée comme sincère (non vicieuse).

346. On peut demander contre tout possesseur déloyal non-seulement le rétablissement des choses dans leur précédent état, mais encore des dommages-intérêts. Le tribunal doit adjuger l'un et l'autre après instruction judiciaire, même sans égard pour le droit de préférence que le défendeur pourrait avoir sur la chose.

347. Si on ne peut reconnaître sur-le-champ quel est le possesseur sincère et laquelle des deux parties a droit à l'appui de la justice, la chose litigieuse doit être confiée à la garde du tribunal ou à celle d'un tiers, jusqu'à ce que le procès sur la possession ait été instruit et jugé. La personne déboutée peut, même après le jugement, intenter une action pour faire reconnaître le droit de préférence qu'elle prétendait avoir sur la chose.

348. Lorsque le simple détenteur est actionné à la fois par plusieurs prétendants à la possession pour obtenir la remise de la chose, et qu'il s'en trouve un parmi ces derniers au nom duquel la chose est gardée, celle-ci doit lui être remise de préférence, et la remise en être notifiée aux autres prétendants. Quand cette circonstance ne milite en faveur d'aucun d'eux, la chose est confiée à la garde du juge ou d'un tiers. Le juge examinera les moyens de droit des divers prétendants à la possession et en décidera.

349. La possession d'une chose corporelle s'éteint en général lorsque cette chose vient à se perdre sans que l'on puisse espérer de la retrouver, ou lorsqu'elle est volontairement abandonnée, ou bien qu'elle tombe en la possession d'un autre.

350. La possession des droits et des choses immobilières, qui sont portés sur les registres publics, s'éteint par leur radiation des tables provinciales ou des registres municipaux ou fonciers, ou par leur transfert sur les registres au nom d'un autre.

351. Quant aux autres droits, la possession cesse lorsque la partie obligée déclare ne plus vouloir faire les prestations qu'elle faisait auparavant; lorsqu'elle ne tolère plus l'exercice des droits d'un autre; lorsqu'elle n'observe plus la défense de s'abstenir d'une chose, et que, dans tous ces cas, le possesseur y acquiesce et ne forme pas de demande pour le maintien de sa possession.

La possession ne se perd point par le simple non-usage d'un droit, hors les cas de prescription déterminés par la loi.

352. Tant qu'il y a espoir de retrouver une chose perdue, on en peut conserver la possession par la simple volonté. L'absence du possesseur ou la survenance d'un état d'incapacité pour acquérir une possession ne détruit pas la possession déjà acquise.

CHAPITRE II.

DU DROIT DE PROPRIÉTÉ.

353. La propriété d'une personne se compose de tout ce qui lui appartient, de tous ses biens corporels et incorporels.

354. Considérée comme un droit, la propriété est la faculté de disposer suivant sa volonté de la substance et des produits d'une chose, et d'en exclure toute autre personne.

355. Toutes les choses en général peuvent être l'objet d'un droit de propriété, et tout homme qui n'en est pas expressément exclu par les lois est capable de les acquérir par lui-même ou par l'intermédiaire d'un autre agissant en son nom.

356. En conséquence, c'est à celui qui prétend qu'une personne qui veut acquérir une chose a contre elle un empêchement légal, soit sous le rapport de sa capacité personnelle, soit sous le rapport de la chose qui doit être acquise, à en fournir la preuve.

357. Lorsque le droit sur la substance de la chose se trouve réuni sur la même tête avec le droit sur les produits de cette chose, le droit de propriété est parfait et intégral. Mais si une personne n'a de droit que

sur la substance de la chose, et qu'à une autre appar-
tienne, outre un droit sur la substance, le droit exclusif à la jouissance des produits, alors le droit de
propriété est divisé et imparfait pour toutes deux. Le
premier s'appelle propriétaire principal, et le second
propriétaire usufruitier.

358. Toutes les autres espèces de restrictions de
la propriété résultant, soit de la loi, soit de la volonté
du propriétaire, ne détruisent pas l'intégralité de la
propriété.

359. La séparation du droit sur la substance d'avec
le droit sur les produits, s'établit soit par la volonté
du propriétaire, soit par les dispositions de la loi. Suivant la différence des rapports qui existent entre le
propriétaire principal et le propriétaire usufruitier,
les biens dont la propriété est divisée s'appellent fiefs,
biens emphytéotiques ou à ferme héréditaire. Il est
traité des fiefs dans les lois spéciales relatives aux fiefs,
et des biens emphytéotiques ou à ferme héréditaire
dans le chapitre des contrats de louage.

360. On ne peut pas inférer la division du droit
de propriété du simple payement d'un cens continu ou
d'une rente annuelle, dans tous les cas où la séparation du droit sur la substance d'avec le droit sur les
produits n'apparaît pas d'une manière évidente; mais
on doit considérer le possesseur de bonne foi comme
propriétaire parfait.

361. Lorsqu'une chose encore indivise appartient en même temps à plusieurs personnes, il se forme une propriété commune. Les co-propriétaires sont considérés comme une personne unique par rapport à l'ensemble ; mais s'il leur a été assigné des parts déterminées, quoique encore indivises, chaque co-propriétaire a la propriété complète de la part qui lui appartient.

362. En général, celui qui a la propriété parfaite d'une chose peut, en vertu du droit qu'il a de disposer librement de sa propriété, se servir de sa chose à volonté ou la laisser sans emploi ; il peut la détruire, la transférer à d'autres en tout ou en partie, ou s'en dépouiller sans condition, c'est-à-dire l'abandonner.

363. Ceux qui n'ont point la propriété parfaite, soit nu-propriétaires, soit usufruitiers, jouissent des mêmes droits ; seulement il n'est permis à aucun d'eux de rien faire qui soit en opposition avec les droits de l'autre.

364. En général, le droit de propriété ne peut être exercé qu'à la condition de ne porter aucun préjudice aux droits des tiers et de respecter les limites fixées par les lois dans l'intérêt de l'ordre et des progrès du bien général.

365. Lorsque l'utilité publique l'exige, un citoyen doit céder la propriété parfaite de sa chose moyennant une indemnité proportionnée.

366. Le droit qu'a un propriétaire d'exclure tout autre de la possession de sa chose emporte aussi le droit de réclamer en justice, par l'action pétitoire, contre tout détenteur, la chose dont il est privé à tort. Cependant ce droit ne compète pas à celui qui a aliéné une chose en son nom, au moment où il n'en était pas encore propriétaire, mais qui en a par la suite acquis la propriété.

367. L'action pétitoire n'est pas admise contre le possesseur de bonne foi d'une chose mobilière, lorsqu'il peut prouver qu'il a acquis cette chose soit aux enchères publiques, soit d'un marchand autorisé à en faire le commerce, ou qu'il en a payé la valeur à une personne à qui le demandeur lui-même l'avait confiée pour s'en servir, pour la garder ou pour tout autre motif. Dans ces divers cas la propriété est acquise aux possesseurs de bonne foi, et le précédent propriétaire conserve seulement le droit de réclamer des dommages-intérêts contre ceux qui en étaient responsables envers lui.

368. Mais s'il est prouvé que le possesseur pouvait, soit d'après la nature même de la chose acquise, soit à raison de la vileté du prix, soit à raison de la notoriété des qualités personnelles de son cédant, ou à raison de sa profession ou d'autres circonstances, concevoir un soupçon fondé contre la bonne foi de sa possession, il est tenu de restituer la chose à son propriétaire comme possesseur de mauvaise foi.

7

369. Celui qui intente l'action pétitoire doit prouver que la chose litigieuse est sa propriété et qu'elle est en la possession du défendeur.

370. Celui qui réclame en justice une chose mobilière doit la désigner par des signes caractéristiques tels qu'elle puisse être distinguée de toutes les choses semblables de la même espèce.

371. Les choses qui ne se laissent pas distinguer de cette manière, comme de l'argent comptant mêlé à d'autre argent comptant ou des billets payables au porteur, ne peuvent donc en général être l'objet d'une plainte pétitoire, à moins qu'il ne se rencontre des circonstances à l'aide desquelles le demandeur puisse prouver son droit de propriété, et qui devaient indiquer au défendeur qu'il n'était pas en droit de s'approprier la chose.

372. Lorsque le demandeur n'a pas fourni la preuve complète de l'acquisition de la propriété d'une chose qui lui est déniée, mais qu'il a démontré le titre valable et la manière sincère par lesquels il est arrivé à sa possession, il doit néanmoins être considéré comme légitime propriétaire à l'égard de tout possesseur qui ne peut représenter le titre de sa possession ou qui n'en peut présenter qu'un plus faible.

373. En conséquence, le défendeur possède de mauvaise foi ou d'une manière illégitime lorsqu'il ne peut indiquer son cédant ou qu'il n'en peut indiquer

qu'un suspect, ou bien lorsqu'il a reçu la chose à titre
gratuit, et que le demandeur, au contraire, l'a reçue à
titre onéreux.

374. Lorsque le défendeur et le demandeur ont
chacun un titre semblable à l'appui de leur possession
sincère, la préférence doit être donnée au défendeur
en vertu de la possession actuelle.

375. Celui qui possède une chose au nom d'un
autre peut se défendre contre l'action pétitoire en faisant connaître celui dont il la tient et en justifiant qu'il
la tient de lui.

376. Celui qui nie en justice la possession d'une
chose, et qui est convaincu de mensonge, doit, par
cela seul, céder la possession au demandeur; il conserve néanmoins le droit d'intenter par la suite une
action pétitoire.

377. Celui qui prétend posséder une chose qu'il
ne possède pas, et qui induit par là le demandeur en
erreur, est responsable de tout le dommage qui peut
résulter de sa fausse allégation.

378. Celui qui ayant la possession d'une chose l'a
abandonnée après l'introduction de l'action, est tenu
de la faire rentrer à ses frais entre les mains du demandeur, ou de lui en payer la valeur extraordinaire si
celui-ci ne veut pas agir lui-même contre le détenteur
actuel.

379. La nature des indemnités à payer au proprié-

taire par le possesseur de bonne ou de mauvaise foi, à
raison du profit dont il a été privé ou du dommage
qu'il a éprouvé, se trouve déterminée dans le chapitre précédent.

CHAPITRE III.

ACQUISITION DE LA PROPRIÉTÉ PAR APPROPRIATION.

380. Aucune propriété ne peut être acquise sans
titre et sans un mode légitime d'acquisition.

381. A l'égard des choses sans maître, le titre
consiste dans la liberté naturelle d'en prendre possession. Le mode d'acquisition consiste dans l'appropriation au moyen de laquelle on s'empare d'une chose
sans maître dans l'intention de la tenir comme sienne.

382. Tout citoyen peut acquérir par appropriation
les choses sans maître, à moins que cette faculté ne
soit restreinte par les lois politiques, ou qu'il n'existe
un droit privilégié d'appropriation en faveur de quelques citoyens.

383. Ces règles s'appliquent spécialement à la capture des animaux. Les lois politiques déterminent à
qui appartient le droit de chasse ou de pêche; elles
indiquent les moyens d'arrêter l'accroissement excessif
du gibier, le mode de réparation du dommage causé
par le gibier ainsi que les moyens d'empêcher l'enlève-

ment du miel par des abeilles étrangères. Les lois pénales fixent le mode de punition des braconniers.

384. Les essaims d'abeilles domestiques et les autres animaux domestiques ou privés ne peuvent être l'objet d'une libre capture; le propriétaire a au contraire le droit de les poursuivre sur les terres d'autrui, mais il doit au propriétaire du fonds la réparation du dommage qu'il peut lui avoir ainsi causé. Dans le cas où le propriétaire de la ruche mère aurait négligé pendant deux jours de poursuivre l'essaim, de même que dans le cas où une bête privée est restée éloignée sans coaction étrangère pendant quarante-deux jours, l'essaim ou la bête peut être pris et conservé par toute personne quelconque sur un terrain public, et par le propriétaire sur un fonds privé.

385. Nulle personne privée n'est en droit de s'approprier les produits réservés à l'état par les ordonnances politiques.

386. Tout citoyen peut s'approprier les choses mobilières que le propriétaire ne veut plus conserver comme siennes, et qu'il a en conséquence abandonnées.

387. Les lois politiques déterminent dans quels cas les fonds de terre ou les édifices doivent être considérés comme abandonnés, ou être confisqués, les uns pour défaut absolu de culture, et les autres pour réparation.

388. En cas de doute on ne doit pas présumer qu'une personne ait voulu abandonner son bien; en conséquence celui qui trouve une chose ne peut la considérer comme abandonnée et se l'approprier. A plus forte raison nul ne peut s'attribuer le droit de varech.

389. Celui qui trouve une chose est tenu par conséquent de la restituer au précédent possesseur lorsque les marques distinctives de la chose ou d'autres circonstances le font clairement connaître. Si le précédent possesseur ne lui est pas connu, il doit, lorsque la valeur de la chose trouvée dépasse un florin, faire connaître sa trouvaille dans le délai de huit jours, suivant le mode usité dans chaque localité, et lorsque la valeur de la chose trouvée dépasse douze florins, il doit en donner avis à l'autorité locale.

390. L'autorité doit immédiatement publier cet avis, suivant le mode usité dans chaque localité, sans désigner les marques distinctives de la chose trouvée; et si le propriétaire ne s'est pas fait connaître dans un délai proportionné aux circonstances, et que la valeur de la chose dépasse vingt-cinq florins, elle le publiera de nouveau au moyen de trois insertions dans les feuilles publiques. Si la chose trouvée ne peut sans danger être laissée entre les mains de celui qui l'a trouvée, cette chose, ou le prix qui en sera retiré aux enchères publiques, quand elle ne pourra être

conservée sans dommage notable, sera déposé en justice ou confié à la garde d'un tiers.

391. Si le précédent détenteur ou propriétaire de la chose trouvée se fait connaître dans le délai d'un an, à partir de la dernière publication, et qu'il établisse son droit d'une manière convenable, la chose ou le prix qui en est provenu lui sera remis. Il est tenu cependant de rembourser les frais et de payer, si elle le demande, à la personne qui a trouvé la chose, dix pour cent de la valeur ordinaire à titre de récompense. Mais lorsque, d'après ce calcul, la récompense a atteint une somme de mille florins, elle ne sera calculée sur l'excédant qu'à raison de cinq pour cent.

392. Si la chose trouvée n'est réclamée par personne à juste titre dans le délai d'un an, celui qui l'a trouvée acquiert le droit de se servir de la chose ou du prix qui en est provenu. Si le précédent possesseur se fait connaître par la suite, la chose ou la valeur qui en est provenue, avec les intérêts qu'elle a pu produire, doit lui être remise sous la déduction des frais et de la récompense habituelle. Ce n'est qu'après le délai de la prescription que celui qui a trouvé la chose en acquiert la propriété comme le fait le possesseur de bonne foi.

393. Quiconque contreviendra aux dispositions contenues dans les articles 388 à 392 sera responsable de tous les dommages qui en résulteront. Si celui

qui a trouvé la chose néglige de s'y conformer, il perdra tout droit à la récompense habituelle et se rendra en outre, suivant les circonstances, coupable de vol aux termes du Code pénal.

394. Lorsque plusieurs personnes ont trouvé une chose en même temps, elles ont à cet égard les mêmes droits et les mêmes obligations. On comprend parmi les co-inventeurs celui qui le premier a découvert la chose et a fait des efforts pour y parvenir, alors même qu'un autre s'en est emparé avant lui.

395. Lorsqu'on découvre des choses ensevelies, murées ou autrement cachées, dont le propriétaire est inconnu, l'annonce doit en être faite ainsi qu'il a été dit pour les objets trouvés en général.

396. Lorsque des signes distinctifs extérieurs ou d'autres circonstances font reconnaître le propriétaire, la chose doit lui être remise; mais celui-ci doit, lorsqu'il ne peut prouver qu'il en avait antérieurement connaissance, donner à celui qui l'a trouvée la récompense déterminée à l'article 391.

397. Lorsque le propriétaire ne se fait pas immédiatement connaître, l'autorité doit procéder conformément aux dispositions des articles 390 à 392.

398. Quand les choses découvertes consistent en argent, en bijoux ou autres matières précieuses, qui sont restés cachés si longtemps qu'on ne peut plus en retrouver l'ancien propriétaire, elles s'appellent un

trésor. La découverte d'un trésor doit être notifiée par l'autorité du lieu au gouvernement de la province.

399. Le tiers de tout trésor est acquis au trésor public. Des deux autres tiers l'un revient à l'inventeur, et l'autre au propriétaire du fonds. Lorsque la propriété du fonds est divisée, ce tiers revient par égales portions au nu-propriétaire et au propriétaire usufruitier.

400. La part de celui qui, à cette occasion, s'est rendu coupable d'une action illicite ou qui, à l'insu et contre la volonté du propriétaire usufruitier, a fait la recherche du trésor, ou qui en a caché la découverte, revient au dénonciateur ou, à défaut de dénonciateur, à l'État.

401. Lorsque des ouvriers trouvent accidentellement un trésor, il leur en revient un tiers comme l'ayant découvert. Mais lorsqu'ils sont expressément employés par le propriétaire à la recherche d'un trésor, ils doivent se contenter de leur salaire ordinaire.

402. Les dispositions relatives au butin et aux choses récupérées sur l'ennemi sont contenues dans les lois militaires.

403. Celui qui sauve d'une destruction inévitable une chose mobilière appartenant à autrui est en droit de demander au propriétaire qui vient la réclamer le dédommagement de ses dépenses et une récompense proportionnée, qui ne pourra excéder dix pour cent.

CHAPITRE IV.

DE L'ACQUISITION DE LA PROPRIÉTÉ PAR ACCESSION.

404. On appelle accession tout ce qui naît d'une chose ou ce qui s'y unit sans avoir été livré au propriétaire par une autre personne. L'accession est produite par la nature, par l'art, ou par l'un et l'autre à la fois.

405. Les fruits naturels d'un fonds, c'est-à-dire ceux qu'il produit sans être cultivé, tels que les herbes, les éponges et autres semblables, accroissent au propriétaire du fonds, de même que tous les produits qui naissent d'un animal accroissent au maître de cet animal.

406. Le propriétaire d'un animal qui a été couvert par celui d'un autre ne doit à ce dernier aucun salaire quand il n'en a pas été stipulé.

407. Lorsqu'une île se forme au milieu d'un cours d'eau, les propriétaires des fonds situés dans la longueur sur les deux rives ont le droit exclusif de s'approprier cette île en deux parties égales, et de se la partager entre eux suivant la longueur de leurs fonds. Si l'île se forme en deçà de la moitié du cours d'eau, le propriétaire du rivage le plus proche y a seul des

droits. Les îles dans les rivières navigables sont réservées à l'État.

408. Lorsque les îles se forment par suite du desséchement du cours d'eau ou par suite de son partage en plusieurs bras, ou lorsque des terrains sont inondés, les droits des anciens propriétaires restent intacts.

409. Lorsqu'un cours d'eau abandonne son lit, les propriétaires qui éprouvent des dommages par ce changement de cours ont, avant tout, le droit d'être dédommagés, soit au moyen du lit abandonné, soit sur sa valeur.

410. Excepté le cas d'un tel dédommagement, le lit abandonné appartient aux propriétaires riverains, selon qu'il a été réglé pour la formation d'une île nouvelle.

411. Les atterrissements qu'un cours d'eau forme imperceptiblement à un fonds riverain appartiennent au propriétaire de ce fonds.

412. Mais lorsqu'une portion considérable de terrain est annexée par la violence des eaux à un rivage appartenant à autrui, le précédent propriétaire ne perd son droit de propriété sur cette portion de terre qu'autant qu'il néglige de l'exercer dans le délai d'un an.

413. Tout propriétaire d'un fonds de terre est autorisé à protéger son rivage contre les empiétements

du fleuve. Mais nul ne peut y établir des ouvrages ou des plantations qui changent le cours ordinaire du fleuve ou qui pourraient devenir nuisibles à la navigation, aux moulins, aux pêcheries ou à d'autres droits appartenant à autrui. En général, des ouvrages de ce genre ne peuvent être établis qu'avec la permission de l'autorité publique.

414. Celui qui travaille des choses appartenant à autrui ou qui les unit, les mélange ou les mêle avec les siennes, n'acquiert par là aucun droit sur la propriété d'autrui.

415. Lorsque des choses mises ainsi en œuvre peuvent être remises dans leur état précédent, ou lorsque des choses unies, mélangées ou mêlées peuvent être séparées de nouveau, on restitue chaque objet à son propriétaire, et l'on accorde un dédommagement à celui qui y a droit. Quand il n'est pas possible de remettre la chose dans son état primitif ou de la diviser de nouveau, elle devient commune entre les ayants droits; néanmoins, celui dont la chose a été unie par la faute d'un autre a le choix ou de conserver la chose entière moyennant payement de la plus value, ou de la laisser à l'autre moyennant une compensation analogue. Le co-propriétaire coupable est traité suivant qu'il a agi avec plus ou moins de bonne ou de mauvaise foi. Si l'on ne peut imputer de faute à aucun des deux, le choix est réservé à celui dont la portion a le plus de valeur.

416. Lorsque des matériaux appartenant à autrui ne sont employés qu'à la réparation d'une chose, la matière d'autrui revient au propriétaire de la chose principale, et celui-ci est tenu, suivant qu'il a agi avec plus ou moins de bonne ou de mauvaise foi, de payer la valeur des matériaux employés à celui à qui ils appartenaient.

417. Lorsque quelqu'un a élevé un édifice sur son propre fonds en y employant des matériaux d'autrui, l'édifice reste sa propriété; mais le constructeur, même quand il est de bonne foi, est tenu de payer au propriétaire lésé la valeur de ses matériaux au prix ordinaire, s'il en a acquis la possession hors les circonstances énoncées à l'article 367; un constructeur de mauvaise foi doit les payer au prix le plus élevé et, en outre, compenser le dommage éventuel.

418. Lorsque dans le cas contraire une personne a construit avec ses matériaux sur le fonds d'autrui à l'insu et sans la volonté du propriétaire, la construction appartient au propriétaire du fonds. Le constructeur de bonne foi peut demander le remboursement des dépenses nécessaires et utiles; celui de mauvaise foi est traité comme la personne qui fait sans mandat les affaires d'autrui. Si le propriétaire du fonds a eu connaissance de la construction et ne l'a pas immédiatement interdite au constructeur de bonne foi, il ne peut réclamer que la valeur du fonds au prix ordinaire.

419. Quand une construction a été élevée sur le fonds d'autrui et avec les matériaux d'autrui, la propriété en accroît également dans ce cas au propriétaire du fonds. Les droits et obligations respectifs entre le propriétaire du fonds et le constructeur sont les mêmes que ceux indiqués dans l'article précédent, et le constructeur doit, suivant son plus ou moins de bonne ou de mauvaise foi, rembourser au propriétaire des matériaux leur valeur commune ou leur valeur au prix le plus élevé.

420. Les dispositions qui précèdent, relatives aux constructions élevées avec les matériaux d'autrui, s'appliquent aussi au cas où un champ a été ensemencé avec des semences appartenant à autrui ou planté avec des plantes d'autrui. Une telle accession appartient au propriétaire du fonds pourvu que les plantes aient déjà pris racine.

421. La propriété d'un arbre se détermine non pas d'après les racines qu'il a pu pousser sur un fonds avoisinant, mais d'après la tige qui sort de terre. Quand la tige est sur les limites de plusieurs propriétés, l'arbre est commun entre elles.

422. Tout propriétaire d'un bien-fonds peut arracher les racines d'un arbre appartenant à autrui qui existent sur son fonds, et peut couper ou utiliser de toute autre manière les branches qui penchent sur son fonds.

CHAPITRE V.

DE L'ACQUISITION DE LA PROPRIÉTÉ PAR TRADITION.

423. Les choses qui ont déjà un propriétaire s'acquièrent d'une manière médiate en passant d'une manière légitime d'un propriétaire à un autre.

424. Le titre d'une acquisition médiate dérive d'un contrat, d'une disposition à cause de mort, d'une décision judiciaire ou de la disposition de la loi.

425. Le simple titre ne suffit pas pour transférer la propriété. La propriété et tous les droits réels en général ne peuvent, hors les cas déterminés par la loi, être acquis que par la tradition et par la prise de possession légitime.

426. Les choses mobilières ne peuvent en règle générale être transférées à un autre que par la tradition corporelle de la main à la main.

427. Quant aux choses mobilières dont la nature n'admet pas de tradition corporelle, telles que des titres de créance, des marchandises lourdes, les dépôts de marchandises ou tout autre chose collective, la loi autorise la tradition par indices, auquel cas le propriétaire remet à l'acquéreur les titres qui établissent la propriété ou les instruments qui le mettent

en état de prendre possession exclusive de la chose,
ou l'on attache à la chose une marque qui indique
clairement à tout le monde que la chose a été transférée à un tiers.

428. La chose est transférée par déclaration lorsque
le cédant manifeste avec évidence la volonté de conserver la chose à l'avenir, au nom du cessionnaire, ou
de laisser celui-ci posséder à l'avenir, en vertu d'un
droit réel, une chose qu'il détenait jusqu'alors sans
droit réel.

429. Les choses expédiées ne sont en général considérées comme livrées que lorsque l'acquéreur les a
reçues, à moins que celui-ci n'ait déterminé lui-même
ou approuvé le mode d'envoi.

430. Quand un propriétaire a aliéné la même
chose à deux personnes différentes, à l'une sans tradition et à l'autre avec tradition, elle appartient à celui
à qui la tradition en a été faite ; mais le propriétaire
est responsable envers la partie lésée.

431. Pour transférer la propriété de choses immobilières, l'acte translatif doit être inscrit sur les registres publics à ce destinés. Cette inscription s'appelle
intabulation.

432. Pour qu'une intabulation puisse être faite sur
les registres publics, il est nécessaire avant tout que
celui dont la propriété doit passer à un autre y soit
déjà inscrit lui-même comme propriétaire.

433. En cas de transfert par contrat de biens rustiques, il suffit que le vendeur et l'acquéreur, ou même le vendeur seul, comparaissent devant l'autorité du lieu où est situé le bien-fonds, et fassent opérer sur le registre public l'inscription de l'acte translatif de propriété.

434. Mais quand le vendeur ne comparaît pas en personne, et dans tous les cas où il s'agit de biens de ville ou de biens inscrits sur les registres provinciaux, il doit être dressé du contrat translatif de propriété un acte par écrit, lequel devra être signé tant par les parties contractantes que par deux hommes dignes de foi comme témoins.

435. Dans cet acte doivent être indiqués avec précision les noms des personnes qui aliènent et qui acquièrent la propriété, la chose qui doit être transférée ainsi que son abornement, le titre de l'acquisition, le lieu et l'époque précise de la conclusion de l'affaire; et le vendeur doit donner en outre dans cet acte, ou par acte séparé et signé, son consentement à ce que l'acquéreur puisse être inscrit comme propriétaire.

436. L'inscription du titre est également nécessaire lorsque la propriété de choses immobilières doit être transférée en vertu d'un jugement ayant force exécutoire ou d'un acte de partage judiciaire, ou par suite de la délivrance judiciaire d'une succession.

437. De même il ne suffit pas, pour acquérir la propriété d'un bien immobilier légué, que les disposi-

tions du testateur en général aient été inscrites sur les
registres publics. Celui qui a un droit de cette nature
doit en outre solliciter de l'autorité l'intabulation spéciale du legs.

438. Lorsque celui qui prétend à la propriété
d'une chose immobilière possède à cet égard un titre
digne de foi, mais qui n'est pas revêtu de toutes les
conditions exigées pour les intabulations par les articles 434 et 435, il peut néanmoins, pour empêcher
qu'une autre personne n'acquière sur lui un droit de
préférence, solliciter l'inscription conditionnelle de
son titre dans les registres publics ; cette inscription
s'appelle *prénotation*. Il acquiert par là un droit de
propriété conditionnel, et si un jugement déclare sa
prénotation justifiée, il est considéré comme le véritable propriétaire, à partir du moment où il a présenté
sa demande de prénotation d'une manière conforme
aux lois.

439. La prénotation, dès qu'elle a été opérée, doit
être notifiée par exploit remis à sa personne, tant à
celui qui l'a requise qu'à sa partie adverse. Celui qui a
requis la prénotation doit, dans le délai de quinze
jours, à partir du jour de cette notification, former
en justice une demande ordinaire afin de prouver son
droit de propriété; s'il le néglige, la prénotation qui a
été faite sera annulée sur la demande de la partie adverse.

440. Lorsque le propriétaire a cédé la même chose immobilière à deux personnes différentes, elle revient à celui qui a le premier requis l'intabulation.

441. La possession légitime du nouveau propriétaire commence aussitôt que le titre relatif au droit de propriété a été inscrit sur les registres publics.

442. Celui qui acquiert la propriété d'une chose acquiert en même temps les droits qui s'y rattachent. Nul ne peut transférer des droits qui sont restreints à sa personne : en général, nul ne peut céder à autrui plus de droits qu'il n'en a lui-même.

443. En acquérant la propriété des choses immobilières, on prend aussi les charges qui s'y rattachent et qui sont inscrites sur les registres publics. Celui qui ne vérifie pas ces registres supporte dans tous les cas les conséquences de sa négligence. Les autres créances et prétentions que quelqu'un peut avoir contre le précédent propriétaire ne tombent pas à la charge du nouvel acquéreur.

444. La propriété se perd en général par la volonté du propriétaire, en vertu de la loi, ou par l'effet d'une décision judiciaire. Mais la propriété de choses immobilières ne se perd que par la radiation de l'inscription sur les registres publics.

445. Les dispositions contenues dans ce chapitre sur le mode d'acquisition et d'extinction du droit de

propriété des choses immobilières s'appliquent également aux autres droits réels qui s'y rapportent.

446. Le mode à suivre et les précautions à observer pour l'inscription des droits réels sont indiqués
dans les règlements spéciaux relatifs à la tenue des
tables provinciales et des registres fonciers.

CHAPITRE VI.

DU GAGE.

447. Le droit de gage est le droit réel accordé à
un créancier de se payer sur une chose si l'obligation
n'a pas été remplie au temps fixé. La chose sur laquelle ce droit est donné au créancier s'appelle en
général *gage*.

448. Toute chose qui est dans-le commerce peut
être donnée en gage. Quand elle est mobilière elle
constitue un gage manuel ou gage proprement dit;
quand elle est *immobilière*, elle constitue une hypothèque ou gage foncier.

449. Le droit de gage se rapporte toujours à une
obligation valide, mais toute obligation ne donne pas
un titre pour l'acquérir. Le titre résulte de la loi,
d'une décision judiciaire, d'un contrat ou d'un acte
de dernière volonté du propriétaire.

450. Les cas dans lesquels la loi accorde le droit

de gage sont spécifiés dans ce Code ainsi que dans le règlement relatif aux ordres entre créanciers. Le règlement sur la procédure civile détermine les cas dans lesquels un tribunal peut accorder le droit de gage. Quant à l'obtention du droit de gage par le consentement du débiteur ou d'un tiers qui engage la chose pour le débiteur, on se conformera aux dispositions relatives aux contrats et aux testaments.

451. Pour acquérir le droit de gage d'une manière réelle, le créancier muni d'un titre doit prendre la chose engagée sous sa garde si elle est mobilière, et faire enregistrer sa créance selon le mode déterminé pour l'acquisition de la propriété des biens-fonds si la chose est immobilière. Le titre seul ne donne qu'un droit personnel sur la chose, mais non un droit réel à cette chose.

452. Pour la mise en gage de choses mobilières qui n'admettent pas de tradition corporelle de la main à la main, on doit se servir, comme pour la transmission de la propriété (art. 427), de signes qui permettent à chacun de reconnaître facilement qu'elles servent de gage. Celui qui néglige cette précaution est responsable du dommage qui en peut résulter.

453. Lorsque l'inscription d'une créance sur les registres publics ne peut avoir lieu par suite de défauts de formes légales dans le titre, le créancier peut se faire *prénoter*. Il acquiert par cette prénotation un

droit de gage conditionnel qui, lorsque la créance a été justifiée, comme il est dit aux articles 438 et 439, se transforme en un droit absolu dont l'effet remonte à l'époque où il a introduit la demande de prénotation selon le mode déterminé par la loi.

454. Le détenteur d'un gage peut l'engager de nouveau à un tiers jusqu'à concurrence des droits qu'il a lui-même, et le gage devient *sous-gage* lorsque ce tiers se l'est fait remettre ou a fait inscrire le *sous-engagement* du gage sur les registres publics.

455. Lorsque le propriétaire a été informé du nouvel engagement, il ne peut acquitter sa dette entre les mains du créancier qu'avec le consentement de celui à qui la chose a été sous-engagée, ou il doit en déposer le montant en justice; autrement la chose reste engagée à l'égard de celui qui la détient en sous-gage.

456. Lorsque la chose mobilière d'autrui a été mise en gage sans le consentement du propriétaire, celui-ci a bien, en général, le droit de la réclamer; mais dans le cas où il n'y a pas lieu à l'action pétitoire contre le possesseur de bonne foi (art. 367), il est tenu ou de dédommager celui qui de bonne foi est détenteur du gage, ou de renoncer à l'objet du gage et de se contenter du droit de réclamer des dommages-intérêts contre celui qui a constitué le gage.

457. Le droit de gage s'étend à toutes les parties

de la chose qui sont dans la libre propriété de celui qui a donné le gage, à l'accession et aux dépendances du gage, par conséquent aux fruits tant qu'ils n'ont pas été séparés ou perçus. Lors donc qu'un débiteur engage d'abord son bien à un créancier et, plus tard, les fruits de ce bien à un autre, l'engagement postérieur n'a d'effet que par rapport aux fruits déjà séparés et perçus.

458. Lorsque par la faute de celui qui a donné le gage, ou par suite d'un vice postérieurement reconnu, la valeur d'un gage ne se trouve plus suffisante pour couvrir la dette, le créancier est en droit de demander à celui qui le lui a constitué un autre gage proportionné.

459. Le créancier ne peut se servir de l'objet du gage sans le consentement de celui qui le lui a donné; il doit au contraire le garder soigneusement, et il en est responsable lorsqu'il périt par sa faute. S'il périt sans sa faute, sa créance ne continue pas moins à subsister.

460. Lorsque le créancier a *sous-engagé* le gage, il répond même des accidents qui n'eussent point détruit ou détérioré le gage s'il fût resté entre ses mains.

461. Si le créancier muni d'un gage n'est point payé à l'échéance du terme fixé, il est en droit de demander en justice la mise aux enchères du gage. Le

tribunal se conformera dans ce cas aux dispositions du règlement sur la procédure civile.

462. Tout créancier hypothécaire a la faculté, avant la mise aux enchères du bien hypothéqué, d'acquitter la dette pour laquelle la vente a été requise.

463. Les débiteurs n'ont pas le droit de concourir aux enchères de la chose par eux donnée en gage.

464. Si le prix du gage ne suffit pas pour acquit la dette, le débiteur doit payer le surplus; si, au contraire, ce prix excède le montant de la dette, cet excédant revient de droit au débiteur.

465. Le règlement sur la procédure civile détermine les cas dans lesquels un créancier gagiste ne peut poursuivre le payement de sa créance que sur ce qui fait l'objet de son gage, et ceux dans lesquels il est en droit d'en poursuivre le recouvrement sur tout ou partie des autres biens de son débiteur.

466. Si le débiteur a, pendant le temps de la durée du gage, transféré à un autre la propriété de la chose engagée, le créancier a la faculté de poursuivre d'abord son droit personnel contre le débiteur, et de faire ensuite compléter son payement sur la chose engagée.

467. Lorsque la chose engagée vient à être détruite, ou lorsque le créancier renonce légalement au droit qu'il a sur elle ou lorsqu'il l'a restituée au débi-

teur sans aucune réserve, le droit de gage est éteint,
mais la dette continue de subsister.

468. Le droit de gage s'éteint encore à l'échéance
du terme auquel il a été limité, par conséquent il
s'éteint avec le droit temporaire de celui qui a constitué le gage sur la chose engagée, pourvu toutefois
que cette circonstance fût connue du créancier ou
qu'elle pût lui être connue d'après les registres publics.

469. Le droit de gage cesse par l'extinction de la
dette. Mais celui qui a donné le gage n'est tenu de
payer la dette qu'à la condition d'une restitution simultanée du gage. L'extinction de la dette ne suffit
pas pour l'extinction d'une hypothèque. Un bien hypothéqué demeure grevé jusqu'à ce que le titre de
créance ait été rayé des registres publics.

470. Les priviléges des créanciers lors de l'ouverture d'un ordre sont déterminés dans le règlement
relatif aux ordres entre créanciers.

471. Ni celui qui a reçu un gage, ni tout autre
possesseur de la chose d'autrui ne peut, après l'extinction du droit qui lui a été accordé, retenir la chose
sous le prétexte d'une autre dette. Mais il peut, lorsque la chose est mobilière, et dans les cas prévus par
le règlement sur la procédure civile, la placer sous la
garde de la justice et la frapper d'arrêt, ou, lorsqu'elle
est immobilière, en demander le séquestre.

CHAPITRE VII.

DES SERVITUDES.

472. Le droit de servitude oblige un propriétaire à tolérer ou à ne pas faire quelque chose sur son bien pour l'avantage d'autrui. C'est un droit réel dont l'effet s'étend à tout possesseur de la chose soumise à la servitude.

473. Lorsque le droit de servitude est attaché à un bien-fonds pour en rendre la jouissance plus avantageuse ou plus commode, il constitue une servitude foncière ; dans tout autre cas la servitude est personnelle.

474. Les servitudes foncières supposent deux propriétaires fonciers dont l'un, comme obligé, possède le fonds servant, et l'autre, comme propriétaire du droit, le fonds dominant. Les servitudes sont rurales ou urbaines, selon que le fonds dominant est destiné à une exploitation rurale ou urbaine.

475. On considère ordinairement comme servitudes urbaines le droit :

1° De faire porter la charge de son bâtiment sur le bâtiment d'autrui ;

2° De faire entrer une poutre ou une solive dans un mur voisin ;

3° D'ouvrir une fenêtre dans le mur voisin, soit pour la vue, soit pour le jour;

4° De construire un toit ou une terrasse avançant sur l'aire d'autrui;

5° De faire passer la fumée par la cheminée du voisin;

6° De conduire les gouttières sur le fonds d'autrui;

7° De jeter ou de faire passer des eaux sur le fonds du voisin.

Ces diverses servitudes urbaines et les autres de même nature donnent au propriétaire d'une maison le droit d'entreprendre sur le fonds de son voisin une chose que celui-ci est obligé de tolérer.

476. D'autres servitudes urbaines obligent le propriétaire du fonds servant à ne pas faire ce que sans cela il eût été libre de faire. Telles sont l'obligation :

8° De ne pas élever davantage sa maison;

9° De ne pas l'abaisser;

10° De ne pas ôter au bâtiment dominant son jour ou son air;

11° De ne pas lui ôter sa vue;

12° De ne point détourner les gouttières du toit de sa propriété du fonds de son voisin à qui elles servent pour l'arrosement de son jardin, ou l'alimentation de sa citerne ou de toute autre manière.

477. Les principales servitudes rurales sont le droit :

1° D'avoir sur le fonds d'autrui un sentier, un chemin pour le bétail ou une voie pour les voitures,

2° De puiser de l'eau, d'abreuver le bétail, de rejeter ou d'amener les eaux;

3° De garder et de faire p... e le bétail;

4° De couper du bois, ... ramasser des branches mortes, de faire du fagot, de ramasser des glands et des feuilles;

5° De chasser, de pêcher ou de prendre des oiseaux;

6° De prendre des pierres dans une carrière, d'enlever du sable, de cuire de la chaux.

478. Les servitudes personnelles sont l'usage, en tant que de besoin, d'une chose, l'usufruit et l'habitation.

479. Les servitudes qui par elles-mêmes sont des servitudes foncières peuvent aussi être établies en faveur de la personne seulement; de même les priviléges qui en général constituent des servitudes peuvent n'être accordés qu'à titre précaire. Mais les exceptions à la nature d'une servitude ne se présument pas; celui qui les allègue doit les prouver.

480. Le titre d'une servitude dérive d'un contrat, d'un acte de dernière volonté, d'une décision judiciaire rendue à l'occasion d'un partage de bien-fonds communs ou de la prescription.

481. Le droit réel de servitude sur des choses

immobilières, et en général sur toutes les choses qui sont inscrites sur les registres publics, ne peut être acquis que par l'inscription sur ces mêmes registres; on l'acquiert sur toutes autres choses par les modes de tradition indiqués plus haut (art. 426 à 428).

482. Dans toute espèce de servitude le possesseur de la chose sur laquelle elles sont établies n'est point tenu en général de l'obligation de faire, mais il est seulement obligé de tolérer l'exercice d'un droit par autrui ou de ne pas faire ce qu'autrement il eût été autorisé à faire en sa qualité de propriétaire.

483. La dépense pour la conservation ou le rétablissement de la chose sur laquelle la servitude est établie doit par conséquent en général être supportée par celui qui a droit à la servitude. Mais si la chose est également utilisée par celui qui doit la servitude, celui-ci est tenu de contribuer proportionnellement à la dépense et ne peut se soustraire à cette contribution qu'en cédant la chose à celui qui possède la servitude, même sans qu'il soit besoin du consentement de celui-ci.

484. Le possesseur du fonds dominant peut exercer son droit de la manière qui lui plaît; mais les servitudes ne peuvent être aggravées; elles doivent au contraire être restreintes autant que leur nature et leur objet le permettent.

485. Aucune servitude ne peut être séparée arbi-

trairement de la chose sur laquelle elle est établie, ni être transportée sur une autre chose ou à une autre personne. Toute servitude est aussi considérée comme indivisible en ce sens que le droit établi sur le fonds ne peut être ni altéré, ni divisé par l'augmentation, la diminution ou le morcellement du fonds.

486. Un bien-fonds peut être assujetti à des servitudes envers plusieurs personnes à la fois pourvu qu'il n'en résulte aucun préjudice pour les droits plus anciens d'un tiers.

487. Les obligations légales doivent être réglées pour chaque espèce de servitude, selon les principes généraux qui viennent d'être posés; ainsi celui qui est tenu de supporter la charge du bâtiment voisin, l'introduction d'une poutre étrangère dans son mur, ou le passage de la fumée d'autrui par sa cheminée, doit contribuer proportionnellement à l'entretien du mur, du pilastre, de la cloison ou de la cheminée soumis à cette servitude. Mais on ne peut exiger de lui qu'il fasse soutenir l'édifice dominant, ou qu'il fasse réparer la cheminée du voisin.

488. Le droit de percer des fenêtres ne donne droit qu'au jour et à l'air; la vue a besoin d'être accordée spécialement. Celui qui n'a point droit de vue peut être tenu de griller sa fenêtre. Le droit de percer des fenêtres emporte l'obligation de défendre l'ouverture; celui qui néglige cette défense est responsable du dommage qui en résulte.

489. Celui qui possède le droit de gouttière peut. laisser couler l'eau de pluie librement ou par des gouttières sur le toit voisin; il peut aussi élever son toit; mais il doit dans ce cas prendre les mesures convenables pour que la servitude n'en soit pas aggravée. Il doit aussi enlever à temps la neige qui pourrait être tombée en grande abondance, et entretenir les gouttières destinées à l'écoulement des eaux.

490. Celui qui a le droit d'amener l'eau de pluie du toit voisin sur son propre fonds doit seul supporter les dépenses relatives aux gouttières, aux réservoirs et aux autres ouvrages nécessaires à cet effet.

491. Si les eaux à écouler exigent des fossés ou des canaux, c'est au propriétaire du fonds dominant à les établir; il doit aussi les couvrir et les entretenir convenablement et alléger ainsi la charge du fonds servant.

492. Le droit de sentier emporte le droit de marcher sur ce sentier, de s'y faire porter par des hommes ou d'y faire venir d'autres hommes. Le droit de faire passer des bestiaux emporte celui d'employer une brouette, et le droit de chemin pour les voitures emporte celui de les y conduire avec un ou plusieurs attelages.

493. On ne peut, par contre, étendre sans concession spéciale le droit de passer à pied à celui de passer à cheval ou de se faire autrement porter par des animaux, ni étendre le droit de passage pour les bestiaux au droit de trainer de lourdes charges sur le fonds servant, ni enfin étendre le droit de passer en voiture au droit de faire passer des bestiaux abandonnés à eux-mêmes.

494. La conservation des chemins, des ponts et des sentiers retombe proportionnellement à la charge de chacune des personnes ou des propriétaires fonciers à qui l'usage en est attribué; par conséquent cette conservation est aussi à la charge du possesseur du fonds servant s'il en retire une utilité quelconque.

495. Le terrain pour l'exercice de ces trois servitudes doit être approprié à leur usage habituel et aux circonstances du lieu. Lorsque des chemins ou des sentiers sont rendus impraticables par des inondations ou par tout autre accident, il doit être assigné un autre terrain jusqu'à ce que les choses aient été rétablies dans leur état primitif, à moins que l'autorité publique n'ait déjà pris des mesures à cet égard.

496. Le droit de puiser l'eau d'autrui emporte la concession du passage pour y parvenir.

497. Celui qui a le droit d'amener sur son fonds les eaux du fonds d'autrui, ou de les rejeter de son fonds sur celui d'autrui, est aussi autorisé à établir à ses propres frais les tuyaux, les rigoles et les écluses nécessaires à cet effet. Les limites dans lesquelles on doit se renfermer pour l'établissement de ces ou-

vrages sont déterminées par les besoins du fonds dominant.

498. Si lors de l'acquisition du droit de pacage on n'a point déterminé l'espèce et le nombre des bestiaux, ainsi que le temps et le mode de la jouissance, la prescription sera acquise par une possession paisible de trente ans. En cas de doute on se règlera d'après les dispositions suivantes.

499. Le droit de pacage s'étend, à moins de dispositions contraires contenues dans les règlements forestiers et de police, à toute espèce d'animaux de trait, de bêtes à cornes et de moutons, mais non aux porcs ni aux volailles, ni dans les pays forestiers, aux chèvres. Les bestiaux sales, malsains et ceux d'autrui doivent toujours être exclus du pâturage.

500. Lorsque le nombre des bestiaux a varié pendant les trente dernières années, on prendra la moyenne des trois premières années. Si cette moyenne ne peut non plus être reconnue, on prendra en considération tant l'étendue que la nature du pâturage, et il ne sera en aucun cas permis à l'ayant droit d'entretenir sur le pâturage d'autrui plus de bestiaux qu'il n'en peut nourrir pendant l'hiver avec le fourrage produit sur le fonds dominant. Les animaux à la mamelle ne sont pas comptés dans le nombre fixé.

501. Le temps du pacage est déterminé en général par l'usage incontesté établi dans chaque cam-

pagne ; mais, dans aucun cas, le mode de culture établi conformément aux règlements de police ne peut être gêné ni aggravé par l'exercice du droit de pacage.

502. La jouissance du droit de pacage ne s'étend à aucun autre usage. L'ayant droit ne peut ni couper de l'herbe, ni, en général, exclure du pâturage commun le propriétaire du fonds, ni encore moins altérer la substance de la prairie. Lorsqu'il y a lieu de craindre quelque dommage, il doit faire garder son bétail par un berger.

503. Les dispositions prescrites ci-dessus relativement au droit de pacage doivent aussi respectivement s'appliquer au droit de prendre des animaux, de couper du bois, d'extraire des pierres, et aux autres servitudes semblables. Lorsqu'une personne croit pouvoir fonder ces droits sur la co-propriété, les contestations qui viennent à s'élever à cet égard doivent être jugées d'après les principes contenus au chapitre relatif à la communauté de la propriété.

504. A défaut de stipulation contraire, l'exercice des servitudes personnelles doit se régler d'après les principes suivants : la servitude de l'usage consiste dans la faculté qu'a une personne de se servir de la chose d'autrui, uniquement pour ses besoins, en conservant sa substance.

505. Ainsi, celui qui a le droit d'usage d'une chose peut, sans égard à ses autres biens, en tirer le

profit approprié à sa condition, à sa profession et à son état de maison.

506. L'étendue des besoins doit être déterminée d'après l'époque à laquelle l'usage a été concédé. Des changements postérieurs survenus dans la condition ou la profession de l'ayant droit ne l'autorisent pas à prétendre à un usage plus étendu.

507. L'usager ne peut changer la substance de la chose dont l'usage lui a été accordé; il ne peut pas non plus transférer son droit à autrui.

508. Tous les profits qu'on peut retirer de la chose sans troubler celui qui a droit à son usage, appartiennent au propriétaire. Mais toutes les charges ordinaires et extraordinaires auxquelles la chose est assujettie, pèsent sur ce dernier, ainsi que l'obligation de la conserver à ses frais en bon état. Toutefois, lorsque les frais dépassent le profit qui reste au propriétaire, l'usager doit supporter le surplus ou renoncer à l'usage de la chose.

509. L'usufruit est le droit de jouir sans restriction de la chose d'autrui en conservant la substance.

510. Les choses fongibles ne sont pas par elles mêmes susceptibles d'être l'objet d'un usage ou d'un usufruit; leur valeur seule en est susceptible. Celui qui a droit à l'usage ou à l'usufruit de deniers comptants peut en disposer librement. Mais lorsque le en-

pital dont l'usage ou l'usufruit a été concédé est déjà placé, l'ayant droit ne peut en exiger que les intérêts.

511. L'usufruitier a droit à tous les produits tant ordinaires qu'extraordinaires : ainsi, c'est à lui qu'appartiennent le produit net des mines exploitées conformément aux règlements des mines, et le bois coupé suivant les usages forestiers. Il n'a aucun droit au trésor trouvé dans le fonds grevé d'usufruit.

512. Mais on ne peut considérer comme produit net que ce qui reste après défalcation faite de toutes les dépenses nécessaires. L'usufruitier assume donc toutes les charges qui pèsent sur la chose asservie au moment où l'usufruit lui a été concédé, et, par conséquent, il est passible des intérêts des capitaux qui s'y trouvent hypothéqués. Il supporte toutes les charges ordinaires et extraordinaires qui pèsent sur la chose, en tant qu'elles peuvent être acquittées avec les fruits perçus pendant la durée de l'usufruit ; il supporte aussi les frais sans lesquels les fruits ne peuvent être produits.

513. L'usufruitier est tenu de conserver la chose asservie en bon père de famille, dans l'état dans lequel il l'a reçue, et de faire faire avec ses produits les réparations, raccords et restaurations convenables. Si, néanmoins, la valeur de la chose asservie se trouve diminuée par le simple usage légitime sans la faute de l'usufruitier, celui-ci n'en est pas responsable.

514. Quand le propriétaire fait exécuter à ses frais, et sur l'indication de l'usufruitier, des constructions devenues nécessaires par la vétusté du bâtiment ou par suite d'accident, l'usufruitier est tenu de lui payer les intérêts du capital employé proportionnellement à l'amélioration qui en est résultée pour l'usufruit.

515. Quand le propriétaire ne veut ou ne peut s'entendre à cet égard, l'usufruitier est en droit de faire exécuter la construction lui-même et de réclamer une indemnité à la fin de son usufruit, à l'instar d'un possesseur de bonne foi, ou bien d'exiger des dommages-intérêts pour l'usufruit dont il a été privé par suite de la non exécution de la construction.

516. L'usufruitier n'est pas tenu de souffrir, à moins d'avoir reçu une indemnité complète, des constructions qui ne sont pas indispensables, bien qu'elles puissent d'ailleurs contribuer à l'augmentation des produits.

517. L'usufruitier peut répéter ce qu'il a dépensé sans le consentement du propriétaire pour augmenter les fruits d'une manière durable; mais il ne peut demander une indemnité à raison des produits encore subsistants qui proviennent de cette amélioration, que dans les mêmes cas où celui qui gère sans mandat les affaires d'autrui y aurait droit.

518. Pour faciliter la preuve des répétitions réciproques, le propriétaire et l'usufruitier doivent faire

dresser une description authentique de toutes les
choses soumises à l'usufruit. Si cette description n'a
pas été faite, on présume que l'usufruitier a reçu la
chose avec tous les accessoires nécessaires à son usage
ordinaire en état de service et de qualité moyenne.

519. A la fin de l'usufruit, les fruits encore pen-
dants appartiennent au propriétaire ; mais il doit rembourser à l'usufruitier ou à ses héritiers, comme à un
possesseur de bonne foi, les impenses faites pour la
culture. L'usufruitier ou ses héritiers ont droit aux
autres fruits en proportion de la durée de l'usufruit.

520. En règle générale, le propriétaire ne peut
réclamer de l'usager ou de l'usufruitier des sûretés
pour la conservation de la substance que dans le cas
d'un danger imminent. Quand ces sûretés ne sont
pas fournies, la chose doit être ou abandonnée au
propriétaire moyennant une indemnité équitable, ou,
suivant les circonstances, être mise en administration
judiciaire.

521. La servitude de l'habitation consiste dans le
droit d'utiliser pour ses besoins les parties habitables
d'une maison. C'est donc une servitude d'usage sur
une maison d'habitation. Mais quand on abandonne à
quelqu'un sans réserve la jouissance de toutes les
parties habitables d'une maison à la charge de conserver sa substance, on constitue un usufruit sur la

maison. C'est d'après ces distinctions qu'on doit appliquer les dispositions précédentes aux rapports légaux entre l'ayant droit et le propriétaire.

522. Le propriétaire conserve dans tous les cas le droit de disposer de toutes les parties de la maison qui ne servent pas à l'habitation proprement dite ; il ne peut non plus être soumis à aucune entrave dans la surveillance qu'il a besoin d'exercer sur sa maison.

523. Les servitudes donnent lieu à une double action. On peut réclamer le droit de servitude contre le propriétaire, ou bien le propriétaire peut se plaindre de l'usurpation d'une servitude. Dans le premier cas, le demandeur doit prouver l'acquisition de la servitude ou du moins sa possession, comme celle d'un droit réel ; dans le second cas, il doit prouver l'usurpation d'une servitude sur la chose qui lui appartient.

524. Les servitudes s'éteignent communément de la même manière que les droits et les obligations en général, ainsi qu'il est dit aux chapitres III et IV de la troisième partie de ce Code.

525. La destruction du fonds servant ou du fonds dominant fait à la vérité cesser la servitude ; mais, dès que le fonds ou le bâtiment se trouve remis dans son précédent état, la servitude reprend sa force originaire.

526. Lorsque la propriété du fonds servant et du fonds dominant vient à être réunie dans la même per-

sonne, la servitude cesse de plein droit. Mais si, par la suite, l'un des deux fonds ainsi réunis est aliéné de nouveau, sans que dans l'intervalle la servitude ait été rayée dans les registres publics, le nouveau possesseur du fonds dominant est en droit de revendiquer l'exercice de la servitude.

527. Lorsque le droit purement temporaire de celui qui a constitué la servitude, ou le laps de temps auquel elle a été restreinte a pu être connu du possesseur de la servitude par les registres publics ou de toute autre manière, la servitude cesse de plein droit à l'expiration du terme.

528. La servitude qui a été accordée à quelqu'un jusqu'au moment où un tiers aura atteint un certain âge ne s'éteint qu'à l'époque fixée, bien que ce tiers soit mort dans l'intervalle.

529. Les servitudes personnelles cessent par la mort de l'ayant droit. Quand elles ont été expressément étendues aux héritiers, on ne comprend sous cette dénomination, en cas de doute, que les héritiers légitimes du premier degré. Mais le droit concédé à une famille passe à tous ses membres. La servitude personnelle acquise par une communauté ou par toute autre personne morale, dure tant que la personne morale existe.

530. Les rentes annuelles et perpétuelles ne constituent pas des servitudes personnelles, et peu-

vent par conséquent, d'après leur nature, être transmises à tous les successeurs.

CHAPITRE VIII.

DU DROIT D'HÉRÉDITÉ.

531. La succession d'une personne décédée se compose de l'ensemble de ses droits et obligations, autres que ceux qui s'attachaient exclusivement à sa personne.

532. On appelle droit d'hérédité le droit exclusif de prendre possession de toute la masse héréditaire ou d'une quote part déterminée (telle qu'une moitié, un tiers). C'est un droit réel qui peut être opposé à quiconque prétend s'attribuer la succession. Celui à qui appartient ce droit de succéder s'appelle héritier, et la succession, par rapport à l'héritier, s'appelle héritage.

533. Le droit d'hérédité se fonde sur la volonté du défunt légalement exprimée, sur un pacte successoral légalement valide (art. 602), ou sur les dispositions de la loi.

534. Les trois espèces de droit d'hérédité ci-dessus mentionnées peuvent subsister simultanément, de sorte qu'il peut se faire qu'un héritier ait droit à une quote-part déterminée des biens en vertu d'un acte de

dernière volonté, un autre en vertu d'un pacte successoral, et un troisième en vertu des dispositions de
la loi.

535. Lorsqu'au lieu de laisser ainsi à quelqu'un
une quote-part de la succession totale, on lui laisse
seulement une chose déterminée ; lorsqu'on lui donne
une ou plusieurs choses d'une certaine espèce, telles
qu'un droit ou une somme d'argent, l'objet laissé,
quand même son prix formerait la majeure partie de
la succession, s'appelle un legs, et celui à qui cet
objet a été laissé n'est pas considéré comme héritier,
mais comme simple légataire.

536. Le droit d'hérédité ne s'ouvre que par la
mort de celui à qui l'on doit succéder. Lorsque l'héritier présomptif est mort avant celui à qui il devait succéder, il n'a pu transférer son droit éventuel d'hérédité à ses propres héritiers.

537. Quand l'héritier a survécu à celui à qui il
doit succéder, son droit d'hérédité passe à ses héritiers comme tout autre droit transmissible par succession, même avant qu'il n'ait pris possession de la succession, pourvu toutefois que son droit ne se trouve
point éteint par une renonciation ou de toute autre
manière.

538. Celui qui a capacité pour acquérir a aussi
en général capacité pour hériter. Quand une personne a renoncé d'une manière générale au droit

d'acquérir en a valablement renoncé à une succession déterminée, elle se trouve privée, dans le premier cas, du droit d'hérédité en général, et, dans la seconde hypothèse, du droit à la succession déterminée.

539. Les lois politiques déterminent les cas dans lesquels les communautés religieuses, ou leurs membres, sont capables d'hériter.

540. Celui qui, avec une intention criminelle, a porté ou cherché à porter atteinte à l'honneur, à la vie ou à la fortune de celui à qui il devait succéder, de ses enfants, de ses père et mère, ou de son conjoint, de telle sorte qu'il pût être procédé contre lui, d'après le Code pénal, soit d'office, soit sur la plainte de la partie lésée, est exclu du droit d'hérédité comme indigne, tant qu'on ne peut présumer, d'après les circonstances, que le défunt lui a pardonné.

541. Les héritiers de celui qui s'est rendu indigne du droit d'hérédité ne sont pas exclus de ce droit, quand leur auteur est décédé avant celui auquel il devait succéder.

542. Celui qui a usé de contrainte ou de dol envers le défunt pour obtenir un acte de dernière volonté; celui qui l'a empêché de déclarer ou de changer sa dernière volonté, ou qui a supprimé un acte de dernière volonté déjà rédigé, est exclu du droit d'hérédité et demeure responsable de tout le dommage qui a pu en résulter.

543. Les personnes qui ont fait l'aveu ou qui ont été convaincues en justice du crime d'adultère ou d'inceste, sont privées du droit de succéder l'une à l'autre, en vertu d'un acte de dernière volonté.

544. Les lois politiques déterminent les cas dans lesquels les nationaux qui quittent leur patrie, ou qui abandonnent le service militaire sans permission régulière, peuvent être privés du droit d'hérédité.

545. La capacité pour succéder ne peut être déterminée qu'au moment où la succession est réellement ouverte. Ce moment est, en général, celui de la mort de la personne qui laisse la succession (art. 703).

546. La capacité pour succéder, qui est acquise postérieurement, ne donne pas le droit d'enlever à d'autres ce qui leur est déjà légitimement échu.

547. L'héritier représente le défunt par rapport à sa succession, à partir du moment où il l'a acceptée. Ils sont considérés comme une seule et même personne à l'égard des tiers. Tant que l'hérédité n'a pas été acceptée par l'héritier, elle est considérée comme étant encore possédée par le défunt.

548. L'héritier assume les obligations auxquelles le défunt était tenu de satisfaire sur ses biens. Les amendes pécuniaires prononcées par la loi, mais auxquelles le défunt n'avait pas encore été condamné, ne retombent point sur son héritier.

549. Les frais funéraires correspondant aux usages du lieu, à l'état et à la fortune du défunt, font également partie des charges inhérentes à sa succession.

550. Lorsqu'il y a plusieurs héritiers, ils sont considérés comme une seule et même personne à l'égard de leur héritage commun. Ils sont tous solidaires en cette qualité jusqu'au moment de la délivrance judiciaire de l'hérédité. Le chapitre relatif à l'acquisition de l'hérédité détermine les cas dans lesquels ils sont responsables après cette délivrance.

551. Celui qui peut valablement disposer de son droit d'hérédité a aussi la faculté d'y renoncer à l'avance. Les effets d'une telle renonciation s'étendent même aux héritiers.

CHAPITRE IX.

DES ACTES DE DERNIÈRE VOLONTÉ EN GÉNÉRAL, ET DES TESTAMENTS EN PARTICULIER.

552. On appelle acte de dernière volonté la disposition par laquelle une personne transfère à une ou plusieurs personnes, d'une manière révocable et pour le temps où elle n'existera plus, tout ou partie de ses biens.

553. L'acte de dernière volonté par lequel on institue un héritier s'appelle testament; celui qui ne contient que d'autres dispositions s'appelle codicille.

554. Lorsqu'un testateur a institué un seul héritier d'une manière indéterminée, sans le restreindre à une quote-part de la succession, l'héritier acquiert celle-ci tout entière. Mais s'il n'a été laissé à l'héritier unique qu'une quote-part déterminée du tout, les autres parties de la succession sont dévolues aux héritiers légitimes.

555. Lorsque plusieurs héritiers ont été institués sans fixation de parts, ils partagent entre eux par portions égales.

556. Lorsque plusieurs héritiers ont été institués avec désignation précise de parts, mais que l'ensemble de ces parts n'épuise cependant pas la totalité de la succession, les parts restantes sont dévolues aux héritiers légitimes. Mais quand le testateur a institué les héritiers pour toute la succession, les héritiers légitimes n'ont droit à rien, lors même que dans la supputation des parts, ou dans l'énumération des objets de la succession, le testateur aurait omis quelque chose.

557. Lorsque, parmi plusieurs héritiers institués, il a été assigné aux uns des quotes-parts déterminées telles qu'un tiers, un sixième, et qu'il n'a été assigné aucune part aux autres, le surplus de la succession est dévolu à ces derniers par portions égales.

558. S'il ne reste rien pour l'héritier institué sans part déterminée, il doit être déduit proportionnellement de chaque part déterminée une valeur suffisante

pour lui attribuer une part égale à celle de l'héritier à qui a été assignée la moindre part. Si les parts des héritiers sont égales, ils doivent céder à l'héritier institué d'une manière indéterminée une valeur suffisante pour lui attribuer une part égale à la leur. Dans tous les autres cas où un testateur s'est trompé dans ses calculs, le partage doit être fait de manière à accomplir les intentions du testateur autant que possible d'après les proportions qu'il a établies pour la succession entière.

559. S'il se trouve parmi les héritiers institués des personnes dont les unes doivent, d'après les principes de la succession légitime, être considérées à l'égard des autres comme une seule et même personne (par exemple, les neveux à l'égard du frère du défunt); elles doivent aussi, lors du partage fait en vertu du testament, n'être considérées que comme une seule et même personne. Une corporation, une communauté, une aggrégation d'individus (par exemple, les pauvres), ne sont toujours comptés que comme une seule personne.

560. Quand tous les héritiers sont appelés à la succession sans portion déterminée ou à la condition d'un partage égal dans le sens général du mot, et que l'un des héritiers ne peut ou ne veut pas faire usage de son droit d'hérédité, la portion délaissée accroît aux autres héritiers institués.

561. Lorsqu'un ou plusieurs héritiers sont insti-

tués avec un ou plusieurs autres sans parts déterminées, la part délaissée n'accroît qu'à l'héritier ou aux autres héritiers institués sans parts déterminées.

562. Le droit d'accroissement n'appartient en aucun cas à l'héritier institué pour une part déterminée. Lors donc qu'il ne reste aucun héritier institué d'une manière indéterminée, la part délaissée n'est pas dévolue à l'héritier qui aurait été institué avec part déterminée, mais à l'héritier légitime.

563. Celui à qui la part délaissée est dévolue, assume aussi les charges qui y sont attachées, en tant qu'elles ne se rapportent pas exclusivement aux actes personnels de l'héritier institué.

564. Le testateur doit instituer l'héritier directement ; il ne peut pas en abandonner la nomination à la déclaration d'un tiers.

565. La volonté du testateur doit être déclarée d'une manière précise, et non par une simple approbation d'une proposition qui lui aurait été faite ; elle doit être déclarée dans un état de parfaite santé d'esprit, avec réflexion et gravité, et doit être exempte de toute contrainte, dol ou erreur essentielle.

566. La déclaration est nulle s'il est prouvé qu'elle a été faite dans un état de fureur, de folie, d'imbécillité ou d'ivresse.

567. Lorsqu'il est allégué qu'un testateur privé de l'usage de sa raison avait la plénitude de ses facultés intellectuelles au moment où il a déclaré ses dernières volontés, cette allégation doit être démontrée avec certitude par le moyen d'hommes de l'art ou de personnes revêtues d'une autorité publique, qui ont pu vérifier avec exactitude l'état des facultés intellectuelles du testateur, ou bien par d'autres preuves dignes de foi.

568. Un prodigue déclaré tel par justice ne peut disposer, par acte de dernière volonté, que de la moitié de sa fortune; l'autre moitié est dévolue aux héritiers légitimes.

569. Les impubères sont incapables de tester. Les mineurs qui n'ont pas atteint l'âge de dix-huit ans ne peuvent tester que verbalement devant un tribunal. Le tribunal doit, par une enquête convenable, chercher à s'assurer que la déclaration de dernière volonté est faite librement et avec réflexion. La déclaration doit être insérée dans un procès-verbal en y ajoutant le résultat de l'enquête. Après l'accomplissement de la dix-huitième année, on peut faire des dispositions de dernière volonté sans aucune restriction.

570. L'erreur essentielle de la part du testateur entraîne la nullité de ses dispositions. L'erreur est essentielle lorsque le testateur s'est trompé, soit sur la personne à laquelle il destinait un legs, soit sur l'objet qu'il voulait léguer.

571. Si l'on vient à reconnaître que la personne instituée ou la chose léguée n'a été qu'inexactement dénommée ou décrite, la disposition est valable.

572. De même si le motif déterminant a été inexactement indiqué par le testateur, la disposition demeure valable, à moins qu'on ne puisse prouver que la volonté du testateur reposait uniquement et exclusivement sur ce motif erroné.

573. Les personnes appartenant à un ordre religieux sont en général incapables de tester; mais si l'ordre a obtenu un privilége spécial qui permette à ses membres de tester, ou si des individus appartenant à un ordre religieux ont été relevés de leurs vœux, ou s'ils ont changé de condition par la dissolution de leur ordre, de leur institut ou de leur couvent, ou s'ils se trouvent occuper des emplois tels qu'en vertu des règlements politiques ils ne soient plus considérés comme appartenant à leur ordre, à leur institut ou à leur couvent, et qu'ils puissent acquérir une propriété parfaite, ils peuvent en disposer par des actes de dernière volonté.

574. Le criminel qui a été condamné à mort, et celui qui a été condamné à la prison très-dure ou dure, ne peuvent faire un acte de dernière volonté valable, le premier, à partir du jour où sa condamnation lui a été notifiée, et le second pendant tout le temps de la durée de sa peine.

575. Un acte de dernière volonté fait valablement ne peut perdre sa validité par un empêchement survenu postérieurement

576. Un acte de dernière volonté non valide dans l'origine ne devient pas valide par la cessation de l'empêchement ; dans ce cas la succession se régit d'après les principes de la succession légitime, à moins qu'il n'ait été fait des dispositions nouvelles depuis la cessation de l'empêchement.

577. On peut tester extra-judiciairement ou judiciairement, verbalement ou par écrit, et, dans ce dernier cas, avec ou sans témoins.

578. Celui qui veut tester par écrit et sans témoins doit écrire de sa propre main le testament ou le codicille, et le signer de son nom La mention du jour, de l'an et du lieu où l'acte de dernière volonté est dressé n'est pas indispensable, mais elle est conseillée par la prudence pour prévenir les contestations.

579. Le testateur qui a fait écrire par une autre personne son acte de dernière volonté doit le signer de sa propre main. Il doit, en outre, déclarer devant trois témoins capables, dont deux au moins doivent être simultanément présents, que l'écrit contient ses dernières volontés, et les témoins doivent signer en qualité de témoins de l'acte de dernière volonté dans l'intérieur ou à l'extérieur, mais, dans tous les cas,

sur l'acte même et non sur l'enveloppe : il n'est pas nécessaire que les témoins connaissent la teneur du testament.

580. Un testateur qui ne sait pas écrire doit observer les formalités prescrites dans l'article précédent et, en outre, apposer de sa propre main un signe manuel au lieu de signature, en la présence simultanée des trois témoins. Afin de faciliter le moyen de prouver en tout temps quel était le testateur, il est prudent qu'un des témoins ajoute le nom du testateur à côté de son signe, avec la mention qu'il l'a fait en son lieu et place.

581. Lorsque le testateur ne sait pas lire, il doit se faire lire l'acte par l'un des témoins en présence des deux autres, après que ceux-ci ont pris connaissance de son contenu, et déclarer qu'il est conforme à sa dernière volonté. Celui qui a écrit l'acte de dernière volonté peut dans tous les cas servir en même temps de témoin.

582. La disposition du testateur qui se réfère à une note ou à un écrit n'a d'effet que lorsque ce billet ou cet écrit a été revêtu de toutes les formalités nécessaires pour la validité d'un acte de dernière volonté. Dans tout autre cas, de semblables notes écrites, auxquelles un testateur se réfère, ne peuvent servir qu'à interpréter sa volonté.

583. En général, un seul et même écrit n'est va-

lable que pour un seul testateur. L'exception admise
en faveur des époux est indiquée au chapitre relatif
aux contrats de mariage.

584. Le testateur qui ne peut ou ne veut pas
observer les formalités exigées pour un testament écrit
est libre de faire un testament verbal.

585. Celui qui teste verbalement doit déclarer
avec gravité sa dernière volonté devant trois témoins
capables, qui doivent tous être présents à la déclaration et pouvoir attester qu'il n'y a pas eu de dol ou
d'erreur sur la personne du testateur. Il n'est pas indispensable, mais au moins prudent, que les témoins,
pour aider à la mémoire, écrivent ou fassent écrire
d'accord ou séparément la déclaration du testateur
dans le plus court délai possible.

586. Un acte verbal de dernière volonté doit,
pour avoir force légale, être confirmé, sous serment, à
la requête de toute personne qui y a intérêt, par le témoignage concordant des trois témoins, ou, quand
l'un d'eux ne peut être entendu, par celui des deux
autres.

587. Le testateur peut aussi tester verbalement
ou par écrit devant un tribunal. La disposition par
écrit doit au moins être signée de la main du testateur
et être remise en personn... au tribunal. Le tribunal
doit faire observer au testateur que sa signature à dû
y être apposée de sa main, puis cacheter le document

avec le sceau judiciaire, et inscrire sur l'enveloppe le nom de celui dont il contient la dernière volonté. Il est dressé procès-verbal du tout, et l'acte est déposé au greffe du tribunal contre récépissé.

588. Lorsque le testateur veut déclarer verbalement ses dernières volontés, procès-verbal de cette déclaration est dressé par le tribunal et est déposé au greffe, après avoir été cacheté, ainsi qu'il a été dit en l'article précédent relativement aux testaments écrits.

589. Le tribunal qui reçoit un acte verbal ou écrit de dernière volonté doit être composé au moins de deux magistrats de l'ordre judiciaire ayant prêté serment, et dont l'un doit avoir juridiction dans le lieu où l'acte est reçu. La présence comme témoin du second magistrat, outre le juge, peut aussi être suppléée par celle de deux autres témoins ordinaires.

590. En cas de nécessité, les personnes ci-dessus mentionnées peuvent se transporter dans l'habitation du testateur, recevoir la déclaration de sa dernière volonté verbalement ou par écrit, et dresser ensuite du tout un procès-verbal avec l'indication du jour, de l'an et du lieu où l'acte aura été reçu.

591. Les membres d'un ordre religieux, les femmes, les adolescents au-dessous de dix-huit ans, les imbéciles, les aveugles, les sourds ou les muets, enfin ceux qui ne comprennent pas la langue du dé-

fant, ne peuvent pas servir de témoins pour des actes de dernière volonté.

592. Celui qui a été condamné pour crime de fraude, ou pour tout autre crime commis par cupidité, ne peut être employé comme témoin.

593. Celui qui ne professe pas la religion chrétienne ne peut pas attester la dernière volonté d'un chrétien.

594. Sont incapables d'être témoins, relativement au legs qui leur est laissé, l'héritier ou le légataire, de même que son conjoint, ses père et mère, ses enfants, ses frères et sœurs ou ses alliés au même degré, ainsi que ses serviteurs à gages. La disposition pour être valable doit être écrite de la main même du testateur, ou être attestée par trois témoins autres que les personnes ci-dessus désignées.

595. Quand le testateur destine un legs à celui qui écrit ses dernières volontés, à son conjoint, à ses enfants, à ses père et mère, à ses frères et sœurs ou à ses alliés au même degré, la disposition doit être constatée selon qu'il est dit en l'article précédent.

596. Les règles tracées relativement à l'absence d'intérêt des témoins et à leur capacité pour certifier l'identité de la personne du testateur, sont applicables aux magistrats de l'ordre judiciaire qui reçoivent une déclaration de dernière volonté.

597. Les membres d'un ordre religieux, les femmes et les adolescents âgés de plus de quatorze ans, peuvent valablement servir de témoins pour les dispositions de dernière volonté qui se font en mer ou dans des lieux où règnent la peste ou d'autres maladies contagieuses.

598. Il suffit de deux témoins, dont l'un peut écrire le testament, pour les déclarations de dernière volonté privilégiées de ce genre, et, s'il y a danger de contagion, il n'est pas nécessaire que les deux témoins soient présents simultanément.

599. Les dispositions de dernière volonté privilégiées perdent leur force six mois après le terme de la navigation ou de l'épidémie.

600. Les priviléges qui concernent les testaments militaires sont déterminés dans les lois militaires.

601. Le défaut d'accomplissement par le testateur de l'une des formalités prescrites ci-dessus, autres que celles qui sont expressément abandonnées à la seule prudence, entraîne la nullité de l'acte de dernière volonté.

602. Les conventions successorales relatives à la totalité d'un héritage ou à une quote-part déterminée du tout ne peuvent être valablement conclues qu'entre conjoints. Les dispositions qui y sont relatives sont contenues dans le chapitre des contrats de mariage.

603. Les cas où les donations à cause de mort

doivent être considérées comme contrats ou comme actes de dernière volonté sont déterminés au chapitre des donations.

CHAPITRE X.

DES SUBSTITUTIONS D'HÉRITIERS ET DES FIDÉICOMMIS.

604. Tout testateur peut, pour le cas où l'héritier institué ne recueillerait pas l'hérédité, appeler un héritier par substitution; à défaut de celui-ci, en désigner un second et, s'il y a lieu, un troisième ou même plusieurs autres. Cette disposition se nomme une substitution vulgaire. Le premier appelé par son rang devient héritier.

605. Lorsque de ces deux hypothèses que l'héritier institué ne peut ou ne veut être héritier, le testateur n'en a prévu qu'une seule, l'autre est censée exclue.

606. Les charges imposées à l'héritier passent à l'héritier substitué qui le remplace, à moins que par la volonté expresse du testateur ou par la nature des circonstances, elles ne soient restreintes à la personne de l'héritier institué.

607. Lorsque les cohéritiers seuls sont réciproquement substitués les uns aux autres, on présume que le testateur a aussi voulu étendre à la substitution les proportions du partage fixées dans l'institution. Mais quand un tiers se trouve appelé à la substitution, concurremment avec les cohéritiers, la portion vacante est dévolue à tous par égales portions.

608. Le testateur peut imposer à son héritier l'obligation de laisser à sa mort ou dans d'autres cas déterminés la succession qu'il aura recueillie à un second héritier nommé. Cette disposition s'appelle une substitution fidéicommissaire. La substitution fidéicommissaire comprend tacitement la substitution vulgaire.

609. Les parents peuvent aussi nommer ou substituer un héritier à leurs enfants, même dans le cas où ceux-ci sont incapables de tester; mais ils ne le peuvent que par rapport à la fortune qu'ils leur laissent.

610. Quand le testateur a défendu à l'héritier de disposer de son legs par testament, il y a substitution fidéicommissaire, et l'héritier est tenu de conserver l'héritage pour ses héritiers légitimes. La défense d'aliéner la chose n'exclut pas le droit d'en disposer par testament.

611. L'ordre dans lequel les héritiers fidéicommissaires doivent se succéder les uns aux autres n'est point limité lorsqu'ils sont tous contemporains [zeitgenossen - coævi] du testateur; il peut s'étendre au troisième ou au quatrième degré, et même à un degré plus éloigné.

612. Si, au lieu d'être contemporains du testateur, les héritiers substitués n'étaient pas encore nés au moment de la confection du testament, la substitution fidéicommissaire peut s'étendre jusqu'au second degré pour les deniers comptants et les autres choses mobilières, mais seulement jusqu'au premier degré pour les choses immobilières; toutefois la fixation des degrés ne se compte que de l'héritier substitué qui a été mis en possession de l'hérédité.

613. Jusqu'à l'instant où la substitution fidéicommissaire doit s'opérer, l'héritier institué jouit d'un droit de propriété limité avec les droits et les obligations d'un usufruitier.

614. Lorsqu'une substitution est exprimée d'une manière ambiguë, elle doit être interprétée de manière à restreindre le moins possible pour l'héritier la faculté de disposer de la propriété.

615. La substitution vulgaire s'éteint aussitôt que l'héritier institué a recueilli la succession; la substitution fidéicommissaire s'éteint lorsqu'il ne reste plus aucun des héritiers substitués appelés, ou lorsque le cas pour lequel elle a été établie vient à cesser.

616. Ainsi la substitution fidéicommissaire faite à un imbécile (art. 608 et 609) cesse d'avoir son effet lorsqu'il est prouvé qu'au moment où il a déclaré sa dernière volonté il était en pleine possession de ses sens, ou lorsque le tribunal lui a accordé la libre administration de sa fortune comme ayant recouvré l'usage de sa raison ; et cette substitution ne reprend pas sa force lors même que, par suite d'une rechute, il a été replacé en curatelle, et que dans l'intervalle il n'a pas fait de disposition de dernière volonté.

617. La substitution faite par le testateur à son enfant, au moment où celui-ci n'avait pas encore de descendance, s'éteint dans le cas où cet enfant laisse des descendants habiles à succéder.

618. Un fidéicommis (*fidéicommis de famille*) est une disposition en vertu de laquelle une fortune est déclarée bien inaliénable de la famille pour toutes les générations à venir ou, du moins, pour plusieurs.

619. Le fidéicommis est, en général, ou une ins- titution de primogéniture, ou un majorat, ou un *séniorat*, selon que celui qui l'établit laisse la suc- cession ou au premier né de la branche aînée, ou au plus proche parent de la famille, d'après le degré de parenté, ou au plus âgé entre plusieurs parents du même degré, ou, enfin, à l'aîné de la famille, sans égard à la ligne.

620. En cas de doute, on présume plutôt une institution de primogéniture qu'un majorat ou un sé- niorat, et un majorat plutôt qu'un séniorat.

621. Dans les institutions de primogéniture, une branche cadette ne peut arriver au fidéicommis que

par l'extinction de la branche aînée, de sorte que les fils, les neveux, les arrière-neveux et autres descendants des derniers possesseurs, doivent passer avant le frère.

622. Le fondateur peut aussi intervertir entièrement l'ordre de succession et appeler le dernier né de la branche aînée ou le plus jeune de toutes les branches, ou même, d'une manière générale, celui qui sera au plus proche degré du fondateur du fidéicommis, du premier appelé ou du dernier possesseur.

623. Lorsque le fondateur n'a pas exprimé à cet égard de volonté expresse, on aura égard au dernier possesseur plutôt qu'au fondateur du fidéicommis ou à celui qui l'a le premier recueilli. Quand il y a plusieurs personnes du même degré, la préférence est accordée aux plus avancés en âge.

624. Quand la fondation porte que le fidéicommis reviendra toujours au plus proche parent de la famille, on entendra par cette clause celui qui, d'après l'ordre de succession légitime, est le plus proche parent dans la descendance masculine; et s'il existe plusieurs parents également proches, la jouissance du fidéicommis sera partagée entre eux, à moins de disposition contraire dans l'acte de fondation.

625. Quand une personne a établi, outre le fidéicommis pour la ligne de primogéniture, un second ou plusieurs autres fidéicommis pour les lignes cadettes, le possesseur du premier fidéicommis, ainsi

que ses descendants, n'arrivent à la possession d'un
autre fidéicommis que dans le cas où il ne se trouve
pas dans les autres lignes de descendants appelés à ce
fidéicommis, et les fidéicommis ne demeurent réunis
sur la même tête que jusqu'à ce qu'il se soit de nouveau formé deux ou plusieurs lignes.

626. La descendance féminine n'a pas en général
de droit aux fidéicommis. Mais si le fondateur a expressément ordonné qu'après l'extinction de la branche
masculine le fidéicommis devra passer à la ligne féminine, cette transmission se fera suivant l'ordre prescrit
pour la descendance masculine; néanmoins les héritiers mâles de la ligne appelée à la possession du fidéicommis sont préférés aux femmes.

627. Aucun fidéicommis ne peut être fondé sans
l'autorisation spéciale du pouvoir législatif.

Lors de cette fondation, il devra être dressé, pour
demeurer déposé en justice, un inventaire régulier et
authentique de tous les objets faisant partie du fidéicommis. Cet inventaire servira de base à chaque mutation de possesseur, ainsi que pour la séparation du
fidéicommis d'avec la portion libre de la fortune.

Le tribunal devra veiller à la sûreté du fidéicommis
conformément aux règlements spéciaux.

628. Le fondateur d'un fidéicommis a le droit de
le révoquer tant qu'aucun droit n'est acquis à des tiers
par tradition ou par contrat; et la volonté est consi-

dérée comme révoquée lorsqu'il est survenu au testateur un héritier mâle légitime qui n'a pas été compris dans le fidéicommis.

629. La propriété de la substance du fidéicommis est divisée entre tous les appelés et le possesseur actuel du fidéicommis. Les premiers ont seuls le droit de nue propriété [domaine direct], mais l'usufruit [domaine utile] revient exclusivement au dernier.

630. Le droit de nue propriété [domaine direct] autorise les fidéicommissaires appelés à demander le dépôt en justice des obligations fidéicommissaires, à dénoncer aux tribunaux la mauvaise gestion des biens soumis au fidéicommis, à proposer la nomination d'un curateur fidéicommissaire commun pour veiller aux intérêts du fidéicommis et des descendants, et, en général, à prendre toutes les mesures nécessaires pour la sûreté de la substance du fidéicommis.

631. Le possesseur du fidéicommis a tous les droits et toutes les obligations d'un usufruitier [du domaine utile]. En conséquence, les fruits du bien fidéicommis, ainsi que de tout ce qui s'y réunit par accroissement, lui appartiennent, mais non la substance du bien; par contre, il supporte toutes les charges, mais il n'est pas responsable de la diminution de la substance si cette diminution est survenue sans sa faute.

632. Le possesseur d'un fidéicommis peut bien

renoncer à son droit en son propre nom, mais en aucun cas il ne peut y renoncer pour ses descendants, alors même que ceux-ci ne sont pas encore nés. S'il engage les fruits du fidéicommis ou même le bien soumis au fidéicommis, cet engagement n'est valable que pour la portion des fruits qu'il a le droit de recueillir; mais non pas pour le bien même ni pour la portion des fruits qui reviennent au successeur.

633. Le possesseur d'un fidéicommis peut, sous les restrictions ci-après indiquées, changer le bien immobilier substitué en un capital, échanger des fonds de terre contre d'autres fonds de terre ou les distribuer moyennant des rentes proportionnées, ou aussi les donner à ferme héréditaire.

634. Le consentement de l'autorité judiciaire compétente est nécessaire pour opérer ces diverses mutations. L'autorité entendra tous les appelés connus ou leurs curateurs, s'ils sont mineurs ou absents, ainsi que le curateur du fidéicommis et de la descendance; appréciera s'il y a des motifs graves, et veillera surtout, pour les demandes de morcellement du bien-fonds, à ce qu'on observe les mesures de contenance fixées par les règlements politiques. La compensation pécuniaire stipulée à cette occasion sera placée comme capital fidéicommis.

635. Le possesseur d'un fidéicommis peut grever le tiers du bien substitué, ou, lorsque le bien consiste

en un capital, en prélever un tiers. Il n'a besoin à
cet effet d'aucun consentement des appelés, ni des
curateurs du fidéicommis, mais seulement de l'agrément du tribunal ordinaire.

636. Dans ce tiers on doit compter toutes les
charges, sous quelque dénomination que ce soit, qui
pèsent sur le bien constitué, de telle sorte que deux
tiers restent entièrement libres.

637. La valeur d'un bien substitué, quand il s'agit
de l'échanger ou de le grever, est déterminée par une
estimation judiciaire, et par la mise aux enchères pu
bliques, quand il s'agit de le convertir en argent.

638. Les remboursements d'une dette fidéicommissaire doivent être déterminés de manière à ce que
cinq pour cent de la dette se trouvent annuellement
amortis. Une prolongation de délai ne doit être accordée que pour des motifs graves.

639. Si le possesseur du fidéicommis veut de nouveau emprunter pour son usage une partie des sommes remboursées, il devra payer en outre cinq pour
cent par an, pour l'amortissement de cet emprunt.

640. Le successeur au fidéicommis n'est tenu de
payer que celles des dettes de son prédécesseur qui
ont été contractées avec l'autorisation judiciaire. Il
n'est responsable des termes arriérés pour l'amortissement de ces dettes qu'autant qu'ils ne peuvent pas être
acquittés sur la succession libre de son prédécesseur.

11

641. Si le prédécesseur a fait, pour la conservation ou l'amélioration notable du fidéicommis, des dépenses considérables pour lesquelles il eût été en droit d'obérer le bien substitué, ces dépenses doivent être remboursées. Mais les successeurs sont autorisés à grever dans ce but un tiers du bien substitué,

Les remboursements sont réglés suivant le mode prescrit par l'article 638.

642. Un créancier fidéicommissaire ne peut poursuivre le payement d'une dette hypothéquée sur le bien substitué, même avec l'autorisation judiciaire, sur sa substance mais seulement sur les revenus.

643. Les fruits de la dernière année sont partagés entre les héritiers du prédécesseur et le successeur du fidéicommis de la même manière qu'entre l'usufruitier et le nu propriétaire (art. 519).

644. Un fidéicommis peut être dissous lorsqu'il n'y a pas présomption de l'existence de descendants appelés au fidéicommis. Mais, pour dissoudre le lien fidéicommissaire, il faut, outre le consentement de l'usufruitier et de tous les appelés qui doivent être cités par voie édictale, l'avis du curateur de la descendance ainsi que l'autorisation judiciaire.

645. Le fidéicommis s'éteint par la perte totale de la chose, ou lorsque toutes les lignes appelées par l'acte de fondation sont éteintes sans espoir de descendance. Dans ce dernier cas, le droit de nue propriété [domaine direct] se réunit à l'usufruit [domaine utile], et le possesseur peut librement disposer du fidéicommis.

646. Il faut distinguer des substitutions et des fidéicommis les fondations par lesquelles les revenus de capitaux de bien-fonds ou de droits sont affectés à tout jamais à des établissements d'utilité publique, tels que bénéfices ecclésiastiques, écoles, hôpitaux ou hospices, ou à l'entretien de certaines personnes déterminées.

Les dispositions relatives à ces fondations sont contenues dans les ordonnances politiques.

CHAPITRE XI.

DES LEGS.

647. Un legs, pour être valide (art. 535), doit émaner d'un testateur capable et être laissé à une personne ayant capacité pour hériter par un acte valide de dernière volonté.

648. Le testateur peut aussi laisser par préciput un legs à un ou plusieurs cohéritiers, qui, pour ce legs, ne sont considérés que comme légataires.

649. Les legs tombent, en général, à la charge de tous les héritiers, proportionnellement à leur part héréditaire, même dans le cas où l'on aurait légué une chose appartenant à l'un des cohéritiers. Il dépend cependant du testateur d'imposer la prestation du

legs à un seul cohéritier ou même à un légataire en particulier.

650. Un légataire ne peut pas se soustraire à la prestation intégrale d'un legs qui lui a été imposé, sous le prétexte que ce legs surpasse la valeur de celui qui lui est personnellement destiné. Mais s'il n'accepte pas ce legs, celui à qui il est dévolu doit accomplir la charge à laquelle il est soumis ou bien l'abandonner au légataire dont le legs se trouve assigné sur la chose léguée.

651. Un testateur qui a laissé un legs à une certaine classe de personnes, telles que des parents, des domestiques ou des pauvres, peut abandonner à quelques-unes d'entre elles le soin d'en faire la distribution, et à l'héritier ou à un tiers celui de fixer le montant de ce qui doit revenir à chacun. Si le testateur n'a rien déterminé à cet égard, le choix est réservé à l'héritier.

652. Le testateur peut, à l'occasion d'un legs, établir une substitution vulgaire ou une substitution fidéicommissaire, sous l'accomplissement, toutefois, des dispositions contenues dans le chapitre précédent.

653. Tout ce qui est dans le commerce, les choses, les droits, les travaux et autres actions qui ont une valeur, peuvent être légués.

654. Lorsqu'on lègue des choses qui sont effectivement dans le commerce, mais que le légataire est incapable de posséder personnellement, il doit lui en être payé la valeur au taux ordinaire.

655. Dans les dispositions relatives à des legs, les mots sont aussi pris dans leur acception ordinaire, à moins qu'il ne soit prouvé que le testateur avait l'habitude d'attacher à certaines expressions un sens particulier, ou bien que le legs compris dans le sens ordinaire n'aurait pas d'effet.

656. Si le testateur a légué une ou plusieurs choses d'une certaine espèce, mais sans autre désignation plus précise, et qu'il se trouve dans la succession plusieurs choses pareilles, le choix appartient à l'héritier; mais il est tenu de choisir un objet dont le légataire puisse faire usage. Lorsqu'on a laissé au légataire la faculté de choisir ou de prendre une chose parmi plusieurs autres, il peut aussi choisir la meilleure.

675. Le legs cesse d'avoir son effet lorsque le testateur a légué une ou plusieurs choses d'une certaine espèce, avec la stipulation expresse qu'elles ne doivent être prises que parmi les objets qui lui appartiennent et qu'il ne se trouve aucune chose semblable dans la succession. Si elles ne se trouvent pas en aussi grande quantité qu'elles ont été léguées, le légataire doit se contenter de celles qui existent.

658. Lorsque le testateur lègue une ou plusieurs choses d'une certaine espèce, mais sans stipuler d'une manière expresse qu'elles ne doivent être prises que

parmi les objets qui lui appartiennent, et qu'il ne se
trouve aucune chose semblable dans la succession,
l'héritier est tenu d'en procurer au légataire qui soient
d'une qualité appropriée à sa condition et à ses besoins. Le legs d'une somme d'argent oblige l'héritier
au payement de cette somme, sans considérer s'il
existe ou non de l'argent en espèces dans la succession.

659. Le testateur peut aussi laisser à un tiers la
faculté de choisir entre plusieurs choses celle que le
légataire doit avoir. Si ce tiers refuse ou meurt avant
d'avoir fait ce choix, le tribunal fixe le legs, en ayant
égard à la condition et aux besoins du légataire. Cette
fixation judiciaire a également lieu dans le cas où le
légataire est mort avant d'avoir procédé au choix qui
lui avait été laissé.

660. Le legs d'une chose déterminée, quand il
est répété dans une ou plusieurs dispositions différentes, ne peut pas être demandé par le légataire, à la
fois en nature et en équivalent. Tout autre legs, lors
même qu'il s'applique à une chose de la même espèce
ou de la même valeur compète au légataire autant de
fois qu'il est répété.

661. Le legs est sans effet quand la chose léguée
était déjà la propriété du légataire à la date de l'acte
de dernière volonté. On lui en payera la valeur
ordinaire, s'il l'a acquise postérieurement. Mais s'il l'a

obtenue gratuitement du testateur lui-même, le legs
est considéré comme non avenu.

662. Le legs de la chose d'autrui, qui n'appartient
ni au testateur ni à l'héritier, ni au légataire qui doit
la fournir à un tiers, est nul. Si l'une des personnes
ci-dessus désignées a un intérêt ou un droit quelconque sur la chose, le legs est censé limité à cet intérêt ou à ce droit. Si la chose léguée est engagée ou
grevée, celui qui la reçoit assume aussi les charges
qui pèsent sur elle. Mais si le testateur a ordonné expressément qu'une chose déterminée appartenant à
autrui fût achetée pour être donnée au légataire, et
que le propriétaire ne voulût pas l'aliéner pour le prix
d'estimation, c'est cette valeur qui doit être payée au
légataire.

663. Le legs d'une créance que le testateur a à
exercer contre le légataire oblige l'héritier à restituer
le titre ou bien à donner acte au légataire de sa libération en capital et intérêts échus.

664. Si le testateur lègue à quelqu'un une créance
qu'il a à exercer contre un tiers, l'héritier doit abandonner au légataire la créance avec les intérêts échus
et à échoir.

665. Le legs d'une dette que le testateur doit au
légataire a pour effet d'obliger l'héritier à reconnaître
la dette telle qu'elle a été expressément déterminée
par le testateur, ou telle qu'elle est justifiée par le

légataire, et à l'acquitter au plus tard dans le délai fixé pour l'acquit des autres legs, sans égard aux conditions ou aux termes contenus dans le titre de la créance. Cette reconnaissance ne peut préjudicier aux créanciers du testateur qui en seraient lésés.

666. La remise de la dette ne doit s'entendre que des dettes actuelles, et non pas de celles contractées postérieurement à la constitution du legs. S'il est fait remise par le legs d'un droit de gage ou d'une caution, il ne s'ensuit pas qu'on ait aussi voulu remettre la dette. Si les termes de payement sont prolongés, les intérêts ne doivent pas moins continuer à être payés.

667. Si le testateur doit à quelqu'un une somme d'argent et qu'il lui lègue une somme pareille, on ne présume pas qu'il ait voulu éteindre la dette par le legs. L'héritier doit, dans ce cas, payer la somme double, une première fois comme dette et ensuite comme legs.

668. Dans le legs de toutes les créances existantes, ne sont néanmoins compris ni les créances résultant d'effets de crédit public, ni les capitaux placés sur un bien-fonds, ni les créances provenant d'un droit réel.

669. La dot peut être léguée soit pour libérer l'époux de sa restitution, soit pour obliger l'héritier à remettre à la femme la somme ou la chose apportée par elle en dot, sans preuve et sans déduction des

impenses qui y ont été employées. Les dispositions prescrites pour le legs des autres créances sont applicables à ce cas.

670. Si le testateur lègue à une tierce personne une dot indéterminée, on entendra par là, sans égard à la fortune particulière du légataire, la dot que le père de cette personne, avec une fortune moyenne, serait tenu de lui donner, suivant sa condition.

671. Quand des père et mère lèguent une dot à leurs filles, elle est imputée sur la portion légitime, à moins qu'elle n'ait été expressément léguée hors part.

672. Le legs de l'entretien comprend la nourriture, l'habillement, le logement et les autres besoins de première nécessité pendant la vie du légataire, ainsi que l'instruction convenable. Toutes ces choses sont également comprises dans le legs générique de l'éducation. L'éducation se termine avec la majorité. Par nourriture on entend le boire et le manger, la vie durant.

673. L'étendue des legs spécifiés dans l'article précédent, quand elle ne résulte pas de la volonté expresse du testateur ou de sa volonté tacite induite de secours précédemment fournis, doit être déterminée suivant la condition particulière du légataire, ou suivant la condition à laquelle il a été préparé par le traitement antérieur.

674. On n'entend par mobilier que les meubles

nécessaires pour l'usage convenable d'une habitation ; les mots fournitures de maison comprennent également les ustensiles pour la tenue du ménage ; mais, à moins d'une déclaration plus précise, on n'y comprend pas les outils nécessaires à l'exercice d'une profession.

675. Quand on a légué à quelqu'un un magasin qui n'a pas d'existence indépendante, mais qui forme seulement une portion d'un tout, on présume en général qu'on n'a voulu léguer que les objets qui s'y trouveront à la mort du testateur, et pour la garde desquels le magasin est destiné par sa nature ou a été communément employé par le testateur.

676. Lorsqu'au contraire le magasin est mobile, ou que du moins il forme une chose qui a une existence indépendante, le légataire n'a droit qu'au magasin et non aux choses qui pourraient s'y trouver.

677. Quand on lègue une armoire, un coffre ou une commode avec toutes les choses qui s'y trouvent contenues, on y comprend aussi l'argent et l'or, les bijoux et les espèces monnayées, et même les obligations signées par le légataire au profit du testateur. Tous autres documents ou titres de créances sur lesquels se fondent des droits et des créances du testateur n'y sont compris que dans le cas où, indépendamment de ces objets, il ne se trouverait aucune autre chose dans les meubles légués. Dans un legs de choses li-

quides on comprend aussi les vases destinés à leur transport.

678. Dans la règle on n'entend par bijoux que les pierres précieuses et les perles fines; par parures on entend également les pierres fausses, ainsi que les bijoux en or ou en argent, ou revêtus d'or et d'argent, et destinés à l'ornement de la personne; et par objets de toilette, tout ce qui, hors les bijoux, les parures et les objets d'habillement, sert à l'ornement de la personne.

679. Le legs d'or ou d'argent comprend celui qui est ouvré ou non ouvré, mais non celui qui est monnayé, ni ce qui forme seulement une portion ou un ornement d'un autre objet de la succession, par exemple, d'une montre d'or, ou d'une tabatière. Le linge n'est pas compté parmi les objets d'habillement, et les dentelles ne sont pas comptées parmi le linge, mais parmi les objets de toilette. Sous la dénomination d'équipages on comprend les voitures et les chevaux de trait qui étaient destinés pour l'usage du testateur, ainsi que les harnais qui y appartiennent; mais on n'y comprend ni les chevaux de selle ni leurs harnais.

680. On comprend dans les deniers comptants les effets de crédit public qui représentent l'argent comptant dans le commerce ordinaire.

681. Sous la dénomination d'enfants, on ne com-

prend que les fils et les filles, quand le testateur a en vue les enfants d'un autre; mais quand il a disposé en faveur de ses propres enfants, on y comprend aussi les descendants venant par représentation, et qui étaient conçus au moment de la mort du testateur.

682. Un legs fait sans désignation plus précise en faveur de ses parents est appliqué à ceux qui sont les plus proches dans l'ordre de succession légitime, et la règle établie ci-dessus, article 559, relativement au partage d'une succession entre les personnes qui sont considérées comme n'en formant qu'une seule, doit aussi être appliquée à ces legs.

683. Quand le testateur a laissé un legs à ses domestiques, et qu'il ne les a désignés que sous ce titre générique, on présume que le legs est destiné à ceux qui étaient à son service au moment du décès. Cependant, dans ce cas comme dans tout autre, cette présomption peut être détruite par des motifs de présomption contraire, qui paraîtraient plus forts.

684. Le légataire acquiert, en règle générale (art. 699), un droit sur le legs pour lui et pour ses héritiers immédiatement après la mort du testateur; mais le droit de propriété sur la chose léguée ne peut être acquis que de la manière établie pour l'acquisition de la propriété dans le chapitre V.

685. Le legs d'objets particuliers de la succession et des droits qui s'y rapportent, les menues récom-

penses aux gens de service, et les legs pieux peuvent
être exigés immédiatement. Les autres ne peuvent
l'être qu'au bout d'un an, à partir du décès du testateur.

686. Le légataire d'un objet déterminé de la succession a également droit aux intérêts échus, aux
fruits et à tout ce qui a pu y accroître depuis la mort
du testateur. Il supporte, par contre, toutes les charges qui pèsent sur l'objet légué, et même la perte,
quand l'objet est diminué ou entièrement détruit sans
la faute d'un tiers.

687. Quand on lègue à une personne une somme
à acquitter à des termes périodiques, tels que tous les
ans, tous les mois, et autres de ce genre, le légataire
acquiert un droit sur tout le montant du terme, lors
même qu'il n'a survécu que jusqu'au commencement
du terme. Mais le montant ne peut être exigé qu'à
l'échéance du terme. Le premier terme commence à
courir au jour du décès du testateur.

688. Dans tous les cas où un créancier est en droit
de demander caution à son débiteur, le légataire peut
également exiger caution pour son legs. L'article 437
de ce Code détermine la manière dont doit se faire la
transcription d'un legs pour qu'il puisse en résulter
un droit réel.

689. Un legs que le légataire ne peut ou ne veut
accepter est dévolu à la personne qui est appelée après
lui (art. 652). S'il n'existe pas d'appelé par substitu-

tion, et si tout le legs a été laissé à plusieurs personnes indivisément ou expressément par portions égales, la portion que l'un d'eux ne recueille pas accroît aux autres de la même manière qu'entre cohéritiers d'une succession. Hors les deux cas ci-dessus, le legs non recueilli retombe dans la masse de la succession.

690. Quand toute la masse héréditaire est épuisée par les legs, l'héritier ne peut réclamer autre chose que le remboursement des dépenses faites dans l'intérêt de la masse, et une récompense proportionnée à ses peines. S'il ne veut pas administrer lui-même la succession, il doit provoquer la nomination d'un curateur.

691. Quand tous les legs ne peuvent pas être acquittés sur la masse de la succession, on acquitte avant tout autre le legs d'aliment, et le droit du légataire à être entretenu datera du jour de l'ouverture de la succession.

692. Si la succession est insuffisante pour le payement des dettes, des autres dépenses obligatoires et pour l'acquittement de tous les legs, les légataires subissent une réduction proportionnelle. L'héritier n'est point tenu par conséquent d'acquitter les legs sans caution préalable, tant que ce risque est à craindre.

693. Mais, dans le cas où les légataires auraient déjà reçu leurs legs, la réduction se déterminera d'a-

près la valeur que le legs avait au moment de sa délivrance et d'après les fruits qui en ont été perçus. Cependant le légataire, même après avoir reçu le legs,
demeure toujours libre, s'il veut éviter la contribution,
de rapporter à la masse le legs ou sa valeur ci-dessus
mentionnée, ainsi que les fruits perçus. Quant aux
améliorations et aux détériorations, il est traité comme
un possesseur de bonne foi.

694. Les dons qu'un testateur a fixés par son testament, conformément aux règlements politiques, en
faveur des maisons de pauvres, d'invalides ou de ma-
lades, et des établissements d'instruction publique, ne
doivent pas être considérés comme legs : ils constituent un impôt public, doivent être acquittés, même
par les héritiers légitimes, et ne peuvent pas être appréciés d'après les principes du droit privé, mais seulement d'après les règlements politiques.

CHAPITRE XII.

DES RESTRICTIONS APPORTÉES AUX ACTES DE DERNIÈRE VOLONTÉ, ET DE LEUR RÉSILIATION.

695. Le testateur peut restreindre ses dispositions
par une condition, par la fixation d'un terme, par
une charge ou par une déclaration d'intention. Il peut
aussi modifier son testament ou son codicille, et
même les révoquer entièrement.

696. On appelle condition, un événement dont on fait dépendre un droit. La condition est affirmative ou négative suivant qu'elle se rapporte à l'accomplissement ou au non-accomplissement d'un événement. Elle est suspensive quand le droit légué ne doit avoir d'effet qu'après son accomplissement; elle est résolutoire quand le droit doit se perdre si elle s'accomplit.

697. Les conditions tout à fait inintelligibles sont considérées comme non avenues.

698. La disposition par laquelle on attribue à quelqu'un un droit sous une condition suspensive impossible est nulle lors même que l'accomplissement de la condition ne serait devenu impossible que par la suite, et que cette impossibilité aurait été connue du testateur. Une condition résolutoire impossible est considérée comme non avenue. Ce qui précède est également applicable aux conditions illicites.

699. Quand les conditions sont possibles et licites, le droit qui en dépend ne peut être acquis que par leur entier accomplissement, soit qu'elles dépendent du hasard, de la volonté de l'héritier institué, du légataire ou de celle d'un tiers.

700. La condition qui défend à l'héritier ou au légataire de contracter mariage, même après sa majorité, est considérée comme non avenue. Le veuf ou la veuve ayant un ou plusieurs enfants sont seuls tenus d'accomplir une semblable condition. La condition qui

défend au légataire ou à l'héritier d'épouser une personne déterminée peut être valablement imposée.

701. Quand la condition imposée dans l'acte de dernière volonté a déjà été accomplie du vivant du testateur, son accomplissement ne doit être répété après la mort du testateur que lorsque la condition consiste dans un acte de l'héritier ou du légataire susceptible de répétition.

702. Une condition imposée à un héritier ou à un légataire ne doit pas, à moins d'une déclaration expresse du testateur, être étendue aux héritiers ou légataires appelés, à leur défaut, par le testateur.

703. Pour acquérir un legs fait sous une condition suspensive, il est nécessaire que la personne instituée survive à l'accomplissement de la condition, et soit capable de succéder au moment où elle se réalise.

704. Quand il est incertain si le terme auquel le testateur a restreint le droit légué arrivera ou n'arrivera pas, cette restriction est considérée comme une condition.

705. Si le terme est de nature à devoir arriver, le droit légué passe, ainsi que tout autre droit non conditionnel, même aux héritiers de la personne instituée, et la remise seule en est retardée jusqu'au terme fixé.

706. S'il est évident que le terme fixé dans l'acte de dernière volonté ne peut jamais arriver, la fixation de ce terme est assimilée à l'imposition d'une condi-

tion impossible. Mais dans le cas où il serait évident
que le testateur s'est seulement trompé dans le calcul
du temps, le terme doit être déterminé d'après la volonté présumée du testateur.

707. Tant que le droit d'un héritier ou d'un légataire est suspendu par une condition non encore
accomplie ou par un terme non encore échu, il s'établit, par rapport à la possession et à la jouissance,
dans le premier cas entre l'héritier légitime et l'héritier institué, et dans le second cas entre l'héritier et le
légataire, les mêmes droits et obligations que dans le
cas d'une substitution fidéicommissaire.

708. Celui qui acquiert une succession ou un legs
sous une condition négative ou résolutoire, ou pour
un certain temps seulement, a, à l'égard de celui à
qui la succession ou le legs doit revenir lors de l'accomplissement de la condition ou du terme fixé, les
mêmes droits et obligations que ceux qui compétent
à un héritier ou à un légataire à l'égard d'un fidéicommissaire substitué (art. 613).

709. Quand le testateur a laissé à quelqu'un un
legs sous l'accomplissement d'une charge, cette charge
doit être considérée comme une condition résolutoire
en telle sorte que son non-accomplissement annule le
legs (art. 696).

710. Dans le cas où la charge ne peut pas être
exactement accomplie, on doit du moins chercher à

en approcher le plus possible. Si cela est également impossible, celui à qui la charge a été imposée retient néanmoins le legs qui lui est destiné, à moins que le contraire ne résulte clairement de la volonté du testateur. Celui qui s'est lui-même mis hors d'état d'accomplir la charge est privé du legs qui lui était destiné.

711. Quand le testateur a exprimé l'intention dans laquelle il a fait le legs, mais qu'il n'a cependant pas imposé l'obligation de la respecter, la personne instituée ne peut pas être contrainte à employer le legs suivant cette intention.

712. La disposition par laquelle un testateur impose à un héritier une condition impossible ou illicite, sous peine, s'il ne l'accomplit pas, de payer un legs à un tiers, est nulle.

713. Un testament antérieur est révoqué par un testament postérieur valide, non-seulement par rapport à l'institution d'héritier, mais encore par rapport aux autres dispositions, à moins que le testateur ne déclare clairement, dans le testament postérieur, que le précédent doit subsister en tout ou en partie. Cette règle s'applique également quand, dans le testament postérieur, l'héritier n'est appelé qu'à une partie de la succession. Les portions restantes ne sont pas dévolues aux héritiers institués dans le testament antérieur, mais bien aux héritiers légitimes.

714. Les legs ou codicilles antérieurs ne sont ré-

voqués par un codicille postérieur (plusieurs pouvant subsister simultanément), qu'autant qu'ils sont incompatibles avec le dernier.

715. Lorsqu'on ne peut décider quel est le testament ou le codicille postérieur, ils sont valables tous les deux en tant qu'ils peuvent subsister simultanément, et l'on doit appliquer alors les dispositions contenues dans le chapitre relatif à la communauté de la propriété.

716. La clause insérée dans un testament ou un codicille, portant que toute disposition postérieure en général, ou celle qui ne sera pas revêtue d'une certaine marque distinctive devra être considérée comme nulle et non avenue, n'empêche pas le testateur de modifier ses dernières volontés ; mais s'il n'a pas expressément révoqué dans sa déclaration postérieure cette clause générale ou particulière ci-dessus mentionnée, on considérera comme valables, non ses dernières dispositions, mais ses dispositions antérieures.

717. Quand le testateur veut révoquer ses dispositions sans en faire de nouvelles, il doit les révoquer d'une manière expresse, soit verbalement, soit par écrit, ou détruire l'acte.

718. La révocation ne peut se faire valablement que dans un état où l'on soit capable de déclarer sa

dernière volonté. Un prodigue déclaré tel par justice peut valablement révoquer sa dernière volonté.

719. La révocation verbale d'un acte de dernière volonté, faite en justice ou hors, exige des témoins en égal nombre et ayant la même capacité que pour la validité d'un testament oral ; une révocation par écrit exige une déclaration écrite et signée de la main du testateur lui-même ou du moins signée par lui et par les témoins nécessaires pour un testament écrit.

720. La disposition par laquelle un testateur défend à l'héritier ou au légataire, sous peine de perdre un avantage, d'attaquer ses dernières volontés, n'aura jamais aucun effet dans le cas où l'on contestera seulement la sincérité ou le sens de l'acte.

721. Celui qui coupe sa signature sur son testament ou son codicille, qui la biffe ou qui efface tout le contenu de ces actes, les détruit.

Lorsque, de plusieurs exemplaires conformes, un seul a été détruit, on n'en peut pas induire la révocation de l'acte de dernière volonté.

722. Quand les lésions ci-dessus mentionnées ne sont survenues au titre que par accident, ou quand le titre a été perdu, les actes de dernière volonté ne perdent point leur effet, si d'ailleurs l'accident est prouvé par les moyens de preuve déterminés dans le règlement sur la procédure civile, et si le contenu du titre est justifié de la manière dont doit se faire la jus-

tification d'une disposition orale de dernière volonté.

723. Quand le testateur a détruit ses dispositions postérieures et a laissé intactes ses dispositions écrites antérieures, ces dernières reprennent leur vigueur. Une disposition antérieure, faite de vive voix, ne peut ainsi renaître.

724. Un legs est considéré comme révoqué quand le testateur a poursuivi et s'est fait payer la créance léguée, quand il a aliéné la chose léguée et ne l'a pas acquise de nouveau, ou quand il l'a échangée en une autre, de telle sorte qu'elle ait perdu sa forme et son nom primitif.

725. Mais le legs subsiste lorsque le débiteur a, de son propre mouvement, acquitté la dette; lorsque l'aliénation de l'objet légué a eu lieu en vertu d'une sentence judiciaire, et lorsque la chose a changé de nature sans le consentement du testateur.

726. Lorsque ni l'héritier institué, ni l'héritier appelé à son défaut, ne peut ou ne veut accepter la succession, l'hérédité est dévolue aux héritiers légitimes; mais ceux-ci sont tenus d'accomplir les autres dispositions du testateur. Lorsque ceux-ci renoncent également à la succession, les légataires sont considérés comme héritiers, chacun pour sa part proportionnelle.

CHAPITRE XIII.

DE LA SUCCESSION LÉGITIME.

727. Lorsque le défunt n'a pas laissé de déclaration valide de dernière volonté, lorsqu'il n'a pas disposé par testament de toute sa fortune, lorsqu'il n'a pas laissé une part suffisante aux personnes auxquelles il était tenu, d'après la loi, de laisser une portion héréditaire, ou lorsque les héritiers institués ne veulent ou ne peuvent pas accepter l'hérédité, l'ordre de succession est réglé par la loi en tout ou en partie.

728. A défaut de déclaration valide de dernière volonté, toute la succession du défunt est dévolue aux héritiers légitimes. Mais s'il existe une déclaration valide de dernière volonté, ils n'ont droit qu'à la portion héréditaire dont il n'a pas été disposé.

729. La personne à laquelle le testateur était obligé, en vertu de la loi, à laisser une portion héréditaire, peut, lorsqu'il lui a été porté préjudice par une déclaration de dernière volonté, invoquer les dispositions de la loi et réclamer en justice la portion héréditaire qui lui revient conformément aux règles établies dans le chapitre suivant.

730. On appelle, en premier lieu, héritiers légitimes ceux qui par descendance matrimoniale sont parents du testateur dans la ligne la plus proche. Les

lignes de parenté se déterminent de la manière sui-
van :

731. A la première ligne appartiennent ceux qui
comptent le testateur comme leur souche commune,
savoir: les enfants et leurs descendants.

A la seconde ligne appartiennent les père et mère
du testateur, ainsi que ceux qui ont pour souche
commune les mêmes père et mère, savoir: les frères
et sœurs, et leurs descendants.

A la troisième ligne appartiennent les aïeuls ainsi
que les frères et sœurs des père et mère, et leurs descendants.

A la quatrième ligne appartiennent les bisaïeuls du
défunt ainsi que leurs descendants.

A la cinquième ligne appartiennent les trisaïeuls
du défunt, ainsi que ceux qui en descendent.

A la sixième appartiennent les quatrisaïeuls du testateur, ainsi que ceux qui en sont issus.

732. Quand le testateur a des enfants légitimes du
premier degré, toute la succession leur est dévolue
quel que soit leur sexe, qu'ils soient nés du vivant ou
après la mort du testateur. Les enfants, quand ils sont
plusieurs, partagent la succession par égales portions,
suivant leur nombre. Les petits-fils et les arrière-petits-
fils d'enfants encore vivants n'ont aucun droit à la
succession.

733. Quand un enfant du testateur est décédé

avant celui-ci, et en laissant un ou plusieurs petits-
fils, la portion qui aurait appartenu à l'enfant prédécédé revient en entier au petit-fils survivant ou à tous
les petits-fils, par égales portions, quand il y en a
plusieurs. Quand l'un de ces petits-fils est également
décédé, laissant des arrière-petits-fils, la portion du
petit-fils est partagée de la même manière entre les
arrière-petits-fils. S'il existe des descendants encore
plus éloignés du testateur, le partage se fait suivant
les proportions et les règles ci-dessus établies.

734. La succession se partage de cette manière
non-seulement lorsque les petits-fils d'enfants prédé-
cédés concourent avec des enfants encore vivants, ou
des descendants encore plus éloignés du testateur avec
des descendants plus proches; mais encore lorsque la
succession n'est à partager qu'entre des petits-fils d'enfants différents ou entre des arrière-petits-fils de petits-
fils différents. Ainsi les petits-fils laissés par chaque
enfant et les arrière-petits-fils laissés par chaque petit-
fils, qu'ils soient en grand ou en petit nombre, ne
peuvent jamais recevoir ni plus ni moins que n'aurait
reçu l'enfant ou le petit-fils prédécédé, s'il avait survécu.

735. Quand il n'existe aucun descendant direct
du testateur, la succession est dévolue à ceux qui
sont ses parents dans la seconde ligne, savoir : ses
père et mère et leurs descendants. Quand les père et

mère existent, toute la succession leur est dévolue par portions égales. Quand l'un d'eux est mort, ses enfants ou descendants survivants succèdent à son droit, et la moitié qui aurait été dévolue au défunt est partagée entre eux suivant les principes établis dans les articles 732 à 734 pour le partage de la succession entre des enfants et des descendants plus éloignés du testateur.

736. Quand les père et mère du défunt sont tous deux décédés, la moitié de la succession qui aurait été dévolue au père est partagée entre ses enfants survivants et leurs descendants; et l'autre moitié, qui aurait été dévolue à la mère, est partagée entre ses enfants et leurs descendants, conformément aux articles 732 à 734. Quand il n'existe de ces père et mère d'autres enfants que ceux issus de leur commun mariage ou des descendants de ceux-ci, ils partagent les deux moitiés par portions égales entre eux. Mais quand il existe en outre d'autres enfants issus du père ou de la mère, ou des enfants de l'un et de l'autre issus d'un précédent mariage, les enfants issus en commun du père et de la mère, ainsi que leurs descendants, prennent, en concours avec les frères et sœurs consanguins ou utérins, la part égale qui leur revient, tant de la moitié paternelle que de la moitié maternelle.

737. Quand l'un des père et mère du défunt n'a laissé ni enfants ni descendants, la totalité de la suc-

cession est dévolue à celui des deux qui a survécu. Quand l'autre parent est également décédé, la totalité de la succession est partagée entre les enfants et descendants, suivant les principes ci-dessus établis.

738. Quand les père et mère du défunt sont décédés sans postérité, la succession est dévolue aux parents de la troisième ligne, c'est-à-dire aux aïeuls du testateur et à leur descendance. La succession est alors partagée en deux portions égales. Une moitié appartient aux ascendants du père et à leurs descendants; l'autre moitié aux ascendants de la mère et à leurs descendants.

739. Chacune de ces moitiés est partagée également entre les aïeuls de l'une et l'autre branche quand ils existent encore tous. Quand l'un des ascendants ou les deux ascendants de la même branche sont décédés, la moitié dévolue à cette branche est partagée entre les enfants et descendants de ces aïeuls suivant les règles d'après lesquelles la totalité de la succession doit être partagée entre les enfants et descendants des père et mère du défunt dans la seconde ligne (art. 735 à 737).

740. Quand les deux aïeuls de la ligne paternelle ou maternelle sont décédés, et qu'il n'existe de descendants ni du grand-père ni de la grand'mère de l'une de ces deux lignes, la totalité de la succession est dé-

volue aux aïeuls survivants de l'autre ligne ou, après leur mort, aux enfants ou descendants qu'ils ont laissés.

741. En cas d'extinction totale de la troisième ligne, la succession légitime est dévolue à la quatrième. A cette ligne appartiennent les père et mère du grand-père paternel et leurs descendants, les père et mère de la grand'mère paternelle et leurs descendants, les père et mère du grand-père maternel et leurs descendants, et, enfin, les père et mère de la grand'mère maternelle avec leur descendance.

742. Quand il existe des parents de ces quatre branches, la succession se partage entre eux en quatre portions égales, et chaque portion se subdivise entre toutes les personnes qui appartiennent à la même branche, suivant les principes d'après lesquels est réglé le partage légal d'une succession entre les père et mère du défunt et leurs descendants.

743. Si l'une des quatre branches appartenant à cette ligne est déjà éteinte, sa portion n'est pas dévolue aux trois autres branches survivantes; mais si la branche éteinte appartenait au côté paternel, la moitié de la succession est dévolue à l'autre branche du côté paternel; et si la branche éteinte appartenait au côté maternel, l'autre moitié de la succession est également dévolue à l'autre branche du côté maternel. Mais si les deux branches du côté paternel ou du côté maternel sont éteintes, la totalité de la succession est dévolue

aux deux branches de l'autre côté, et si l'une de celles-ci est également éteinte, à la branche unique qui survit.

744. Quand il ne reste aucun parent de la quatrième ligne, la succession est dévolue à la cinquième, c'est-à-dire aux trisaïeuls du défunt et à leurs descendants. A cette ligne appartiennent aussi la branche des aïeuls paternels du grand-père paternel, la branche des aïeuls maternels du grand-père paternel; la branche des aïeuls paternels de la grand'mère, paternelle, la branche des aïeuls maternels de la grand'mère paternelle; la branche des aïeuls paternels du grand-père maternel, la branche des aïeuls maternels du grand-père maternel; celle des aïeuls de la grand'mère maternelle, et enfin celle des aïeuls maternels de la grand'mère maternelle.

745. Chacune de ces huit branches a un droit égal de concours à l'hérédité, et quand il existe des parents de chaque branche, la succession est partagée entre eux en huit portions égales, et chaque portion est subdivisée entre les personnes appartenant à la même branche, suivant l'ordre prescrit pour les lignes précédentes.

746. Si l'une de ces huit branches est éteinte, la portion qui aurait appartenu aux aïeuls paternels d'un grand-père ou d'une grand'mère est dévolue à la branche des aïeuls maternels de ce même grand-père

ou de cette même grand'mère ; et ce qui aurait appartenu aux aïeuls maternels d'un grand-père ou d'une
grand'mère est dévolu à la branche des aïeuls paternels de ce même grand-père ou de cette même
grand'mère.

747. Si les deux branches d'un grand-père ou
d'une grand'mère sont éteintes, les portions qui appartiennent au côté paternel du défunt reviennent
aux branches qui restent du côté paternel ; et les parts
qui appartiennent au côté maternel du défunt reviennent aux branches qui restent du côté maternel.
Mais s'il ne reste aucun parent des quatre branches du
côté paternel ou des quatre branches du côté maternel,
la totalité de la succession est dévolue aux branches
survivantes de l'autre côté.

748. Quand, enfin, la cinquième ligne est également éteinte, la succession légitime est dévolue à la
sixième, c'est-à-dire aux quatrisaïeuls du défunt et à
leurs descendants. Cette ligne comprend seize branches, savoir : les branches des père et mère d'où sont
issus les aïeuls auteurs de la cinquième ligne. Quand il
existe des parents de chacune de ces branches, la
succession est partagée en seize portions égales, et
chaque portion virile est subdivisée entre les parents
appartenant à cette branche suivant les principes ci-
dessus établis.

749. Quand il n'existe plus de parents de l'une de

ces branches, leurs portions accroissent, d'après les
principes établis dans les articles 743 et 746, aux branches qui sont dans la parenté la plus proche avec les
branches éteintes. Quand il ne survit de parents que
dans une seule branche, toute la succession leur est
dévolue.

751. Quand une personne est parente du testateur de plusieurs côtés, elle exerce son droit d'hérédité dans chaque branche tel qu'il lui appartient,
comme si elle eût été seulement parente de cette
branche (art. 736).

751. Le droit d'hérédité sur les biens auxquels on
peut librement succéder est restreint à ces six lignes
de parentés légitimes. Les parents plus éloignés du
défunt sont exclus de la succession légitime.

752. Les enfants nés hors mariage et légitimés par
le mariage subséquent de leurs père et mère, ainsi
que ceux auxquels nonobstant un empêchement existant lors de la célébration du mariage de leurs père et
mère on peut appliquer se bénéfice de l'article 160,
jouissent aussi des droits d'enfants légitimes par rapport à la succession légitime, sous les réserves contenues dans ce même article 160 et dans l'article 161.

753. Un enfant naturel légitimé par un privilége
du législateur n'acquiert sur l'hérédité paternelle un
droit de succession légitime que dans le cas où il a
été légitimé à la demande du père, afin de jouir des

mêmes droits que les enfants légitimes sur les biens auxquels on peut librement succéder.

754. Quant à la mère, les enfants naturels ont, sur les biens auxquels on peut librement succéder, les mêmes droits que les enfants légitimes. Les enfants naturels n'ont aucun droit d'hérédité légitime à exercer dans la succession de leur père et des parents paternels, ni dans celle des père et mère, aïeuls et autres parents de leur mère.

755. Les enfants adoptifs ont, sur la fortune libre de celui qui les a adoptés, le même droit que les enfants légitimes. Ils n'ont aucun droit de succession quant aux parents de celui qui les a adoptés ou de son conjoint, si l'adoption a eu lieu sans son consentement. Mais ils conservent leur droit à la succession légitime de leurs père et mère naturels, ainsi que des parents de ceux-ci (art. 183).

756. Les père et mère ont réciproquement sur la succession de leurs enfants légitimés ou de leurs enfants naturels privilégiés par le législateur, le même droit que celui qui revient aux enfants sur la succession de leurs père et mère (art. 752 à 754). La mère seule a le droit de succéder à la fortune d'un enfant naturel non légitimé ; le père, tous les ascendants et les autres parents de l'enfant en sont exclus. Les père et mère adoptifs n'ont pas non plus de droit de succession légitime sur l'hérédité de l'enfant adoptif, elle est dévo-

lue à ses parents, suivant l'ordre de succession légitime.

757. A défaut de testament, l'époux survivant a droit, qu'il possède ou non une fortune personnelle, à l'usufruit viager d'une part d'enfant, quand il y a trois enfants ou plus; et à l'usufruit du quart de la succession, quand il y a moins de trois enfants; la propriété de cette part reste à ces derniers.

758. Quand il n'existe pas d'enfant, mais seulement un autre héritier légitime, le conjoint survivant a droit à la pleine propriété du quart de la succession. Cependant, dans ce cas, aussi bien que dans celui de l'article 757, on compte dans la portion héréditaire ce qui revient au conjoint survivant sur la fortune du défunt en vertu du contrat de mariage, du pacte successoral ou d'une disposition de dernière volonté.

759. Mais quand il n'existe ni parents du défunt dans les six lignes ci-dessus mentionnées, ni héritier appelé en vertu des articles 752 à 756, toute la succession est dévolue au conjoint. Néanmoins, un conjoint séparé de corps par sa faute n'a droit ni à la succession de l'autre conjoint ni à aucune part héréditaire.

760. S'il n'y a point de conjoint survivant, la succession est recueillie comme bien en déshérence, soit par le fisc, soit par les personnes qui, en vertu des

ordonnances politiques, ont le droit de recueillir des biens en déshérence.

761. Les exceptions apportées à l'ordre de succession légitime établi dans ce chapitre, relativement aux biens de paysans et à la succession des personnes engagées dans les ordres, sont contenues dans les lois politiques.

CHAPITRE XIV.

DE LA PORTION LÉGITIME ET DU MODE DE CALCULER LA PORTION LÉGITIME OU HÉRÉDITAIRE.

762. Les personnes auxquelles le testateur est obligé de laisser une part héréditaire par ses dernières dispositions sont ses enfants et, à défaut de ceux-ci, ses père et mère.

763. On comprend aussi en règle générale (art. 42) sous le nom d'enfants les petits-fils et arrière-petits-fils, et sous le nom de père et mère tous les ascendants. Du moment où ces personnes sont en droit de succéder d'après l'ordre établi pour la succession légitime, il n'y a aucune différence à faire sous ce rapport entre les deux sexes.

764. La portion héréditaire que ces personnes ont le droit de réclamer s'appelle *portion légitime*, et ces personnes elles-mêmes *héritiers nécessaires*.

765. La loi attribue à chaque enfant, à titre de

portion légitime, la moitié de ce qui lui serait revenu d'après l'ordre de succession légitime.

766. Dans la ligne ascendante, chaque héritier nécessaire a droit, à titre de portion légitime, au tiers de ce qu'il aurait reçu *ab intestat*.

767. Celui qui a renoncé à la succession, celui qui, d'après les dispositions contenues dans le chapitre VIII, se trouve exclu de la succession, ou qui a été légalement déshérité par le testateur, n'a aucun droit à une portion légitime et doit être considéré, lors de la formation de cette portion, comme s'il n'avait jamais existé.

768. Un enfant peut être déshérité,

1° Quand il a abandonné la religion chrétienne;

2° Quand il a laissé sans secours le testateur tombé dans le besoin;

3° Quand il a été condamné pour crime à l'emprisonnement à perpétuité ou à vingt ans;

4° Quand il mène habituellement une conduite contraire aux bonnes mœurs publiques.

769. Les père et mère peuvent être privés de leur portion légitime pour les mêmes motifs, et spécialement encore dans le cas où ils ont entièrement négligé l'éducation de l'enfant.

770. En général un héritier nécessaire peut être privé de sa portion légitime par acte de dernière vo-

lanté pour les mêmes motifs que ceux qui, d'après les articles 540 à 542, rendent un héritier indigne du droit de succéder.

771. Le motif d'exhérédation, soit qu'il ait été ou non exprimé par le testateur, doit toujours être prouvé par l'héritier, et être fondé sur la lettre et sur l'esprit de la loi.

772. L'exhérédation ne peut être annulée que par une révocation déclarée d'une manière expresse et dans la forme légale.

773. Lorsqu'on peut raisonnablement craindre que les enfants d'un héritier nécessaire, très-endetté ou très-prodigue, ne se trouvent privés en tout ou partie de la portion légitime qui lui revient, cette légitime peut être retirée à l'héritier nécessaire par le testateur, mais seulement au profit de ses enfants.

774. La portion légitime peut être laissée sous forme de part héréditaire ou de legs, même sans la dénomination expresse de portion légitime. Mais elle doit être laissée entièrement libre aux héritiers nécessaires. Toute charge ou condition restrictive est nulle. S'il est laissé à l'héritier nécessaire une portion héréditaire plus considérable, la condition ou charge ne peut être appliquée qu'à la partie qui excède la légitime.

775. L'héritier nécessaire qui a été déshérité en dehors des conditions prescrites par les articles 668 à

773, peut réclamer toute la portion légitime à laquelle il a droit, ou en demander le complément, si le montant intégral de sa portion a été diminué.

776. Quand l'un des enfants dont l'existence était connue du testateur a été entièrement passé sous silence, il ne peut également réclamer que sa portion légitime.

777. Mais quand il peut être prouvé par les circonstances que la prétérition de l'un des enfants ne provient que de ce que son existence était inconnue au testateur, le *prétérité* n'est pas obligé de se contenter de sa portion légitime; mais il peut réclamer une part héréditaire égale à celle de l'héritier nécessaire le moins prenant; si toutefois l'autre héritier nécessaire survivant a été institué seul, ou, si tous les autres l'ont été par portions égales, il peut réclamer une part héréditaire égale à la leur.

778. Quand le testateur n'a qu'un seul héritier nécessaire et qu'il le passe sous silence, par suite de l'erreur indiquée ci-dessus; ou lorsqu'il survient à un testateur sans enfant, postérieurement à son acte de dernière volonté, un héritier nécessaire pour lequel il n'a fait aucune disposition, on n'acquittera que les legs destinés à des établissements publics, à la rémunération de services rendus ou à des vues pieuses, dans une proportion telle que leur total ne dépasse pas le quart de la succession nette; toutes les autres dis-

positions de dernière volonté seront entièrement an-
nulées. Néanmoins elles reprendront leur force si l'héritier nécessaire est décédé avant le testateur.

779. Si un enfant est mort avant le testateur en
laissant des descendants, ceux-ci, lorsqu'ils ont été
passés sous silence, ont sur la succession les mêmes
droits que leur auteur.

780. Les descendants d'un enfant exhérédé
déshérédé dans l'acte de dernière volonté, et décédé
avant le testateur, ne peuvent demander que leur
portion légitime.

781. Quand un héritier nécessaire de la ligne
ascendante a été passé sous silence, il ne peut demander sur la masse que sa portion légitime.

782. Quant l'héritier peut prouver qu'un héritier
nécessaire, passé sous silence, s'est rendu coupable
de l'une des causes d'exhérédation indiquées dans les
articles 766 à 770, la prétérition est considérée
comme une exhérédation légitime tacite.

783. Dans tous les cas où l'héritier nécessaire n'a
pas reçu la portion héréditaire ou légitime qui lui
revient ou ne l'a pas reçue intégralement, les héritiers
institués, aussi bien que les légataires, doivent contribuer proportionnellement à la lui payer en entier.

784. Pour déterminer exactement la portion légitime, on décrit avec soin et on estime régulièrement

toutes les choses mobilières et immobilières appartenant à la succession, tous les droits et toutes les
créances que le défunt pouvait librement laisser à
ses successeurs, même tout ce qu'un héritier ou légataire doit à la masse. Les héritiers nécessaires ont la
faculté d'assister à l'estimation et d'y présenter leurs
observations; mais ils ne peuvent pas réclamer la
mise aux enchères des objets de la succession dans le
but de percevoir la valeur réelle.

785. Les dettes et autres charges qui pesaient sur
la succession du vivant du défunt doivent être déduites de la masse.

786. La portion légitime est calculée, sans égard
aux legs et autres charges résultant de l'acte de dernière volonté. Jusqu'au partage effectif, la succession
est considérée sous le rapport des gains et des pertes,
comme un bien proportionnellement commun entre
les héritiers principaux et les héritiers nécessaires.

787. Tout ce que les héritiers nécessaires reçoivent effectivement de la succession, par legs ou autres
dispositions du testateur, est imputé sur leur portion
légitime.

788. Ce que le testateur a donné de son vivant à
sa fille ou à sa petite-fille à titre de dot, à son fils ou
petit-fils pour son établissement, ou indirectement
pour être admis à une charge ou pour entreprendre un
métier quelconque; tout ce qu'il a dépensé pour payer

les dettes d'un enfant majeur, est compris dans la portion légitime.

789. Dans le calcul de la portion légitime des père et mère, on ne fait entrer les choses données par avance qu'autant que les avances n'ont été faites ni à titre de secours légitimement dû, ni à titre de simple libéralité.

790. Lorsque les enfants succèdent en vertu d'un acte de dernière volonté, le rapport n'a lieu que dans le cas où il a été expressément ordonné par le testateur. Mais, par contre, l'enfant est obligé, même dans le cas de la succession légitime, de se laisser imputer ce qu'il a reçu du défunt, de son vivant, pour les causes énumérées ci-dessus (art. 789). On suppute, dans la portion héréditaire d'un petit-fils, non-seulement ce qu'il a reçu directement lui-même, mais ce qu'ont reçu de cette manière ses père et mère qu'il représente.

791. Ce que les père et mère ont donné à un enfant, hors les cas ci-dessus mentionnés, est considéré comme un cadeau, et n'est point porté en compte, à moins qu'ils n'aient expressément stipulé le rapport.

792. Les père et mère peuvent aussi dispenser un enfant du rapport, d'une manière expresse, dans le cas de succession légitime. Mais lorsque les frais d'éducation et d'entretien des autres enfants ne pourraient être acquittés ni sur leurs propres biens ni sur ceux de leurs

parents, l'enfant est obligé de rapporter à la masse ce qu'il a reçu d'avance, dans le but énoncé à l'article 788, jusqu'à concurrence de ce qui est nécessaire pour l'éducation et l'entretien de ses frères et sœurs.

793. Le rapport à la masse se fait en donnant à chaque enfant, avant le partage, une somme égale à celle qui a été reçue d'avance. Si la succession est insuffisante à cet effet, l'enfant favorisé par anticipation ne peut prétendre à aucune part héréditaire, mais ne peut non plus être contraint au rapport.

794. Dans tout rapport, lorsque la chose reçue n'a pas consisté en deniers comptants, mais en d'autres choses mobilières ou immobilières, le prix des premières est déterminé d'après la valeur qu'elles avaient au moment où elles ont été données, et celui des dernières d'après leur valeur au moment de l'ouverture de la succession.

795. Un héritier nécessaire, lors même qu'il a été exclu à juste titre de sa portion légitime, a toujours droit à l'entretien indispensable.

796. Un conjoint n'a aucun droit à une portion légitime; mais lorsqu'il n'a rien été stipulé relativement à son entretien, en cas de survie et tant qu'il ne convole pas à de secondes noces, il peut prétendre à un entretien convenable, s'il en manque. Un conjoint séparé de corps, par sa faute, n'y a aucun droit.

CHAPITRE XV.

DE LA PRISE DE POSSESSION DE LA SUCCESSION.

797. Nul ne peut, de son autorité privée, prendre possession d'une succession. Le droit d'hérédité doit être justifié devant le tribunal, et la délivrance de la succession, c'est-à-dire la remise de la possession légitime, doit en être réclamée.

798. Les dispositions spéciales relatives à la procédure judiciaire déterminent les cas dans lesquels le tribunal doit procéder d'office, en cas de décès, ainsi que les délais et les mesures de précaution qui doivent être observés à l'occasion de cette procédure. Ce chapitre fixe les devoirs imposés à l'héritier ou à celui qui a un droit quelconque à la succession pour parvenir à la possession de ce qui lui revient.

799. Celui qui veut prendre possession d'un héritage doit justifier au tribunal de son titre légal, prouver s'il dérive d'un acte de dernière volonté, d'un pacte successoral valide ou de la loi, et en outre déclarer expressément qu'il accepte la succession.

800. L'addition d'hérédité ou la déclaration par laquelle l'on se porte héritier doit énoncer en même temps si elle a lieu sans condition ou sous la réserve du bénéfice légal d'inventaire.

801. La déclaration par laquelle on se porte héri-

tier sans condition a pour effet, lors même que la succession serait insuffisante, de rendre l'héritier responsable envers tous les créanciers du testateur de leurs créances, et envers tous les légataires de leurs legs.

802. Quand la succession est recueillie sous la réserve du bénéfice légal d'inventaire, le tribunal doit immédiatement procéder à l'inventaire, aux frais de la masse. L'héritier bénéficiaire n'est tenu envers les créanciers et les légataires qu'autant que la succession suffit pour acquitter leurs créances, ainsi que celles qui peuvent lui être dues personnellement, indépendamment de son droit d'héritier.

803. Le défunt ne peut priver l'héritier de la réserve de ce bénéfice légal ni interdire la confection d'un inventaire. La renonciation faite à cet égard entre époux, par contrat successoral, demeure sans effet.

804. La confection d'un inventaire peut aussi être requise par celui à qui revient une portion légitime.

805. Celui qui peut lui-même administrer ses droits est libre d'accepter la succession sans condition ou sous la réserve du bénéfice légal ci-dessus indiqué, ou bien de la répudier. Les tuteurs et curateurs doivent observer les dispositions prescrites au titre relatif à leurs fonctions (523).

806. L'héritier ne peut révoquer la déclaration ju-

diciaire par laquelle il s'est porté ou a refusé de se
porter héritier, ni changer celle qu'il a faite sans condition pour se réserver le bénéfice légal d'inventaire.

807. Lorsque parmi plusieurs cohéritiers les uns
se sont portés héritiers sans condition, les autres, ou
même un seul, sous la réserve du susdit bénéfice légal, il doit être dressé un inventaire, et la déclaration
d'héritier, faite sous cette réserve, servira de base à la
procédure relative à la succession. Dans ce cas comme
dans tous les autres où il doit être dressé un inventaire, celui qui s'est porté héritier sans condition jouit
du bénéfice légal d'inventaire, tant que la succession
ne lui a pas encore été remise.

808. Quand la personne instituée héritière eût pu,
même sans la déclaration de dernière volonté, exercer le droit d'héritier en tout ou en partie, elle n'a
pas le droit de s'en tenir à l'ordre de succession légitime et de rendre ainsi vaine la déclaration de dernière volonté. Elle doit accepter l'hérédité conformément à l'acte de dernière volonté, ou y renoncer
tout à fait. Mais les personnes qui ont droit à une
portion légitime peuvent renoncer à la succession,
sous la réserve de cette portion.

809. Si l'héritier est mort avant d'avoir accepté ou
répudié la succession qui lui est dévolue, ses héritiers,
quand le testateur ne les a pas exclus ou n'a pas appelé
d'autres héritiers par substitution, lui succèdent dans

le droit d'accepter ou de répudier la succession
(art. 537).

810. Si l'héritier, lors de l'addition d'hérédité, a
suffisamment justifié de son titre, on lui abandonnera
l'administration et la jouissance de la succession.

811. Le tribunal ne doit prendre, pour la garantie ou le payement des créanciers du testateur, d'autres
mesures que celles qu'ils provoqueraient eux-mêmes.
Mais les créanciers ne sont pas tenus d'attendre la déclaration de l'héritier : ils peuvent introduire leurs
demandes contre la masse et requérir pour sa défense
la nomination d'un curateur contre lequel ils puissent
poursuivre leurs droits.

812. Quand un créancier de la succession, un
légataire ou un héritier nécessaire a lieu de craindre
que la confusion de la succession avec la fortune de
l'héritier ne préjudicie à ses droits, il peut demander
avant l'envoi en possession que la succession demeure
séparée du patrimoine de l'héritier, qu'elle soit mise
en dépôt judiciaire ou administrée par un curateur, et
que sa créance sur cette succession soit prénotée et
acquittée. Mais dans ce cas l'héritier, bien qu'il se
soit porté héritier sans condition, n'est plus responsable envers lui sur sa propre fortune.

813. L'héritier ou le curateur nommé à la succession peut, pour connaître l'état des dettes, requérir la
publication d'un édit qui invite tous les créanciers à

produire et à justifier leurs créances dans un délai fixé suivant les circonstances; et il peut, jusqu'à l'expiration de ce terme, suspendre le payement des créances.

814. L'effet de cette citation judiciaire est d'ôter aux créanciers qui ne se sont pas fait connaître dans le délai fixé tout droit sur la succession, si elle a été épuisée par le payement des créances produites, à moins qu'ils n'aient un droit de gage.

815. Lorsque l'héritier a négligé d'user de la faculté de citation judiciaire, ou lorsqu'il a payé immédiatement quelques-uns des créanciers, qui se sont présentés sans avoir égard aux droits des autres, et qu'il ne peut payer ces derniers, par suite de l'insuffisance de la succession, il est responsable envers eux, nonobstant l'addition conditionnelle d'hérédité, sur toute sa fortune jusqu'à concurrence de la proportion dans laquelle ils auraient été payés si toute la succession avait été appliquée, suivant le vœu de la loi, au payement des créanciers.

816. Lorsque le testateur a nommé un exécuteur de ses dernières dispositions, celui-ci est entièrement libre d'accepter ce mandat. S'il l'a accepté, il est tenu, ou d'exécuter lui-même les dispositions du testateur, comme le ferait un mandataire, ou d'obliger l'héritier négligent à les exécuter.

817. Quand il n'a pas été nommé d'exécuteur tes-

tamentaire ou quand celui qui a été nommé n'a pas
accepté, l'héritier est directement tenu d'accomplir,
autant que possible, la volonté du testateur, ou de
fournir caution pour son exécution et de justifier de
ses diligences à cet égard au tribunal. Quant aux légataires déterminés, l'héritier n'a besoin que de justifier
de leur avoir donné avis du legs qui leur est échu
(art. 688).

818. Les ordonnances politiques contiennent les
dispositions particulières relatives aux impôts que
l'héritier doit acquitter avant d'entrer en possession
de la succession, et aux justifications qu'il doit faire
dans le cas où le défunt se serait trouvé comptable
envers le trésor public.

819. Dès que, sur la déclaration de son acceptation
de l'hérédité, l'héritier légitime a été reconnu par le tribunal, et qu'il a accompli les obligations qui lui étaient
imposées, la succession lui est délivrée et la procédure y relative est close. Du reste l'héritier doit, pour
opérer le transfert de la propriété des choses immobilières, se conformer aux dispositions de l'article 436.

820. Lorsque plusieurs héritiers ont accepté une
succession commune sans profiter du bénéfice légal
d'inventaire, il sont tous solidairement responsables
envers les créanciers et légataires de la succession.
Mais entre eux ils ne contribuent que dans la proportion de leur part héréditaire.

821.　Quand les héritiers communs ont fait usage du bénéfice légal d'inventaire, ils sont responsables envers les créanciers et légataires de la succession, conformément à l'article 550, jusqu'au moment de la délivrance. Après la délivrance, chaque héritier n'est responsable, même des charges qui ne dépassent pas la masse de la succession, que jusqu'à concurrence de sa portion héréditaire.

822.　Les créanciers de l'héritier peuvent frapper l'héritage qui lui est échu, même avant qu'il ne lui ait été délivré, par le séquestre, la mise-gagerie ou la prénotation. Mais ces mesures de conservation ne peuvent être autorisées que sous la garantie expresse qu'elles ne préjudicieront pas aux droits qui viendraient à surgir dans la procédure relative à la succession, et qu'elles n'auront d'effet qu'à partir du moment de la délivrance.

823.　Celui qui prétend avoir un droit d'hérédité meilleur ou égal peut demander au possesseur la cession ou le partage de la succession, même après la délivrance.

La propriété d'objets particuliers de la succession n'est point poursuivie par l'action ou pétition d'hérédité, mais par l'action revendicatoire de propriété.

824.　Si le défendeur est condamné à la cession de la totalité ou d'une portion de la succession, les réclamations relatives à la restitution des fruits perçus par le possesseur ou à la compensation des frais faits par lui pour la succession, doivent être jugées d'après les dispositions contenues dans le chapitre de la possession en général, relativement au possesseur de bonne ou de mauvaise foi.

Un tiers possesseur de bonne foi n'est responsable envers qui que ce soit des objets d'une succession qu'il a acquis dans l'intervalle.

CHAPITRE XVI.

DE LA COMMUNAUTÉ DE LA PROPRIÉTÉ ET AUTRES DROITS RÉELS.

825. Toutes les fois que la propriété de la même chose ou qu'un seul et même droit appartient par indivis à plusieurs personnes, il s'établit une communauté; elle se fonde sur un cas fortuit, sur les dispositions de la loi, sur un acte de dernière volonté, ou sur un contrat.

826. Les droits et les devoirs de copropriétaires dépendent de la diversité des sources d'où la communauté provient. Les dispositions particulières relatives aux communautés de biens résultant de contrats sont contenues dans le chapitre XXVII.

827. Celui qui prétend à une part dans une chose commune doit prouver son droit s'il est contesté par les autres copropriétaires.

828. Aussi longtemps que tous les copropriétaires

14

sont d'accord, ils ne représentent qu'une seule et même personne et ont le droit de disposer à volonté de la chose commune. Dès qu'ils ne sont plus d'accord, aucun des copropriétaires ne peut faire à la chose commune de changement qui tendrait à disposer de la part des autres.

829. Chaque copropriétaire a la pleine propriété de sa part. Tant qu'il ne lèse pas les droits de ses copropriétaires, il peut librement et arbitrairement engager, léguer ou autrement aliéner cette part ou les fruits qui en proviennent (art. 361).

830. Tout copropriétaire a le droit de requérir une reddition de compte et le partage des produits ; il peut aussi, en règle générale, demander la dissolution de la communauté, mais il ne peut la requérir intempestivement ni au préjudice des autres. Il est donc tenu de subir un sursis proportionné aux circonstances lorsqu'il paraît ne pouvoir être évité.

831. Quand un copropriétaire s'est obligé à la continuation de la communauté, il ne peut s'en retirer avant l'échéance du terme fixé ; mais cette obligation cesse comme toutes les autres obligations et ne passe point aux héritiers quand ceux-ci n'y ont pas eux-mêmes consenti.

832. La disposition d'un tiers par laquelle une chose est destinée à former une communauté doit être suivie par les copropriétaires, mais n'est pas non plus

obligatoire pour leurs héritiers ; il ne peut exister d'obligation pour une communauté perpétuelle.

833. La possession et l'administration de la chose commune appartiennent à tous les copropriétaires en commun. Pour les affaires qui ne regardent que l'administration ordinaire ainsi que la jouissance d'un capital, la majorité des voix décide, et celles-ci ne se comptent point d'après le nombre des personnes, mais d'après la proportion des parts des copropriétaires.

834. Mais lorsqu'il s'agit de changements importants proposés dans l'intérêt de la conservation ou pour le meilleur emploi du capital, ceux qui se sont trouvés en minorité peuvent demander caution à raison du dommage éventuel, ou, si celle-ci est refusée, demander à se retirer de la communauté.

835. S'ils ne veulent pas se retirer ou si le retrait avait lieu intempestivement, ce sera au sort, à des arbitres ou, s'ils ne tombent pas tous d'accord à cet égard, au tribunal à décider si le changement doit avoir lieu sans condition ou sous caution. Ces divers modes de décision s'appliqueront aussi au cas d'un égal partage de voix entre les copropriétaires.

836. Lorsqu'il s'agira de nommer un administrateur de la chose commune, ce sera la majorité des voix, et à son défaut le juge, qui décidera de son choix.

837. L'administrateur d'une chose commune est considéré comme un mandataire; il est tenu d'une part, de rendre des comptes réguliers, d'autre part, il est en droit de se faire rembourser toutes les dépenses utiles qu'il a faites. Il en sera de même lorsqu'un copropriétaire administrera le bien commun sans mandat des autres copropriétaires.

838. Lorsque l'administration est laissée à plusieurs personnes c'est aussi la majorité des voix qui décide entre elles.

839. Les fruits et les charges communes sont réparties proportionnellement suivant les parts. En cas de doute on considère toutes les parts comme devant être égales; celui qui prétend le contraire est tenu de le prouver.

840. D'ordinaire les produits doivent se partager en nature; mais si ce mode de partage est impraticable, chacun est en droit de provoquer la vente aux enchères publiques. Le prix réalisé est partagé proportionnellement entre les copropriétaires.

841. En cas de dissolution de la communauté le partage de la chose commune ne peut pas se faire à la pluralité des voix. Ce partage doit être fait à la satisfaction de chaque copropriétaire. S'ils ne peuvent tomber d'accord c'est au sort ou à des arbitres, et lorsqu'ils ne peuvent pas s'entendre sur l'adoption de l'un

de ces deux modes, c'est au tribunal à décider la
question.

842. C'est également à un arbitre ou au tribunal
à décider, à l'occasion d'un partage de biens-fonds ou
de maisons, si l'un des copropriétaires a besoin d'une
servitude pour utiliser sa part et sous quelle condition
elle doit lui être accordée.

843. Quand une chose commune ne comporte
aucun partage ou ne peut être divisée sans une diminution notable de sa valeur, elle doit être vendue aux
enchères judiciaires alors même qu'un seul copropriétaire en aurait fait la demande, et l'argent provenant
de la vente doit être partagé entre les copropriétaires.

844. Les servitudes, les marques indiquant des
limites, et les titres nécessaires à l'usage commun ne
sont pas susceptibles de partage. Les servitudes foncières profitent à tous les copropriétaires. Les titres,
quand du reste rien ne s'y oppose, sont déposés chez
le copartageant le plus âgé, et les autres peuvent en
faire faire à leur frais des copies certifiées.

845. Lors du partage des biens-fonds, les limites
respectives doivent être indiquées suivant la diversité
des positions, d'une manière claire et immuable, par des
colonnes, des bornes ou des poteaux. Les fleuves, les
montagnes et les voies publiques sont des limites na-
turelles. Afin d'éviter les fraudes et les erreurs, on doit
incruster sur les pierres, sur les colonnes ou sur les

poteaux qui servent effectivement à la délimitation, ou l'on placera au-dessous, en terre, des croix, des armes, des chiffres ou tous autres signes.

846. On dressera acte de tout partage qui sera effectué. Chaque copartageant n'acquiert d'ailleurs un droit réel sur sa part que par l'inscription sur les registres publics de l'acte qui a été dressé en conséquence (art. 436).

847. Le simple partage d'un bien commun, quel qu'il soit, ne peut préjudicier à un tiers; il conserve tous les droits de gage, de servitude et autres droits réels qui lui appartiennent après comme avant le partage. Les droits personnels qui appartiennent à un tiers contre une communauté, conservent également leur force, nonobstant le partage.

848. De même, celui qui doit à une communauté ne peut pas effectuer de payement à quelques-unes des copartageants en particulier; ces sortes de dettes doivent être payées à la communauté entière ou à celui qui la représente régulièrement.

849. Les dispositions ci-dessus, relatives aux communautés en général, peuvent aussi être appliquées aux droits ou aux choses qui appartiennent à une famille à titre de communauté, tels que les fondations, les fidéicommis et autres.

850. Quand des indications de limites ont été tellement endommagées par quelque cause que ce soit,

qu'elles pourraient devenir tout à fait méconnaissables, chaque copartageant a le droit de demander une nouvelle délimitation commune. Les riverains de la limite devront être appelés à cette opération ; les limites devront êtres décrites exactement et les frais supportés par tous dans la proportion de l'étendue de leurs limites.

851. Si les limites sont réellement devenues méconnaissables ou s'il s'élève des contestations à l'occasion de leur rectification, le tribunal maintiendra avant tout le dernier état de choses. Celui qui se croit lésé peut se pourvoir par les moyens de droit que lui fournit le règlement sur la procédure relativement à la justification du droit de possession, du droit de propriété ou de tout autre droit réel (art. 347).

852. Les moyens de droit les plus importants à l'occasion d'une rectification de limites, sont : l'arpentage et la description ou le levé du fonds litigieux, ensuite les registres publics ou autres documents qui s'y rapportent, enfin les déclarations de témoins experts et l'avis donné par des gens de l'art après l'inspection des lieux.

853. Si aucune des parties ne justifie d'un droit exclusif de possession ou de propriété, le tribunal partagera l'espace litigieux proportionnellement au dernier état de possession paisible ; mais si l'état de possession est également douteux, l'espace litigieux

est partagé entre les parties avec l'assistance de gens de l'art, en proportion de la possession sur laquelle se fonde la demande, et l'abornement se fait en conséquence.

854. Les fossés, les barrières, les haies, les cloisons en planches, les murs, les étangs particuliers, les canaux, les tranchées et autres modes de séparation qui se trouvent entre des fonds voisins, sont considérés comme propriété commune à moins que des armes, des suscriptions, des inscriptions ou autres signes et preuves ne démontrent le contraire.

855. Tout voisin peut utiliser un mur mitoyen de son côté jusqu'à la moitié de l'épaisseur et pratiquer des fausses portes et des armoires dans les parties où il n'en existe pas du côté opposé; mais il est défendu de mettre le bâtiment en péril en y adossant des cheminées, des foyers ou d'autres constructions et de gêner en aucune manière le voisin dans l'usage de sa portion.

856. Tous les copropriétaires contribuent proportionnellement à l'entretien de la séparation mitoyenne. Lorsqu'elle est double ou que la propriété en est divisée, chacun supporte les frais d'entretien de la partie qui lui appartient exclusivement.

857. Quand la position du mur de séparation est telle que les tuiles, les lattes ou les pierres ne dépassent ou n'avancent que d'un côté, ou quand les

pilastres, les colonnes ou les piliers ne sont plantés que d'un côté, la propriété indivise du mur de séparation doit, en cas de doute, être attribuée à ce côté, à moins que le contraire ne résulte soit d'une charge ou d'une introduction de poutres des deux côtés, soit d'autres marques distinctives ou preuves quelconques. On considère aussi comme possesseur exclusif d'un mur, celui qui possède sans contestation dans la prolongation de sa direction un mur de même épaisseur et de même hauteur.

858. En général, le possesseur exclusif d'un mur ou d'une cloison en planches n'est pas tenu de les reconstruire à neuf quand ils sont tombés en ruines ; il n'est obligé de les entretenir en bon état que lorsque le voisin pourrait craindre un dommage par l'état de dégradation dans lequel ils se trouveraient ; mais tout propriétaire est tenu de veiller à la droite de son entrée, à la clôture convenable de sa propriété ainsi qu'à sa séparation d'avec celle du voisin.

LIVRE DEUXIÈME.

DES DROITS PERSONNELS SUR LES CHOSES.

CHAPITRE XVII.

DES CONTRATS EN GÉNÉRAL.

859. Les droits personnels sur les choses en vertu desquels une personne est obligée envers une autre à une prestation se fondent ou directement sur la loi, ou sur un contrat, ou sur un dommage souffert.

860. Les cas dans lesquels une personne acquiert directement, en vertu de la loi, un droit personnel sur une chose, sont spécifiés dans les parties de ce Code auxquelles ils se rapportent. Les dispositions relatives à la réparation des dommages sont contenues dans le chapitre XXX.

861. Celui qui déclare vouloir transférer son droit à quelqu'un, c'est-à-dire vouloir lui permettre ou lui donner quelque chose, ou faire ou omettre de faire quelque chose en sa faveur, celui-là fait une promesse; mais si l'autre accepte valablement la promesse, il se forme, par l'accord des volontés des deux parties, un contrat. Tant que durent les pourparlers, et que la

promesse n'a pas encore été faite, ou que la promesse n'a pas été acceptée, soit par anticipation, soit après, il n'y a point de contrat.

862. Quand il n'a pas été fixé de terme pour l'acceptation de la promesse, cette promesse, si elle est verbale, doit être acceptée immédiatement. Quant à la promesse écrite, il faut considérer si les deux parties se trouvent ou ne se trouvent pas dans le même lieu. Dans le premier cas, l'acceptation doit suivre et être notifiée à la partie qui a fait la promesse dans les vingt-quatre heures, et dans le second cas, dans le délai nécessaire pour recevoir leurs réponses; autrement la promesse est considérée comme non avenue. La promesse ne peut pas être rétractée avant l'expiration du délai fixé.

863. On peut déclarer sa volonté non-seulement expressément par paroles et signes généralement admis, mais encore tacitement par des actes qui, eu égard à toutes les circonstances, ne laissent aucun motif raisonnable d'en douter.

864. Les contrats sont obligatoires unilatéralement ou synallagmatiquement, suivant qu'une seule des parties promet et que l'autre accepte, ou que les deux parties se transmettent l'une à l'autre des droits et les acceptent réciproquement. Les premiers sont donc conclus à titre gratuit, et les seconds à titre onéreux,

865. Quiconque n'a pas l'usage de sa raison, de

même que les enfants au-dessous de sept ans, sont incapables de faire ou d'accepter une promesse. Les personnes qui dépendent d'un père, d'un tuteur ou d'un curateur, peuvent à la vérité accepter une promesse faite uniquement à leur avantage; mais s'ils acceptent en même temps une charge qui s'y trouve attachée, ou si eux-mêmes promettent quelque chose, la validité du contrat dépend en général, conformément aux dispositions contenues dans les chapitres III et IV de la première partie de ce Code, du consentement de leur protecteur seul ou réuni à celui du tribunal. Jusqu'à ce que ce consentement ait été donné, l'autre partie ne peut pas rétracter sa promesse, mais elle peut exiger qu'il soit fixé un délai convenable pour faire cette déclaration.

866. Celui qui annonce frauduleusement qu'il est capable de conclure des contrats, et qui trompe ainsi une personne qui ne pouvait pas facilement en faire la vérification, est tenu à des dommages-intérêts.

867. Les conditions requises pour contracter valablement avec une communauté placée sous la surveillance spéciale de l'administration publique (art. 27), ou avec ses membres ou représentants, sont déterminées d'après l'acte constitutif de la communauté et d'après les lois politiques (art. 290).

868. Le code pénal détermine les cas dans lesquels un criminel peut valablement contracter.

869. Le consentement à un contrat doit être déclaré librement, sérieusement, d'une manière précise et intelligible. Lorsque la déclaration est inintelligible, tout à fait indéterminée, ou que l'acceptation se fait sous d'autres conditions que celles sous lesquelles la promesse a eu lieu, il ne se forme pas de contrat. Celui qui pour préjudicier à un autre se sert d'expressions ambiguës, ou qui fait un acte simulé, est tenu à des dommages-intérêts.

870. Celui qui a été contraint à contracter par la partie acceptante, à l'aide d'une crainte injuste et réelle, n'est pas obligé de tenir le contrat. C'est au juge à déterminer par l'appréciation des circonstances si la crainte était réelle (art. 55).

871. Quand une partie a été induite en erreur par les fausses allégations de l'autre, et que l'erreur concerne la chose principale ou une qualité essentielle sur laquelle l'intention a été principalement dirigée et déclarée, la partie induite en erreur n'est point obligée.

872. Mais si l'erreur ne concerne ni la chose principale ni une qualité essentielle, mais une circonstance accessoire, le contrat demeure valable alors que les deux parties sont d'accord sur l'objet principal et qu'elles n'ont pas déclaré la circonstance accessoire comme en étant le but principal; mais celui qui a

causé l'erreur doit une indemnité convenable à celui qui a été trompé.

873. Les mêmes principes doivent s'appliquer à l'erreur dans la personne à laquelle la promesse a été faite si, sans cette erreur, le contrat n'eût pas été formé ou ne l'eût pas été de la même manière.

874. Dans tous les cas, celui qui a obtenu un contrat par dol ou par une crainte injuste répond des conséquences préjudiciables qui ont pu en résulter.

875. Si la partie qui promet a été contrainte à contracter par un tiers à l'aide d'une crainte injuste et réelle, ou induite en erreur par un tiers, à l'aide de fausses allégations, le contrat est valable. Ce n'est que dans le cas où la partie qui accepte aurait pris part à l'acte illicite du tiers, ou devait évidemment en avoir connaissance, qu'elle devra être traitée conformément aux articles 870 à 874, comme si elle avait elle-même causé la crainte ou l'erreur de l'autre partie.

876. Quand la partie qui promet est seule et unique cause de son erreur, de quelque espèce qu'elle soit, le contrat subsiste, à moins toutefois que d'après les circonstances l'erreur existante ne dût évidemment frapper la partie acceptante.

877. Celui qui demande l'annulation d'un contrat pour défaut de consentement doit aussi restituer tous les profits qu'il a pu retirer du contrat.

878. Tout ce qui est dans le commerce peut être l'objet d'un contrat. Ce qui ne peut être exécuté, ce qui est absolument impossible ou illicite, ne peut être l'objet d'un contrat valable. Celui qui trompe une autre personne, en lui promettant des choses impossibles ou illicites, qui lui porte préjudice par une ignorance que l'on peut imputer à tort, ou qui retire un avantage du dommage d'autrui, en demeure responsable.

879. Sont particulièrement nulles, outre celles indiquées en leur lieu, les stipulations suivantes :

1° Quand on a stipulé un prix pour la négociation d'un mariage ;

2° Quand un chirurgien, ou tout autre homme de l'art, se fait promettre par le malade une certaine récompense pour se charger de sa guérison ;

3° Quand un avocat stipule une récompense fixe pour entreprendre un procès, ou qu'il achète un procès qui lui a été confié ;

4° Quand on aliène une succession ou un legs du vivant de la personne dont on l'attend.

880. Lorsque l'objet pour lequel il a été contracté est retiré du commerce avant que la remise en ait été faite, le contrat sera comme non avenu.

881. Hors les cas déterminés par la loi, nul ne peut donner ou accepter une promesse pour autrui. Mais si quelqu'un a promis ses bons offices près d'un

tiers, ou s'il a même garanti le succès de son entremise, il doit accomplir l'obligation qu'il a contractée suivant l'étendue de sa promesse.

882. Quand on a promis à la fois des choses impossibles et des choses possibles, ces dernières doivent être exécutées, à moins toutefois que les parties contractantes n'aient expressément stipulé qu'aucun point du contrat ne pourrait être séparé de l'autre.

883. Un contrat peut être formé verbalement ou par écrit devant un tribunal, ou extrajudiciairement avec ou sans témoins. Cette diversité des formes ne produit, hors les cas déterminés par la loi, aucune différence relativement à la force obligatoire.

884. Quand les parties sont expressément convenues d'un contrat par écrit, le contrat n'est pas considéré comme conclu avant d'avoir été signé par les parties. Mais l'apposition de sceaux n'est pas exigée comme une condition essentielle.

885 S'il n'a pas encore été dressé d'acte formel, mais s'il a été rédigé et signé par les parties une minute des principaux points, cette minute établit immédiatement les droits et les obligations qui y sont exprimés.

886. Celui qui ne sait pas écrire ou qui en est empêché par des infirmités corporelles doit appeler deux témoins, dont l'un appose au bas de l'acte son

nom en regard duquel il place son signe manuel d'habitude.

887. Quand il a été dressé acte d'un contrat, on n'aura égard à aucune obligation relative à des conventions verbales qui auraient été faites simultanément et qui ne s'accorderaient pas avec cet acte ou qui contiendraient des additions.

888. Quand deux ou plusieurs personnes promettent à un tiers le même droit sur une chose, ou en acceptent la promesse d'un tiers, l'obligation aussi bien que le droit sont partagés d'après les principes relatifs à la communauté de la propriété.

889. Ainsi, hors les cas déterminés par la loi, chacun des codébiteurs d'une chose divisible n'est responsable que pour sa part, et de même aussi chaque copropriétaire d'une chose divisible doit se contenter de la part qui lui revient.

890. Dans le cas au contraire où il s'agit de choses indivisibles, le créancier, s'il est seul, peut demander à chaque codébiteur la totalité de la chose. Mais quand il y a plusieurs cocréanciers et un seul débiteur, celui-ci n'est point tenu de livrer la chose à un seul cocréancier sans caution; il peut exiger le consentement unanime de tous les créanciers ou réclamer le dépôt de la chose en justice.

891. Quand plusieurs personnes promettent une seule et même chose solidairement, en telle sorte

qu'elles s'obligent expressément chacune pour tous et toutes pour chacune, alors chacune est responsable pour le tout. Il dépend alors du créancier de réclamer la chose de tous les codébiteurs ou de quelques-uns d'entre eux, en totalité ou dans des proportions fixées par lui, ou bien de la réclamer d'un seul; cette faculté lui demeure réservée même après sa demande formée, pourvu qu'il s'en désiste; et s'il n'est payé qu'en partie par l'un ou par l'autre des codébiteurs, il peut réclamer le restant des autres.

892. Quand au contraire une personne a promis un même tout à plusieurs, et que celles-ci ont été expressément autorisées à le réclamer solidairement, le débiteur est tenu de livrer le tout à celui de ses créanciers qui lui en fait le premier la demande.

893. Dès qu'un codébiteur a payé la totalité au créancier, celui-ci ne peut plus rien réclamer des autres codébiteurs, et dès qu'un cocréancier a été payé en totalité par le débiteur, les autres cocréanciers n'ont plus aucun droit contre lui.

894. Un débiteur ne peut pas, en souscrivant des conditions plus onéreuses avec le créancier, porter préjudice à ses codébiteurs, et la remise ou la libération qu'un codébiteur obtient pour lui personnellement ne profite pas aux autres.

895. Lorsqu'une chose est due solidairement à plusieurs cocréanciers, si elle a été reçue en totalité par

l'un d'eux, l'obligation de celui-ci envers les autres créanciers doit être déterminée d'après les obligations légales particulières qui les lient entre eux. S'il n'existe entre eux aucune obligation particulière de ce genre, ils ne sont tenus l'un envers l'autre à aucune reddition de compte.

896. Le codébiteur solidaire qui a payé la totalité de la dette de ses propres deniers, est en droit, même quand il n'y a pas eu de cession légale, d'en réclamer le remboursement de ses codébiteurs, et par portions égales quand il n'existe pas d'autre obligation particulière entre eux. Si l'un des codébiteurs était incapable de s'obliger ou s'il est dans l'impossibilité de satisfaire à son obligation, la part qui demeurerait ainsi sans acquit devra être supportée par tous les coobligés par portions égales. La libération obtenue par l'un des coobligés ne peut préjudicier aux autres lors de la demande en remboursement (art. 394).

897. Les dispositions relatives aux conditions annexées aux actes de dernière volonté s'appliquent en général aux conditions insérées dans les contrats.

898. Les conventions faites sous des conditions qui dans les actes de dernière volonté sont considérées comme non avenues, sont nulles.

899. Quand la condition insérée dans un contrat se trouve déjà accomplie avant le contrat, elle ne doit être répétée après le contrat que lorsqu'elle consiste

dans un acte de celui qui doit acquérir le droit et qu'elle peut être répétée par lui.

900. Un droit accordé sous une condition suspensive passe aussi aux héritiers.

901. Quand les parties ont fait une condition expresse des motifs ou du but de leur consentement, ce motif ou ce but sont assimilés à toute autre condition. Ces stipulations n'ont du reste aucune influence sur la validité de contrats conclus à titre onéreux; mais, quant aux contrats à titre gratuit, on appliquera les dispositions prescrites à l'occasion des actes de dernière volonté.

902. Les contrats doivent être exécutés au temps, dans le lieu et de la manière convenus entre les parties. D'après la loi, vingt-quatre heures forment un jour, trente jours un mois, et trois cent soixante-cinq jours une année.

903. Un droit dont l'acquisition est fixée à un certain jour est acquis au commencement du jour. Mais, pour l'exécution d'une obligation, l'obligé jouit du jour tout entier.

904. Quand il n'a pas été fixé d'époque précise pour l'exécution du contrat, elle peut être exigée immédiatement, c'est-à-dire sans aucun retard inutile. Quand l'obligé s'est réservé le choix arbitraire de l'époque de l'exécution, on doit ou attendre sa mort et s'adresser alors aux héritiers, ou, s'il s'agit d'une obli-

gation purement personnelle et non transmissible par
succession, faire déterminer l'époque de l'exécution
par le juge suivant l'équité. Le recours au juge a lieu
également quand l'obligé a promis l'exécution dès
qu'elle serait possible ou faisable. Du reste on appliquera ici les règles fixées ci-dessus (art. 704 à 706)
à l'occasion des indications de termes dans les actes
de dernière volonté.

905. Quand le lieu où le contrat doit être exécuté
ne peut être déterminé ni d'après les conventions, ni
d'après la nature ou le but de l'affaire, la délivrance,
s'il s'agit de choses immobilières, doit se faire dans
le lieu de leur situation, et s'il s'agit de choses mobilières, dans le lieu où la promesse a été faite. Quant à
ce qui concerne la mesure, le poids et les monnaies,
on la réglera d'après le lieu de la délivrance.

906. Si la promesse peut être remplie de plusieurs manières, le choix appartient à l'obligé ; mais,
une fois ce choix fait, il ne peut plus le modifier de
lui-même.

907. Quand un contrat est conclu sous la réserve
expresse du choix et que celui-ci est devenu impossible par la perte accidentelle d'un ou de plusieurs
des objets sur lesquels le choix pouvait porter, la partie
qui avait le choix n'est plus tenue au contrat ; mais si
la perte provient de la faute de l'obligé, celui-ci est

tenu de dédommager l'ayant droit à raison de la privation du choix.

908. Ce qui est donné d'avance, lors de la conclusion d'un contrat, ne doit être considéré, à moins d'une stipulation spéciale, que comme un signe de la conclusion ou un gage pour l'exécution du contrat et s'appelle *arrhes*. Si le contrat n'est pas exécuté par la faute de l'une des parties, l'autre partie contractante peut retenir les arrhes qu'elle a reçues ou réclamer le double de celles qu'elle a données ; mais si elle ne veut pas se contenter de ce dédommagement, elle peut exiger l'exécution du contrat, ou une indemnité lorsque l'exécution n'est plus possible.

909. Si lors de la conclusion d'un contrat il a été stipulé une certaine somme que l'une ou l'autre partie doit payer dans le cas où elle se désisterait du contrat avant son exécution, le contrat est conclu moyennant dédit. Dans ce cas, le contrat doit être exécuté ou le dédit payé. Celui qui a exécuté un contrat, ne fût-ce qu'en partie, ou qui a accepté ce qui a été fait par l'autre pour son exécution, même partielle, ne peut plus se désister du contrat, même en payant le dédit.

910. Quand il a été donné des arrhes et que la la faculté de se désister du contrat a été stipulée en même temps sans fixation d'un dédit spécial, les arrhes tiennent lieu de dédit. Par conséquent, en cas de désistement, celui qui a donné les arrhes les perd, ou celui qui les a reçues en restitue le double.

911. Celui qui est mis dans l'impossibilité d'exécuter le contrat, non par un simple accident mais par sa propre faute, est également tenu de payer le dédit.

912. Le créancier est quelquefois autorisé à réclamer de son débiteur des accessoires en outre de la dette principale. Ces accessoires consistent dans l'accroissement et dans les fruits de la chose principale, dans les intérêts convenus et dans les intérêts dus pour le retard, dans une indemnité à raison du dommage souffert ou à raison du profit dont l'autre partie a été privée par l'inexécution du contrat, enfin dans les sommes qu'une partie a stipulées en sa faveur dans cette hypothèse.

913. Le premier et le second chapitre de la deuxième partie de ce Code déterminent les cas dans lesquels le droit aux accroissements ou aux fruits se trouve lié à un droit réel. Un droit purement personnel ne suffit pas pour donner à l'ayant droit un titre aux accessoires. Les cas où un créancier a droit aux accessoires sont déterminés soit d'après les différentes natures ou stipulations des contrats, soit d'après le chapitre relatif à la réparation des dommages et aux dommages-intérêts.

914. Les règles générales contenues dans la première partie du Code (art. 6) sur l'interprétation des

lois sont aussi applicables aux contrats. Un contrat douteux doit notamment être expliqué de manière à ce qu'il ne contienne pas de contradictions et qu'il puisse produire son effet.

915. Quant aux contrats unilatéraux, on présume en cas de doute que l'obligé a voulu s'imposer la charge moindre plutôt que la charge la plus lourde ; dans les contrats synallagmatiques, on interprète une expression ambiguë contre celui qui s'en est servi (art. 869).

916. Quand une affaire d'une certaine espèce n'a été conclue que d'une manière fictive, elle doit être jugée suivant les dispositions légales qui lui seraient applicables elle était sincère.

917. Le mode d'extinction des obligations qui naissent des contrats est déterminé à l'occasion de chaque contrat, ainsi que dans le chapitre de l'extinction des obligations en général.

918. Tous les droits et toutes les obligations qui naissent des contrats passent aux héritiers des parties contractantes, à moins qu'ils ne reposent sur des capacités et des rapports purement personnels ou que les héritiers n'aient été exceptés par le contrat même ou par la loi. Une promesse qui n'a pas été acceptée ne passe point aux héritiers alors même qu'une des parties seulement est décédée pendant le délai laissé à la réflexion (art. 862).

919. Quand l'une des parties n'exécute pas le contrat ou qu'elle ne l'exécute pas à l'époque fixée, dans le lieu convenable ou de la manière convenue, l'autre partie, sauf les cas déterminés par la loi ou sauf une réserve expresse, n'est pas en droit de demander l'annulation du contrat, mais elle peut seulement requérir l'exacte exécution du contrat ainsi que des dommages-intérêts.

920. Après l'exécution complète du contrat, les deux parties ne peuvent plus y renoncer même d'un commun accord, mais elles doivent conclure un nouveau contrat qui est considéré comme une transaction distincte.

921. Dans les contrats à titre onéreux la compensation s'établit de choses à choses, d'actions (parmi lesquelles sont comprises les omissions) à actions, ou enfin de choses à actions ou d'actions à choses (art. 864).

922. Quand une personne cède une chose à une autre à titre onéreux, elle doit garantir que la chose a les qualités expressément convenues ou qu'on a l'habitude de lui supposer et qu'elle peut être utilisée et employée conformément à la nature de la transaction ou aux stipulations convenues.

923. Par conséquent, celui qui attribue à une chose des qualités qu'elle n'a pas ou qui ont été convenues soit expressément soit tacitement d'après la nature de la transaction ; celui qui passe sous silence des défauts ou des charges ordinaires ; celui qui aliène une chose qui n'existe plus ou qui appartient à autrui ; celui qui allègue faussement qu'une chose est propre à un usage déterminé ou qu'elle est exempte des défauts et des charges ordinaires, demeure responsable de la fraude quand elle vient à être découverte.

924. Quand un animal tombe malade ou meurt dans les vingt-quatre heures après la délivrance qui en a été faite, on présume que sa maladie existait antérieurement.

925. La même présomption a lieu :

1° Lorsque dans les huit jours la lèpre se déclare sur les porcs, la clavelée ou la gale sur les moutons, ou que dans les deux mois les derniers sont atteints de vers pulmonaires ou hépatiques ;

2° Quand on rencontre chez les animaux à cornes, dans un délai de trente jours, la maladie des glandes ;

3° Quand on rencontre chez les chevaux et les animaux de trait, dans un délai de quinze jours, après la délivrance, des glandes engorgées, la morve ou la pousse, les vers, le caractère rétif, la goutte sereine ou la nictalopie.

926. Mais celui qui a reçu un animal atteint de l'un de ces défauts ne peut se prévaloir de cette présomption légale (art. 924 et 925) que dans le cas

où il a immédiatement donné avis de la découverte
du vice au cédant ou au gérant, ou qu'en son absence il en a fait la déclaration au tribunal du lieu
ou à des hommes de l'art et en a provoqué la vérification.

927. Quand l'acquéreur néglige cette précaution,
il est tenu de prouver que la bête était vicieuse avant
la conclusion du contrat. Cependant le cédant est toujours libre de prouver que le vice dénoncé n'est survenu qu'après la délivrance.

928. Quand les vices d'une chose tombent sous
les sens ou quand on peut s'assurer des charges qui
pèsent sur la chose par l'inspection des registres
publics, il n'y a pas lieu à garantie (art. 443), sauf le
cas où l'on aurait expressément annoncé que la chose
était libre de tous vices et de toutes charges. On
doit dans tous les cas la garantie pour les dettes et
arrérages qui pèsent sur la chose.

929. Celui qui sciemment s'approprie la chose
d'autrui n'a pas plus de droits à une garantie que celui
qui y a expressément renoncé.

930. Quand des choses sont prises en bloc, c'est-
à-dire telles qu'elles se comportent, sans indication
de nombre, de poids et de mesure, celui qui les livre
n'est pas responsable des vices qu'on peut y découvrir,
sauf le cas où il manquerait une qualité faussement

alléguée par lui ou stipulée par celui qui doit recevoir la chose.

931. Quand le possesseur veut invoquer la garantie par suite d'un droit prétendu sur la chose par un tiers, il doit en donner avis à son cédant et réclamer la garantie conformément aux dispositions du règlement sur la procédure civile. S'il néglige ce recours, il ne perd pas immédiatement son droit à des dommages-intérêts, mais son cédant peut lui opposer toutes les exceptions qui n'ont pas été opposées au tiers et se mettre à l'abri de tous dommages et intérêts dans le cas où il serait reconnu que l'emploi de ces exceptions eût déterminé une décision différente à l'égard du tiers.

932. Quand le vice qui donne lieu à l'action en garantie est d'une nature telle qu'il ne peut être extirpé et qu'il empêche l'usage habituel de la chose, la partie lésée peut demander la rescision complète du contrat; quand au contraire ce qui manque, par exemple au poids ou à la mesure, peut être suppléé, il ne peut demander que ce supplément, mais dans les deux cas il peut réclamer la réparation du dommage qu'il a pu éprouver et même, lorsque l'autre partie a agi de mauvaise foi, une indemnité à raison du profit dont il a été privé.

933. Celui qui veut demander la garantie doit, sous peine de perdre son droit, le faire valoir dans le dé-

lai de trois ans s'il s'agit de choses immobilières, et dans le délai de six mois s'il s'agit de choses mobilières.

934. Quand dans des contrats synallagmatiques, l'une des parties n'a pas même reçu de l'autre en valeur commune la moitié de ce qu'elle lui a donné, la loi accorde à la partie lésée le droit d'en demander la rescision ainsi que la restitution des choses en leur état antérieur ; mais l'autre partie a la faculté de maintenir la transaction en déclarant qu'elle est prête à fournir le complément jusqu'à concurrence de la valeur commune. La différence des valeurs se détermine d'après l'époque où le contrat a été conclu.

935. Ce moyen légal n'existe pas pour celui qui y a expressément renoncé ou qui a déclaré vouloir prendre la chose pour une valeur extraordinaire par suite d'une affection particulière, ou qui a consenti à prendre la chose pour une valeur disproportionnée bien que la valeur véritable lui fût connue. Il n'y a pas lieu non plus à rescision lorsqu'on doit présumer, d'après la condition des personnes, qu'elles ont voulu conclure un contrat mixte, partie à titre gratuit et partie à titre onéreux, quand la véritable valeur ne peut plus être déterminée, ni enfin quand la chose a été vendue aux enchères par un tribunal.

936. La stipulation par laquelle on convient de conclure un contrat dans l'avenir n'est obligatoire que lorsqu'on a déterminé l'époque de la conclusion ainsi que les conditions principales du contrat et que les circonstances n'ont pas changé dans l'intervalle de manière à ce que le but expressément déterminé ou résultant des circonstances ait été rendu impossible, ou encore, que la confiance de l'une ou de l'autre partie se trouve détruite; en général, l'accomplissement de semblables promesses doit être poursuivi au plus tard dans l'année qui suit le terme fixé; dans le cas contraire le droit est éteint.

937. Les renonciations générales et indéterminées aux exceptions contre la validité d'un contrat sont nulles.

CHAPITRE XVIII.

DES DONATIONS.

938. On appelle donation le contrat par lequel une personne transfère gratuitement une chose à une autre.

939. On ne peut considérer comme donation la renonciation à un droit espéré, régulièrement échu ou douteux, lorsqu'elle n'est accompagnée de la cession régulière du droit à un tiers ou de la remise du droit à la partie obligée qui l'accepte.

940. Il est indifférent pour l'essence de la donation qu'elle ait été faite par reconnaissance ou en considé-

ration des services du donataire ou à titre de récompense spéciale, pourvu toutefois que le donataire n'eût pas antérieurement le droit de poursuivre sa rémunération en justice.

941. Si le donataire avait le droit de poursuivre une rémunération en justice, soit parce qu'elle avait été déjà reconnue entre les parties, soit parce qu'elle était ordonnée par la loi, l'acte cesse d'être une donation et doit être regardé comme un contrat à titre onéreux.

942. Lorsque des donations ont été l'objet de stipulations préalables d'après lesquelles le donateur doit être gratifié à son tour, il ne se forme pas une véritable donation par rapport à la totalité, mais seulement par rapport à la valeur excédante.

943. Un contrat de donation conclu d'une manière purement verbale, sans délivrance réelle, ne donne pas au donataire d'action en justice ; ce droit ne peut être fondé que sur un titre écrit.

944. Celui qui a un droit de propriété absolu peut, en observant les formalités légales, donner toute sa fortune présente ; mais le contrat par lequel on donne sa fortune à venir n'est valable qu'autant qu'il n'excède pas la moitié de cette fortune.

945. Celui qui donne sciemment la chose d'autrui et qui cache cette circonstance au donataire demeure responsable du préjudice qui peut en résulter

946. Les contrats de donation sont en général ir-révocables.

947. Si le donateur tombe par la suite dans un tel état d'indigence qu'il manque des choses nécessaires à son entretien, il a le droit de demander annuelle-ment au donataire jusqu'à concurrence de ses besoins les intérêts légaux du montant de la donation, pourvu toutefois que la chose donnée ou sa valeur existe et que le donataire ne se trouve pas lui-même dans un état d'indigence analogue. S'il y a plusieurs donataires, celui dont la donation est plus ancienne, n'est obligé de contribuer que dans le cas où les portions des do-nataires postérieurs ne suffisent pas.

948. Si le donataire se rend coupable envers son bienfaiteur d'une ingratitude grave, la donation peut être révoquée. On entend par ingratitude grave une attaque contre la personne, l'honneur, la liberté ou les biens du donateur, telle que d'après le Code pénal on puisse procéder contre le coupable d'office ou sur la plainte de la personne lésée.

949. L'ingratitude place l'ingrat personnellement dans la position d'un possesseur de mauvaise foi et donne même à l'héritier du donateur lésé, dans le cas où celui-ci n'a pas pardonné l'ingratitude et qu'il reste quelque chose de la donation en nature ou en valeur, le droit d'intenter une action à fin de révoca-tion, même contre les héritiers du donataire.

950. Celui qui est obligé de pourvoir à l'entretien d'une personne ne peut porter préjudice au droit de cette personne en faisant une donation à un tiers. La personne ainsi lésée a le droit de poursuivre le donataire à l'effet d'obtenir de lui le complément de ce que le donateur n'est plus en état de lui fournir. S'il y a plusieurs donataires, on observera la règle établie plus haut (art. 947).

951. Celui qui au moment de la donation a des descendants auxquels il est tenu de laisser une portion légitime, ne peut faire à leur préjudice aucune donation qui excède la moitié de ses biens. S'il a dépassé cette proportion et si ses descendants sont en mesure de prouver après la mort du donateur que sa succession nette n'atteint pas la moitié de la fortune qu'il avait au moment de la donation, ils peuvent réclamer du donataire, chacun pour sa part et portion, le surplus de ce qu'il a reçu.

952. Quand le donataire ne possède plus la chose donnée ni sa valeur, il n'est point tenu d'en rendre compte à moins qu'il ne s'en soit défait frauduleusement.

953. On peut aussi réclamer sous cette même restriction (art. 952), la restitution de donations faites au préjudice des créanciers qui existaient au moment de la donation. Ce droit ne s'étend aux créanciers pos

16

térieurs que dans le cas où le donataire est convaincu
de collusion frauduleuse.

954. Le fait seul de la survenance d'enfants à un
donateur qui n'en avait pas au moment de la donation
ne donne, ni à ce donateur ni aux enfants qui lui sont
survenus, le droit de révoquer la donation. Cependant
le donateur ou l'enfant né après la donation peut, en
cas de besoin, faire valoir, tant contre le donataire que
contre ses héritiers, le droit aux intérêts légaux sur le
montant de la donation dont il est fait mention ci-
dessus (art. 947).

955. Lorsque le donateur a promis au donataire
un secours à certains termes, cette promesse ne
donne à leurs héritiers aucun droit ni ne leur impose aucune obligation, à moins que le contraire n'ait
été expressément stipulé dans l'acte de donation.

956. Une donation qui ne doit avoir son effet
qu'après la mort du donateur, est valable comme legs
quand les formalités prescrites ont été observées. Elle
ne doit être considérée comme un contrat que lorsque le donataire l'a acceptée, que le donateur a renoncé expressément à la faculté de la révoquer et
qu'un titre écrit en a été remis au donataire.

CHAPITRE XIX.

DU CONTRAT DE DÉPÔT.

957. Lorsqu'une personne se charge de la garde

de la chose d'autrui, il s'établit un contrat de dépôt. Quand la promesse de prendre en garde une chose appartenant à autrui, mais qui n'a pas encore été livrée, a été acceptée, la partie qui a fait la promesse se trouve obligée, mais il n'en résulte pas encore un contrat de dépôt.

958. Le contrat de dépôt ne confère au dépositaire ni propriété, ni possession, ni droit d'usage; il est simple détenteur, obligé de préserver de tout dommage la chose qui lui a été confiée.

959. Quand l'usage de la chose a été accordé au dépositaire soit sur sa demande, soit d'après l'offre volontaire du déposant, le contrat cesse d'être un contrat de dépôt, aussitôt après le consentement donné dans le premier cas, et dans le second à partir du moment où l'offre a été acceptée ou à partir duquel l'on a effectivement fait usage de la chose; le contrat-se change alors en contrat de commodat s'il s'agit de choses non fongibles, et en contrat de prêt s'il s'agit de choses fongibles, et il donne naissance aux droits et aux obligations qui se rattachent à ces contrats.

960. On peut donner en dépôt des choses mobilières et des choses immobilières. Mais quand on charge en même temps le dépositaire de quelque affaire qui se rapporte à la chose confiée, il est considéré comme mandataire.

16.

961. Le devoir principal du dépositaire consiste à conserver soigneusement pendant le temps déterminé la chose qui lui a été confiée et à la rendre ensuite au déposant dans le même état qu'il l'a reçue.

962. Le dépositaire est tenu, s'il en est requis, de restituer la chose au déposant même avant le terme fixé et ne peut réclamer que la réparation du dommage qu'il pourrait avoir éprouvé. Mais il ne peut rendre la chose qui lui a été confiée avant le terme fixé, à moins qu'une circonstance imprévue ne le mette hors d'état de conserver la chose avec sécurité ou sans en éprouver lui-même un préjudice.

963. Quand la durée du dépôt n'a pas été expressément déterminée et qu'elle ne peut être présumée d'après les circonstances accessoires, le dépôt peut être résilié à volonté.

964. Le dépositaire est responsable envers le déposant du dommage causé par le manque de soins nécessaires, mais non des accidents, alors même qu'il eût pu en sacrifiant sa propre chose sauver celle d'une valeur supérieure dont il avait le dépôt.

965. Mais si le dépositaire a fait usage de la chose déposée; si sans nécessité et sans la permission du déposant il l'a confiée à la garde d'un tiers ou s'il en a retardé la restitution et que la chose éprouve un dommage auquel elle n'eût pas été exposée chez le déposant, il ne peut alléguer aucun accident et le dommage lui est imputable.

966. Lorsque des choses ont été mises en dépôt, fermées à clef ou cachetées, et que par la suite la serrure ou le cachet se trouve endommagé, le déposant qui allègue une soustraction doit être admis, d'après les dispositions du règlement de procédure, à affirmer son dommage sous serment, si d'ailleurs d'après sa condition, sa profession, sa fortune et d'après les autres circonstances ce dommage a quelque probabilité, à moins toutefois que le dépositaire ne puisse prouver que le bris de la serrure ou du cachet a eu lieu sans sa faute. Les mêmes dispositions sont applicables au cas où la totalité des choses ainsi déposées aurait été perdue.

967. Le déposant est obligé de payer au dépositaire le dommage causé par sa faute ainsi que les frais faits pour la conservation de la chose déposée ou pour l'augmentation de ses produits continus. Si dans un cas de force majeure le dépositaire a sacrifié ses propres biens pour sauver la chose qui lui a été déposée, il peut réclamer un dédommagement proportionné. Les répétitions réciproques du déposant et du dépositaire d'une chose mobilière ne peuvent toutefois être formées que pendant un délai de trente jours, à partir du moment de la restitution.

968. Quand une chose litigieuse a été mise en

dépôt par les parties contendantes ou par un tribunal, le dépositaire se nomme séquestre. Les droits et les obligations du séquestre sont déterminés d'après les principes posés ci-dessus.

969. Il ne peut être réclamé de rémunération pour le dépôt que dans le cas où il a été convenu expressément ou tacitement d'après la condition du dépositaire.

970. Les aubergistes, les mariniers et les voituriers sont responsables comme les dépositaires (art. 1436) des choses qui leur ont été confiées à eux ou à leurs serviteurs, soit par les voyageurs qu'ils ont reçus, soit à titre de chargement.

CHAPITRE XX.

DU COMMODAT OU CONTRAT DE PRÊT À USAGE.

971. Le contrat de prêt à usage ou commodat se forme lorsqu'une personne livre à une autre, pour un certain temps et à titre gratuit, une chose non fongible à l'effet de s'en servir. Le contrat par lequel une personne promet à une autre de lui prêter une chose sans en faire la remise, est à la vérité obligatoire, mais ne forme cependant pas encore un contrat de commodat.

972. L'emprunteur acquiert le droit de faire de la chose l'usage ordinaire ou spécialement déterminé.

A l'expiration du terme, il est obligé de restituer la chose en nature.

973. Quand il n'a pas été fixé de terme pour la restitution, mais que le but de l'usage a été déterminé, l'emprunteur est obligé de se servir de la chose sans délai et de la restituer le plus tôt possible.

974. Quand ni la durée ni le but de l'usage n'ont été déterminés, il ne se forme pas de véritable contrat, mais seulement un prêt précaire et le prêteur peut à volonté redemander la chose prêtée.

975. En cas de contestation sur la durée de l'usage, c'est à l'emprunteur à prouver son droit à un usage d'une plus longue durée.

976. Lors même que la chose prêtée devient indispensable au prêteur avant l'expiration du terme fixé et avant que l'usage en soit achevé, le prêteur n'a pas, à moins de stipulation expresse, le droit de retirer la chose avant l'arrivée du terme.

977. L'emprunteur est généralement en droit de rendre la chose empruntée même avant le terme fixé; mais si cette remise anticipée est onéreuse au prêteur, elle ne pourra être effectuée contre sa volonté.

978. Lorsque l'emprunteur emploie la chose empruntée à un autre usage que celui qui a été convenu ou qu'il en concède arbitrairement l'usage à un tiers, il est responsable envers le prêteur qui est même autorisé à réclamer la restitution immédiate de la chose.

979. Si la chose prêtée vient à être endommagée ou détruite, l'emprunteur est tenu comme le serait un dépositaire (art. 965) de réparer non-seulement le dommage directement causé par sa faute, mais encore le dommage accidentel auquel il a donné lieu par une action illicite.

980. L'emprunteur, en payant le prix d'une chose empruntée et qu'il a perdue, n'acquiert pas par ce fait seul le droit de la garder contre la volonté du propriétaire si elle vient à être retrouvée, lorsque d'ailleurs le prêteur se montre prêt à restituer le prix qu'il a reçu.

981. L'emprunteur doit supporter personnellement les frais ordinaires inhérents à l'usage de la chose prêtée. Il est tenu également d'avancer les frais extraordinaires de conservation lorsqu'il ne peut ou ne veut pas laisser au prêteur lui-même le soin de son entretien; mais ces frais sont remboursés comme à un possesseur de bonne foi.

982. L'action est éteinte lorsque, dans un délai de trente jours après la reprise de l'objet du prêt, le prêteur n'a formé aucune plainte à raison de l'abus ou de l'usure excessive qui en ont été faits, ou lorsque dans un délai analogue après la restitution de la chose, l'emprunteur n'a formé aucune demande à raison des frais extraordinaires qu'il a faits pour la chose.

CHAPITRE XXI.

DU CONTRAT DE PRÊT OU DU PRÊT DE CONSOMMATION.

983. Le contrat de prêt de consommation se forme lorsqu'une personne livre à une autre des choses fongibles, à la condition de pouvoir en disposer librement, et de lui en rendre au bout d'un certain temps une quantité égale, de même espèce et qualité. Ce contrat ne doit pas être confondu avec le contrat également obligatoire par lequel on promet de faire ultérieurement un prêt (art. 936).

984. Un prêt se fait en argent ou en d'autres choses fongibles et sans ou moyennant intérêts. Dans le dernier cas, on l'appelle aussi prêt à intérêt.

985. Un prêt d'argent peut avoir pour objet, ou des espèces monnayées ou du papier-monnaie ou des titres de créances publiques (*obligations*).

986. Les règlements spéciaux sur la matière déterminent les cas dans lesquels un prêt en espèces monnayées peut être conclu, ainsi que la valeur dans laquelle un semblable prêt ou un prêt de papier-monnaie doit être remboursé.

987. Lorsqu'un prêteur a stipulé que le payement aurait lieu dans la monnaie particulière prêtée par lui, le payement doit être fait dans cette même monnaie.

988. Les changements introduits par la loi dans les monnaies, sans en altérer le titre, sont pour le compte du préteur. Le payement lui est fait dans la monnaie déterminée fournie par lui, par exemple en mille pièces de ducats impériaux ou trois mille pièces de vingt kreutzers, sans considérer si la valeur nominale en a été élevée ou diminuée dans l'intervalle. Mais si la valeur intrinsèque des monnaies a été modifiée, le payement doit être fait proportionnellement à la valeur intrinsèque que l'espèce de monnaie prêtée par lui avait au moment du prêt.

989. Si au moment du remboursement les espèces de monnaie prêtées n'ont plus cours dans le pays, le débiteur doit payer le créancier avec les espèces les plus analogues en tels nombre et qualité que ce dernier reçoive une valeur intrinsèque égale à celle qu'avaient les espèces prêtées au moment du prêt.

990. Le prêt d'obligation d'état peut être valablement conclu sous la condition que l'extinction de la dette devra s'opérer par la remise d'une obligation publique absolument semblable à celle qui a été prêtée, ou que le montant en sera remboursé en argent d'après la valeur que l'obligation avait au moment du prêt.

991. Quand au lieu d'argent il a été prêté une obligation privée ou des marchandises, le débiteur n'est tenu qu'à la restitution en bon état, de l'obligation ou des marchandises reçues, ou à réparation du dommage dont le créancier pourra administrer la preuve

992. Dans les contrats qui n'ont point pour objet des espèces monnayées, mais d'autres objets fongibles, il est indifférent, si l'on est seulement convenu d'une restitution en même espèce, qualité et quantité, que la valeur des objets ait haussé ou baissé dans l'intervalle.

993. Lorsque dans un prêt quelconque le prêteur stipule expressément ou tacitement, quant à l'espèce, la qualité ou la quantité, la restitution de plus qu'il n'a prêté, le contrat ne peut subsister qu'autant que le taux de l'intérêt légal ne se trouve pas dépassé par suite de cette stipulation

994. On peut stipuler par contrat un intérêt de cinq pour cent par an quand il a été donné un gage, et de six pour cent quand il n'en a pas été donné. Cette limite des intérêts conventionnels licites, sera aussi appliquée au cas où il a été simplement stipulé des intérêts sans fixation de leur taux.

995. Lorsqu'une personne a droit à des intérêts en vertu de la loi, sans stipulation expresse, l'intérêt légal sera de quatre pour cent par an. Entre commerçants et fabricants dûment patentés, l'intérêt pour les dettes résultant d'affaires de commerce proprement dites sera de six pour cent.

996. Lorsqu'outre la fixation du lieu et de l'époque du payement du capital et des intérêts il a été stipulé en faveur du prêteur, sous quelque dénomination ou forme que ce soit, d'autres obligations accessoires, ou qu'il a été stipulé pour lui ou pour d'autres, ces stipulations sont nulles, si le taux des intérêts contractuels licites se trouve ainsi dépassé.

997. Les intérêts doivent en général être payés lors du remboursement du capital, ou annuellement quand le contrat a été conclu pour plusieurs années et qu'il n'a rien été stipulé relativement aux termes du payement des intérêts. Ils ne peuvent être retenus d'avance que pour six mois au plus. Les intérêts payés d'avance au delà de cette proportion doivent être déduits du capital à partir du jour de la retenue.

998. Il n'est jamais permis de prendre des intérêts des intérêts; cependant les intérêts arriérés de deux ans ou de plus peuvent, par convention, être convertis en un nouveau capital.

999. Les intérêts de prêts en argent doivent être acquittés dans la même valeur que le capital.

1000. La loi spéciale relative à l'usure détermine les conséquences de l'usure exercée sur le capital ou sur le taux légal de l'intérêt.

1001. Pour qu'un titre de créance fasse preuve complète relativement à un contrat de prêt, il doit s'y trouver énoncé loyalement et clairement le nom du véritable prêteur ou créancier, celui du véritable emprunteur ou débiteur, l'objet et le montant du prêt, et s'il a été fait en argent, l'espèce de monnaie ainsi que toutes les conditions qui se rapportent, soit au payement de la dette principale, soit aux intérêts qui peuvent avoir été stipulés. La forme extérieure nécessaire pour donner à un titre de créance la force probante, est déterminée dans le règlement sur la procédure.

CHAPITRE XXII.

DU MANDAT ET DES AUTRES ESPÈCES DE GESTIONS D'AFFAIRES.

1002. Le contrat par lequel une personne se charge au nom d'une autre d'une affaire que celle-ci lui confie se nomme mandat.

1003. Les personnes préposées par l'autorité publique pour gérer certaines affaires sont tenues de déclarer formellement, et sans retard, à la personne qui les charge d'un mandat qui s'y rapporte, s'ils acceptent ou non; autrement ils sont responsables vis-à-vis du mandant du dommage qui a pu en résulter.

1004. Quand pour la gestion de l'affaire d'autrui il a été stipulé un salaire, soit expressément soit tacitement d'après la condition du mandataire, le contrat est rangé dans la classe des contrats à titre onéreux;

dans les autres cas, il est compté parmi les contrats à titre gratuit.

1005. Les contrats de mandats peuvent être for. més verbalement ou par écrit. On appelle *procuration* le titre remis à cet effet par le mandant au mandataire.

1006. Il y a des procurations générales et spéciales, suivant que l'on confie à quelqu'un la gestion de toutes ses affaires ou de quelques-unes seulement. Les procurations spéciales peuvent avoir pour objet des affaires exclusivement judiciaires ou extra-judiciaires en général, ou des affaires particulières de l'une ou de l'autre espèce.

1007. Les procurations confèrent la faculté d'agir sans limite ou avec des restrictions. Dans le premier cas, le mandataire est autorisé à gérer l'affaire au mieux de son jugement et de sa conscience; dans le second cas les limites et le mode de sa gestion lui sont tracés.

1008. Dans les cas ci-après énumérés, il suffit d'une procuration spéciale qui les énonce d'une manière générique : pour aliéner ou recevoir des choses à prix d'argent; pour conclure des prêts ou des emprunts; pour recevoir de l'argent ou des valeurs équivalentes; pour intenter des procès; pour requérir, accepter ou référer des serments, ou pour transiger. Mais il faut une procuration spéciale mentionnant expressément l'objet pour lequel elle a été donnée, pour accepter ou refuser sans condition une succession, pour former un contrat de société, pour faire une donation, pour donner la faculté de choisir un arbitre, ou pour renoncer gratuitement à un droit. Les procurations générales même illimitées ne sont suffisantes dans ces divers cas qu'autant qu'il en est fait mention, dans la procuration, d'une manière générique.

1009. Le mandataire est tenu de gérer l'affaire avec assiduité et loyauté, conformément à sa promesse et à la procuration qui lui a été donnée, et d'abandonner au mandant tous les profits résultant de l'affaire. Il est en droit, lors même qu'il n'aurait qu'une procuration restreinte, d'employer tous les moyens dérivant de la nature de l'affaire ou qui sont conformes à l'intention déclarée du mandant. Mais s'il dépasse les limites de la procuration il est responsable des conséquences.

1010. Si le mandataire confie l'affaire à un tiers sans nécessité, il demeure seul responsable des conséquences. Mais si la faculté de substituer lui a été expressément accordée dans la procuration, ou si les circonstances ont rendu la substitution indispensable, il n'est responsable que de la faute qu'il aurait commise à l'occasion du choix de la personne.

1011. Lorsqu'une affaire a été confiée à plusieurs mandataires à la fois, la coopération de tous est nécessaire pour valider l'affaire et obliger le mandant, à moins que la faculté d'agir n'ait été confiée en entier par la procuration à l'un ou plusieurs d'entre eux.

1012. Le mandataire est tenu envers le mandant de réparer le dommage qu'il a causé par sa faute, et de lui rendre aussi souvent qu'il le demande les comptes auxquels l'affaire peut donner lieu.

1013. Les mandataires ne sont pas autorisés, hors les cas déterminés dans l'article 1004, à réclamer un salaire pour leurs peines. Il ne leur est pas permis de recevoir, sans le consentement du mandant, des présents d'un tiers à l'occasion de la gestion de l'affaire. Les cadeaux reçus sont confisqués au profit de la caisse des pauvres.

1014. Le mandant est tenu de rembourser au mandataire toutes les dépenses utiles ou nécessaires, faites pour la gestion de l'affaire, encore que le résultat n'ait pas été favorable, et même de lui faire sur sa demande les avances convenables pour acquitter les déboursés à faire en deniers comptants; il doit en outre des indemnités pour tout le dommage causé par sa faute ou résultant de l'exécution du mandat.

1015. Quand le mandataire, dans l'exécution de son mandat, éprouve du dommage, mais par cas fortuit seulement, il peut, s'il s'était chargé de gérer l'affaire à titre gratuit, réclamer une indemnité égale à la somme qui lui serait revenue pour la rémunération de ses peines et d'après le prix d'estimation le plus élevé si le mandat eût été à titre onéreux.

1016. Quand le mandataire excède les bornes de son mandat, le mandant n'est obligé qu'autant qu'il a ratifié l'affaire ou qu'il s'est approprié les profits qui en sont résultés.

1017. Le mandataire peut, comme représentant le mandant aux termes de la procuration, acquérir pour lui des droits et lui imposer des obligations. Lors donc que dans les limites de sa procuration patente il a conclu un contrat avec un tiers, les droits et les obligations qui en naissent reviennent au mandant et au tiers et non pas au mandataire. Une procuration secrète donnée à un mandataire n'a aucune influence sur les droits du tiers.

1018. Dans le cas même où le mandant a institué un mandataire qui est incapable de s'obliger personnellement, l'affaire conclue dans les limites du mandat est obligatoire tant pour le mandant que pour le tiers.

1019. Quand le mandataire a reçu et accepté le mandat de conférer un avantage à un tiers, celui-ci acquiert le droit d'actionner le mandataire ainsi que le mandant, à partir du jour où il en a reçu l'avis de l'un ou de l'autre.

1020. Le mandant est libre de révoquer le mandat à volonté, mais il doit non-seulement indemniser le mandataire des frais faits ainsi que de tout autre dommage éprouvé dans l'intervalle, mais encore payer une partie du salaire proportionnée aux peines. Il en sera de même lorsque l'achèvement de l'affaire se trouvera empêché par une circonstance imprévue.

1021. Le mandataire peut également renoncer au mandat qu'il a accepté. Mais quand il y renonce avant l'achèvement de l'affaire qui lui a été spécialement confiée ou qu'il a commencée en vertu d'une procuration générale, il doit, à moins qu'il ne soit survenu d'empêchement imprévu ou inévitable, réparer tout le dommage qui pourra en résulter.

1022. En général le mandat cesse, tant par la mort du mandant que par celle du mandataire. Mais si l'affaire commencée ne peut être interrompue sans préjudice notable pour les héritiers ou si la procuration se trouve expressément étendue au delà du décès du mandant, le mandataire peut et doit terminer l'affaire.

1023. Les mandats donnés ou acceptés par une personne morale ou une communauté cessent par la dissolution de la communauté.

1024. Si le mandant tombe en faillite, tous les actes que le mandataire a entrepris au nom du failli, après la publication de la faillite, sont sans force légale. De même aussi l'ouverture d'une faillite sur la fortune du mandataire annule de plein droit le mandat qu'il a reçu.

1025. Lorsque le mandat cesse par la révocation,

la renonciation ou la mort du mandant ou du mandataire, les affaires qui ne peuvent supporter de retard
doivent cependant être continuées jusqu'à ce que
d'autres dispositions aient été ou aient pu être prises
par le mandant ou par ses héritiers.

1026. Les contrats conclus avec un tiers qui, sans
sa faute, ignorait la cessation du mandat demeurent
obligatoires, et le mandant n'a de recours à exercer
pour le dommage qu'il en éprouve, qu'auprès du
mandataire qui a gardé le silence sur la cessation de
son mandat.

1027. Les dispositions contenues dans ce chapitre
sont aussi applicables aux propriétaires d'un négoce,
d'un navire, d'une boutique ou de tout autre industrie,
et qui en confient la gestion à des facteurs, à des capi-
taines, à des garçons de boutiques ou à tout autre
préposé.

1028. Les droits de ces sortes de préposés doivent
être appréciés principalement d'après le titre qui les
institue, notamment entre négociants, d'après la faculté dûment notifiée de signer sous la raison sociale.

1029. Quand le mandat n'a pas été donné par
écrit, son étendue est déterminée d'après la nature et
l'objet de l'affaire. Celui qui a confié une gestion à
autrui est censé lui avoir donné le pouvoir de faire
tout ce qu'exige la gestion même, ainsi que ce qui s'y
rattache ordinairement (§ 1009).

1030. Quand le propriétaire d'un négoce ou d'une industrie permet à ses serviteurs ou à ses apprentis de vendre des marchandises dans le magasin ou au dehors, on présume qu'ils sont autorisés à recevoir les payements et à en donner quittance.

1031. Mais le mandat de vendre des marchandises au nom du propriétaire ne s'étend pas au droit d'en acheter en son nom; de même les voituriers ne peuvent ni recevoir le prix des marchandises qui leur sont confiées ni les engager, à moins que cela n'ait été expressément stipulé dans les lettres de voiture.

1032. Les maîtres et les chefs de famille ne sont pas tenus de payer ce qui a été pris à crédit en leur nom par leurs serviteurs et autres commensaux. Celui qui a pris à crédit doit, dans ce cas, prouver la commission qu'il a reçue.

1033. Mais s'il y a entre l'emprunteur et le prêteur à crédit un livre de compte régulier dans lequel sont inscrites les choses prises à crédit, on admet la présomption que le porteur de ce livre est autorisé à prendre la marchandise à crédit.

1034. Le droit des tuteurs et curateurs à administrer les affaires de leurs pupilles se fonde sur l'ordonnance du tribunal qui les a institués. C'est de la loi que le père ou l'époux tient le droit de représenter ses enfants ou son épouse. Les dispositions relatives à ce droit sont contenues dans les parties de ce Code auxquelles elles se rapportent.

1035. Celui qui ne s'y trouve autorisé ni par un contrat exprès ou tacite, ni par un tribunal, ni par la loi, ne peut en général se mêler des affaires d'autrui. Celui qui s'y est immiscé de son chef est responsable de toutes les conséquences.

1036. Lorsqu'une personne, sans y être autorisée, a géré l'affaire d'autrui pour détourner un dommage imminent, celui dont elle a géré l'affaire est obligé de lui rembourser la dépense qui a été nécessaire et convenablement employée, alors même que les soins, sans la faute du gérant, sont demeurés infructueux (art. 403).

1037. Celui qui veut se charger des affaires d'une personne, uniquement dans l'intérêt de cette personne, doit chercher à obtenir son consentement. Si le gérant a négligé cette démarche, mais n'en a pas moins géré l'affaire à ses frais, au grand et évident avantage du tiers, ce dernier est tenu de lui rembourser les frais qu'il a faits en conséquence.

1038. Lorsque cet avantage n'est pas évident, ou si le mandataire a fait de son chef à la chose d'autres changements si considérables qu'elle ne puisse plus servir à l'usage auquel le propriétaire l'employait jusqu'alors, celui-ci n'est tenu à aucun remboursement; il peut au contraire demander que le gérant remette, à ses frais, la chose dans son précédent état ou, quand cela n'est plus possible, qu'il lui fournisse une indemnité complète.

1039. Celui qui s'est chargé sans mandat de l'affaire d'autrui doit la continuer jusqu'à la fin et en rendre un compte exact à l'instar d'un mandataire.

1040. Quand une personne se charge de l'affaire d'autrui contre la volonté valablement déclarée du propriétaire, ou qu'elle empêche, par une telle immixtion, le mandataire régulier de gérer l'affaire, elle est non-seulement responsable à raison du dommage causé ou du profit manqué, mais elle perd encore les impenses qu'elle a faites, à moins qu'elles ne puissent être reprises en nature.

1041. Quand une chose a été employée sans intention de gestion dans l'intérêt d'un tiers, le propriétaire peut la redemander en nature ou, lorsque cela n'est plus possible, réclamer la valeur qu'elle avait à l'époque de l'emploi, bien que l'avantage projeté ait disparu par la suite.

1042. Celui qui fait pour un tiers une dépense que celui-ci aurait été obligé de faire lui-même, en vertu de la loi, a le droit d'en demander le remboursement.

1043. Quand une personne, dans un cas de nécessité, sacrifie sa propriété pour se préserver, elle et d'autres, d'un plus grand dommage, tous ceux qui ont

profité de son sacrifice doivent l'en dédommager proportionnellement. L'application plus étendue de cette
disposition aux risques de mer est réservée aux lois
maritimes.

1044. La réparation des dommages de guerre est
déterminée par les autorités politiques d'après des dispositions particulières.

CHAPITRE XXIII.

DU CONTRAT D'ÉCHANGE.

1045. L'échange est un contrat par lequel on
cède une chose contre une autre. La tradition réelle
n'est pas nécessaire pour la formation, mais seulement
pour l'exécution du contrat d'échange, ainsi que pour
l'acquisition de la propriété.

1046. L'argent monnayé ne peut être l'objet d'un
contrat d'échange ; cependant l'or et l'argent peuvent
être échangés comme marchandises et même comme
espèces monnayées lorsqu'il ne s'agit que de les changer
contre d'autres espèces métalliques, par exemple, des
monnaies d'or contre des monnaies d'argent, des
pièces plus petites contre des pièces plus grandes.

1047. Les échangistes sont obligés par le contrat
à délivrer et à recevoir les choses échangées, conformément aux stipulations convenues, avec leurs parties
constitutives et tous leurs accessoires, à l'époque dé-

terminée , dans le lieu convenable et dans l'état où elles se trouvaient lors de la conclusion du contrat. Celui des deux qui néglige d'accomplir son obligation est responsable envers l'autre du dommage causé, ainsi que des profits dont il l'a privé.

1048. Lorsqu'il a été stipulé un terme pour effectuer la remise, et que dans l'intervalle l'une des choses déterminées destinées à l'échange se trouve mise hors du commerce par suite d'une prohibition, ou vient à être détruite accidentellement en totalité ou jusqu'à plus de la moitié de sa valeur, l'échange doit être considéré comme non avenu.

1049. Tous les autres dommages et toutes les charges survenus à la chose dans l'intervalle du contrat à la délivrance sont pour le compte du possesseur. Cependant, quand l'échange a été stipulé en bloc, l'échangiste destinataire supporte la perte accidentelle d'objets isolés pourvu que la valeur du tout ne se trouve pas diminuée de plus de la moitié.

1050. Le possesseur a droit aux fruits de la chose échangée jusqu'à l'époque convenue pour la livraison. A partir de cette époque ils appartiennent, ainsi que l'accroissement, à celui qui doit recevoir la chose, bien qu'elle ne lui ait pas été livrée.

1051. Quand il n'a pas été stipulé de terme pour la remise d'une chose déterminée et qu'aucune faute ne peut être imputée ni à l'une ni à l'autre des parties,

on appliquera à l'époque de la livraison les dispositions prescrites ci-dessus (art. 1048 à 1050) relativement aux risques et aux fruits, à moins que les
parties n'en aient autrement stipulé.

1052. Celui qui veut poursuivre la livraison doit
avoir accompli son obligation ou être prêt à l'accomplir.

CHAPITRE XXIV.

DU CONTRAT DE VENTE.

1053. La vente est un contrat par lequel une
personne cède une chose à une autre moyennant une
somme d'argent déterminée. Elle est comme l'échange
au nombre des titres qui servent à acquérir la propriété. L'acquisition ne s'opère que par la tradition de
l'objet de la vente. Le vendeur conserve son droit de
propriété jusqu'au moment de la tradition.

1054. La nature du consentement de l'acheteur et
du vendeur, ainsi que celle des choses qui peuvent
être achetées ou vendues, doivent être déterminées
d'après les règles des contrats en général. Le prix de
la vente doit consister en argent comptant et ne peut
être ni indéterminé, ni contraire aux lois.

1055. Quand une chose est aliénée en partie
contre de l'argent et en partie contre une autre chose,
le contrat est considéré comme vente ou comme

échange, suivant que le prix en argent est plus ou moins élevé que le prix ordinaire de la chose donnée; si la valeur de la chose est égale au prix, il est considéré comme vente.

1056. Les acheteurs et vendeurs peuvent aussi laisser la fixation du prix à une tierce personne déterminée. Lorsque celle-ci n'a rien fixé dans le délai convenu ou lorsqu'une des parties, dans le cas où il n'a été fixé aucun délai, entend se désister avant la fixation du prix, le contrat de vente est considéré comme non avenu.

1057. Lorsque la fixation du prix a été laissée à plusieurs personnes, c'est la majorité des voix qui en décide. Si celles-ci se sont réparties de manière à ce qu'aucun prix n'ait obtenu une majorité réelle, la vente doit être considérée comme non avenue.

1058. La valeur qui avait été stipulée lors d'une aliénation antérieure peut aussi servir à la fixation du prix. Quand on a pris pour base le prix ordinaire du marché, on doit se régler d'après le prix moyen du marché du lieu du contrat, et au moment de sa conclusion.

1059. Lorsqu'il existe pour des marchandises un tarif, tout prix supérieur est illégal, et l'acheteur peut s'adresser aux autorités de police à l'effet d'obtenir des dommages-intérêts pour toute lésion quelque minime qu'elle soit.

1060. Hors ce cas, la vente ne peut être attaquée soit par l'acheteur, soit par le vendeur, qu'à raison d'une lésion de plus de moitié (art. 934 et 935). Cette action peut également être formée lorsque la fixation du prix a été laissée à un tiers.

1061. Le vendeur est tenu de garder la chose vendue avec soin jusqu'au moment de la tradition, et de la remettre à l'acheteur conformément aux dispositions établies ci-dessus pour l'échange (art. 1047).

1062. Par contre l'acheteur est tenu de prendre livraison de la chose immédiatement ou à l'époque convenue, et de payer en même temps comptant le prix de la vente; à défaut de quoi le vendeur est en droit de lui refuser la livraison de la chose.

1063. Lorsque la chose a été remise à l'acheteur par le vendeur avant le payement du prix de la vente, elle est vendue à crédit et la propriété en passe immédiatement à l'acheteur.

1064. Quant aux risques et aux profits d'une chose vendue, mais non encore livrée, on appliquera les mêmes dispositions que celles prescrites pour le contrat d'échange (art. 1048 à 1051).

1065. L'achat de choses à venir est régi par les dispositions contenues dans le chapitre relatif aux contrats aléatoires.

1066. Dans tous les cas qui se présenteront à résoudre à l'occasion d'un contrat de vente, et qui ne se

trouvent pas expressément décidés par la loi, on appli
quera les dispositions contenues dans le chapitre re
latif aux contrats en général et au contrat d'échange
en particulier.

. 1067. Sont considérées comme des espèces parti
culières de contrats de vente ou comme des contrats
accessoires : la réserve de rachat ou de réméré, de
revente, de *préemption*, la vente à l'essai ou avec
réserve de surenchère, et la commission de vente.

1068. On appelle droit de réméré le droit de ra
cheter une chose vendue. Lorsque ce droit est stipulé
en faveur du vendeur d'une manière générale sans
détermination plus précise, on doit d'un côté rendre
la chose vendue sans détérioration, de l'autre restituer
le prix payé ; les produits respectivement tirés de
la chose ou de l'argent demeurent compensés.

1069. Lorsque l'acheteur a amélioré à ses frais la
chose achetée ou qu'il a fait pour sa conservation des
dépenses extraordinaires, il a droit à une indemnité
comme un possesseur de bonne foi ; mais par contre
il est responsable lorsque par sa faute la valeur a été
diminuée ou la restitution rendue impossible.

1070. La réserve du réméré n'a lieu que pour les
choses immobilières et ne peut être exercée par le
vendeur que sa vie durant. Il ne peut transférer son
droit ni à ses héritiers ni à un tiers, et il ne peut

l'exercer au préjudice d'un tiers que dans le cas où ce droit a été inscrit sur les registres publics.

1071. La réserve par laquelle l'acheteur a stipulé le droit de revendre la chose au vendeur est soumise aux mêmes restrictions, et on appliquera à cette stipulation les dispositions établies pour le réméré. Mais si la clause de réméré ou de revente est fictive et n'a été employée que pour dissimuler un droit de gage ou un contrat de prêt, il y a lieu à l'application de la disposition de l'article 916.

1072. Celui qui a vendu une chose sous la condition que l'acheteur, dans le cas où il voudrait la revendre, devra d'abord lui en offrir le rachat, a un droit de *préemption*.

1073. Le droit de préemption est en général un droit personnel; il ne peut être transformé en droit réel relativement aux choses immobilières que par l'inscription sur les registres publics.

1074. Le droit de préemption ne peut être non plus cédé à un tiers ni être transféré aux héritiers de l'ayant droit.

1075. L'ayant droit est tenu d'opérer le retrait effectif des choses mobilières dans les vingt-quatre heures, et celui des choses immobilières dans les trente jours qui suivent l'offre qui lui est faite. A l'expiration de ces délais, le droit de préemption est éteint.

1076. En cas de mise aux enchères publiques

d'une chose soumise à un droit de préemption, ce droit n'a d'autre effet que de conférer à l'intéressé inscrit sur les registres publics le droit d'être spécialement appelé à l'adjudication.

1077. Celui à qui appartient un droit de préemption est tenu, sauf le cas où il en a été autrement convenu, de payer le prix intégral offert par un tiers. S'il ne peut remplir les autres conditions accessoires offertes au delà du prix ordinaire de la vente, et si ces conditions ne peuvent non plus être estimées à prix d'argent, le droit de préemption ne peut être exercé.

1078. Le droit de préemption ne peut être étendu, à moins d'une stipulation expresse, à d'autres modes d'aliénation.

1979. Lorsque le possesseur n'a pas offert la préemption au vendeur, il est responsable de tout le dommage qui peut en résulter. S'il s'agit d'un droit de préemption réel, la chose aliénée peut être réclamée des tiers acquéreurs, et celui-ci est traité suivant que sa possession est de bonne ou de mauvaise foi.

1080. Dans la vente à l'essai, la propriété de la chose vendue n'est point transférée à l'acheteur avant le payement du prix. L'acheteur est considéré pendant la durée de l'essai comme emprunteur; mais à l'expiration du temps d'essai la vente est considérée comme absolue, et l'acheteur comme propriétaire de l'objet de la vente.

1081. Si l'acheteur a payé le prix de la chose vendue et reçue, la propriété lui en appartient immédiatement; mais il peut jusqu'à l'expiration du temps d'essai résilier la vente.

1082. Si le temps d'essai n'a pas été déterminé par convention, il sera de trois jours pour les choses mobilières et d'un an pour les choses immobilières.

1083. Lorsque la vente est conclue sous la réserve que le vendeur pourra préférer l'acheteur plus avantageux qui se présenterait dans le cours d'un délai déterminé, et si la chose vendue n'a pas été livrée, les effets du contrat demeureront suspendus jusqu'à l'avénement de la condition.

1084. Si l'objet vendu a été livré, le contrat de vente est conclu; mais il est résilié par l'avénement de la condition à défaut de stipulation expresse; quant au délai, on sera présumé avoir adopté celui fixé pour la vente à l'essai.

1085. Il appartient au vendeur de juger si le nouvel acheteur est préférable. Il peut préférer le second acheteur lors même que le premier offrirait de payer encore davantage. En cas de résiliation du contrat, les profits de la chose et de l'argent sont censés compensés. Quant aux améliorations ou aux détériorations, l'acheteur est considéré comme possesseur de bonne foi.

1086. Lorsqu'une personne livre une chose mo-

bilière qui lui appartient à une autre, pour la vendre
moyennant un certain prix, sous la condition qu'au
bout d'un temps déterminé elle devra ou lui payer le
prix fixé ou lui restituer la chose, celui qui a donné
la chose ne peut la réclamer avant l'expiration du
terme; mais celui qui l'a reçue est tenu à l'expiration
du terme de payer le prix de vente fixé.

1087. Pendant la durée du temps fixé le commettant demeure propriétaire. Le commissionnaire
est responsable envers lui du dommage causé par sa
faute et, lors de la restitution de la chose, il ne lui
est tenu compte que des frais qui ont tourné à l'avantage du commettant.

1088. Lorsque la chose est immobilière, ou bien
que le prix ou le délai du payement n'ont pas été
fixés, le commissionnaire est considéré comme fondé
de pouvoirs. Dans aucun cas, la chose confiée pour
être vendue ne peut être réclamée d'un tiers qui l'a
acquise de bonne foi du commissionnaire (art. 367).

1089. Les règles prescrites relativement aux contrats, et notamment aux contrats d'échange et de
vente, sont également applicables en général aux
ventes par autorité de justice, lorsque le présent Code
ou le règlement sur la procédure civile, ne contiennent point à cet égard de dispositions spéciales.

CHAPITRE XXV.

DES CONTRATS DE LOUAGE, DU BAIL EMPHYTÉOTIQUE ET DU BAIL À CENS HÉRÉDITAIRE.

1090. On appelle en général contrat de louage le contrat par lequel une personne acquiert pour un certain temps, et moyennant un prix déterminé, l'usage d'une chose non fongible.

1091. Le contrat de bail s'appelle bail à loyer lorsqu'on peut se servir de la chose louée sans autre préparation ; mais lorsqu'on ne peut s'en servir qu'à l'aide du travail et de soins, le contrat se nomme bail à ferme. Lorsque, par un même contrat, on loue à la fois des choses de la première et de la seconde espèce, le contrat doit être apprécié suivant la nature de la chose principale.

1092. Les baux à loyer et à ferme peuvent s'appliquer aux mêmes objets et être conclus de la même manière que le contrat de vente. Le prix du loyer ou du fermage, lorsqu'il n'existe pas d'autre stipulation, doit être payé comme le prix d'une vente.

1093. Le propriétaire peut louer ses biens meubles ou immeubles de même que ses droits ; il peut également se trouver dans le cas de prendre à loyer l'usage de sa propre chose lorsque cet usage appartient à un tiers.

1094. Lorsque les parties contractantes sont d'ac-

cord sur l'essence du louage, c'est-à-dire sur la chose
et sur le prix, la conclusion du contrat est parfaite, et
l'usage de la chose doit être considéré comme acquis.

1095. Lorsqu'un contrat de louage a été inscrit
sur les registres publics, le droit du preneur doit être
considéré comme un droit réel que le possesseur subséquent est tenu de respecter pour tout le temps qui
reste à courir.

1096. Les bailleurs à loyer ou à ferme sont tenus
de livrer et de maintenir la chose à leurs frais en état
de servir et de ne pas troubler les preneurs dans la
jouissance ou l'usage stipulés. Le fermier n'a à supporter les réparations ordinaires des bâtiments d'exploitation, qu'autant qu'elles peuvent être entreprises
avec les matériaux du bien, et avec les services auxquels il est en droit de prétendre d'après la nature du
bien; quant aux autres, il doit les dénoncer à la sollicitude du bailleur.

1097. Lorsque le preneur a fait dans l'intérêt de
la chose louée une dépense nécessaire qui devait être
faite par le bailleur, ou une dépense utile, il est considéré comme un gérant sans mandat (art. 1036);
mais il est tenu d'en réclamer le payement en justice,
au plus tard dans les six mois qui suivent la restitution de l'objet loué, autrement son action est éteinte.

1098. Les locataires et les fermiers sont autorisés
soit à employer et à utiliser les choses louées ou affer-

inées, conformément au contrat et pendant le temps
déterminé, soit à les sous-louer, si cela peut avoir lieu
sans préjudice pour le propriétaire, et si cette faculté
n'a pas été expressément interdite dans le contrat.

1099. Dans les baux à loyer toutes les charges et
impôts sont supportés par le bailleur. Dans les fermages proprement dits, lorsqu'ils se font en bloc, le
fermier assume toutes les charges à l'exception de celles
qui sont hypothécaires et inscrites; mais si le bail a
été conclu sur estimation, il ne supporte que les
charges qui ont été déduites du revenu ou qui doivent
être acquittées sur les fruits et non sur le fonds.

1100. A moins de stipulation particulière, le
loyer doit être acquitté par semestre, lorsque la chose
a été donnée à bail pour une ou plusieurs années, et
au bout du terme convenu, lorsqu'elle a été louée
pour un temps plus court.

1101. Le bailleur d'une maison d'habitation a,
pour la sûreté du prix du loyer ou du fermage, un
droit de gage sur les objets mobiliers et effets appartenant au locataire, au sous-locataire, ou qui leur ont
été confiés par un tiers (art. 367) et qui se trouvent
sur les lieux au moment de l'action. Le sous-locataire n'est responsable que jusqu'à concurrence du
montant de son loyer, sans pouvoir cependant opposer les payements anticipés faits au locataire principal. Le bailleur à ferme d'un fonds de terre a au

18.

contraire un droit de gage sur le bétail, les ustensiles d'exploitation qui se trouvent dans la ferme ainsi que sur les fruits encore existants.

1102. Le bailleur peut stipuler que le prix du loyer lui sera payé d'avance ; mais si le preneur a payé plus d'un terme d'avance, il ne peut opposer cette anticipation aux créanciers inscrits postérieurement qu'autant qu'elle est elle-même inscrite sur les registres publics.

1103. Lorsque le propriétaire cède son bien sous la condition que le preneur en entreprendra la culture et lui fournira une portion relative des produits, par exemple un tiers ou la moitié des fruits, il ne se forme pas un contrat de bail, mais un contrat de société qui doit être apprécié d'après les règles qui s'y rapportent.

1104. Lorsqu'une chose prise à louage ne peut être employée ou utilisée par suite d'accidents extraordinaires, tels que le feu, la guerre, une épizootie, une inondation ou des orages considérables, ou par suite d'un manque total de récolte, il n'y a pas lieu non plus à acquitter le prix du loyer ou du fermage.

1105. Quand le locataire n'a été privé que d'une partie de l'usage de la chose louée, il doit lui être fait une remise proportionnelle sur le prix du loyer. Lorsque par des accidents extraordinaires, les produits d'un bien affermé pour un an seulement sont tombés de plus de moitié du revenu ordinaire, le fermier a droit à une remise sur le prix de son fermage, et le bailleur est tenu de faire sur le prix une remise égale à la perte éprouvée sur le revenu.

1106. La clause générale que le preneur demeure chargé de tous les risques, ne comprend que les dommages résultant du feu, des inondations et des orages. Tous autres accidents extraordinaires ne tombent pas à la charge du preneur, et s'il s'est expressément obligé à supporter aussi tous les autres accidents extraordinaires, on ne présume pas, par cette clause, qu'il ait sous-entendu se rendre responsable de la perte totale, accidentelle du bien affermé.

1107. Lorsque ce n'est point par la détérioration de la chose louée, ni par sa mise hors de service provenant de toute autre cause, que son usage ou sa jouissance a été rendue impossible, mais par un empêchement ou un accident survenu au preneur, ou lorsqu'au moment du dommage les fruits étaient déjà séparés du fonds, les conséquences de l'événement fâcheux demeurent à la charge seule du preneur qui n'en doit pas moins payer le prix du bail.

1108. Lorsqu'en vertu du contrat ou de la loi un fermier prétend à la remise totale ou partielle du prix du bail, il doit, sans perte de temps, dénoncer au bailleur l'accident survenu, et faire constater l'événement par autorité de justice, ou du moins par deux experts, à moins qu'il ne soit notoire dans le pays; sans cette précaution sa demande n'est pas admise.

1109. A l'expiration du contrat de louage, le preneur doit restituer la chose conformément à l'inventaire qui a pu être dressé ou du moins dans l'état dans lequel il l'a reçue; les fonds de terre affermés doivent être rendus dans leur état de culture ordinaire, selon l'époque de l'année où le bail est expiré. Le preneur ne peut se soustraire à la restitution en opposant soit un droit de compensation, soit même un droit de propriété antérieur.

1110. Lorsque dans un contrat de louage il n'a pas été dressé d'inventaire, il n'y a lieu à la même présomption qu'en cas d'usufruit (art. 518).

1111. Si l'objet loué ou affermé a été endommagé ou usé par suite de l'abus de son usage, les locataires et les fermiers répondent de leurs fautes ainsi que de celles de leurs sous-locataires, mais ils ne sont pas responsables des accidents.

Le bailleur est tenu de demander en justice le dédommagement qui résulte de cette responsabilité, au plus tard dans l'année de la restitution de l'objet du bail; autrement son droit est éteint.

1112. Le contrat de louage se dissout de plein droit si la chose louée périt. Lorsque cette perte

arrive par la faute de l'une des parties, l'autre partie
a droit à un dédommagement : si la perte arrive par
accident, aucune des deux parties n'en est réponsable
envers l'autre.

1113. Le contrat de louage s'éteint aussi par l'expiration du temps qui a été stipulé expressément ou
tacitement, soit par la fixation d'un prix de bail cal-
culé sur un espace de temps déterminé, ainsi que
cela a lieu pour des logements loués au jour, à la se-
maine et au mois, soit par l'intention déclarée du
preneur, ou l'intention résultant clairement des circonstances.

1114. Le contrat de louage peut être prorogé expressément ou tacitement.

Lorsqu'une dénonciation préalable a été stipulée
dans le contrat, il est prorogé tacitement par l'omission de la dénonciation convenue. Quand il n'a pas
été stipulé de dénonciation, il s'opère une reconduction tacite, si le preneur continue, après l'expiration
du terme du bail, d'employer la chose et de s'en servir sans opposition de la part du bailleur.

1115. La reconduction tacite du contrat de louage
s'opère sous les mêmes conditions sous lesquelles
il a été originairement conclu. Néanmoins, pour les
fermages, la reconduction ne s'étend pas au delà d'une
année, à moins que la jouissance ordinaire ne puisse
avoir lieu qu'après un plus long espace de temps,

auquel cas elle s'étend à l'espace de temps qui est nécessaire pour que les produits puissent être de nouveau perçus une fois.

Les locations dont on n'a l'habitude de payer les loyers que tous les six mois, sont renouvelées tacitement pour six mois et les locations plus courtes, pour le temps qui était précédemment fixé par le contrat. Les dispositions ci-dessus, relatives à la première reconduction, s'appliquent aussi aux reconductions successives.

1116. Lorsque la durée du contrat de louage ne se trouve déterminée ni expressément, ni tacitement, ni par des dispositions spéciales, celui qui veut dissoudre le contrat doit le dénoncer au bailleur, pour les fermages six mois, pour la location d'une chose immobilière quinze jours, et pour celle d'une chose mobilière vingt-quatre heures avant l'époque où la restitution doit avoir lieu.

1117. Le preneur a la faculté de demander la dissolution du contrat avant l'expiration du terme stipulé expressément ou tacitement, lorsque, par suite de défauts qui lui sont inhérents, la chose louée se trouve impropre à son usage ordinaire, ou lorsque, par un cas fortuit, une partie notable de l'objet loué lui est retirée ou est mise hors d'usage pendant un temps excédant le terme du contrat, ou enfin lorsque le bailleur cesse de maintenir la chose en état de servir.

1118. Le bailleur peut de son côté réclamer la résiliation anticipée du contrat lorsque le preneur fait de la chose un usage évidemment préjudiciable; lorsqu'après sommation faite il retarde le payement du prix du bail à tel point qu'à l'expiration du second terme il n'ait pas encore complétement acquitté le premier; ou lorsqu'un bâtiment loué a besoin d'être reconstruit à neuf.

Le locataire n'est pas obligé de souffrir à son préjudice des constructions qui augmentent l'utilité de la chose; mais il doit souffrir les réparations nécessaires.

1119. Lorsque la nécessité des nouvelles constructions devait déjà être connue du bailleur au moment de la conclusion du contrat, ou lorsque la nécessité de réparations plus longues provient de la négligence mise à l'exécution de celles de moindre importance, il doit être donné au locataire un dédommagement proportionné à l'usage dont il a été privé.

1120. Lorsque le propriétaire a aliéné la chose louée et l'a livrée à l'acquéreur, le preneur doit, si son droit n'a pas été inscrit sur les registres publics (art. 1095), se retirer devant le nouveau possesseur après avoir reçu le congé exigé. Mais il est en droit de réclamer du bailleur une indemnité complète à raison du dommage qu'il a éprouvé ainsi que des profits dont il a été privé.

1121. En cas de vente forcée par autorité de justice, le preneur est obligé de se retirer devant le nouvel acquéreur alors même que son droit serait enregistré comme droit réel. Il ne conserve son privilége que par rapport à l'indemnité qui lui est due.

1122. On appelle contrat de ferme héréditaire, celui par lequel on cède à une personne et à ses héritiers l'usufruit [domaine utile] d'un bien-fonds, sous la condition qu'il fournira en échange des produits annuels, soit une rente annuelle fixée proportionnellement aux revenus, en argent ou en nature, soit des services proportionnés.

1123. Lorsque le possesseur ne fournit qu'un cens modique dans le seul but de reconnaître le droit du propriétaire du fonds [domaine direct], le fonds s'appelle bien emphytéotique, et le contrat conclu à ce sujet s'appelle contrat d'emphytéose (ou cens héréditaire).

1124. En cas de doute sur la question de savoir si un usufruit tient à un contrat de ferme héréditaire ou à un contrat d'emphytéose, on aura égard au montant du cens annuel et aux autres charges. Si le montant du cens et des charges est hors de toute proportion avec les revenus nets annuels, l'usufruit [domaine utile] est considéré comme tenant à une emphytéose; mais si l'on peut établir une proportion, du moins en se reportant aux temps reculés et en supposant que les terres ont été livrées en état de jachère, alors l'usufruit s'applique à un contrat de ferme héréditaire (art. 359).

1125. Lorsqu'une propriété est divisée de telle sorte que la substance du fonds ainsi que l'usufruit du dessous appartiennent à une personne, et l'usufruit héréditaire de la superficie à une autre, la rente annuelle à acquitter par ce dernier possesseur s'appelle cens foncier.

1126. La propriété divisée d'une chose immobilière ne peut, non plus que la propriété complète, être acquise sans transcription sur les livres ou les registres publics. Un titre valable ne donne naissance qu'à un droit personnel contre la personne obligée, mais non pas à un droit réel contre un tiers (art. 431).

1127. Les droits du nu propriétaire [direct] et du propriétaire usufruitier [utile] ont en général cela de commun que chacun peut disposer de sa part, pourvu que les droits de l'autre n'en soient pas lésés (art. 363).

1128. L'un et l'autre ont la faculté de poursuivre leur part en justice, de l'engager et de l'aliéner par acte entre-vifs, ou par acte de dernière volonté. Celui qui prétend qu'il existe des restrictions doit en fournir la preuve par les titres convenables, tels qu'actes dits de reconnaissance ou d'investiture.

1129. Le nu propriétaire [direct] est notamment en droit d'interdire au propriétaire usufruitier [utile] non-seulement toute dégradation de l'objet de l'usufruit [du domaine utile], mais encore toute modification qui pourrait rendre l'exercice de ses droits plus difficile ou impossible.

1130. Il peut, par conséquent, exiger que le propriétaire usufruitier [utile] prenne soin de la conservation et de la culture du fonds. Si celui-ci néglige l'accomplissement de ses devoirs, nonobstant l'invitation qui lui en a été faite, ou s'il est incapable de supporter les charges qui pèsent sur le fonds, le nu propriétaire [direct] peut insister pour la cession du fonds à d'autres fermiers ou censitaires.

1131. Le droit le plus important des propriétaires d'un bien donné à ferme ou à cens héréditaire consiste dans le prélèvement du cens annuel et des autres prestations stipulées qui ne peuvent sous aucun prétexte être augmentées ni être prélevées, soit sur des meubles qui n'appartiennent pas au fonds, soit sur d'autres objets mobiliers.

1132. Le cens annuel doit, s'il n'a été rien convenu ni déterminé par les lois provinciales, être acquitté dans la première quinzaine du mois de novembre.

1133. En général, un propriétaire utile n'est pas responsable des cas fortuits envers le propriétaire direct; mais lorsqu'un fermier héréditaire n'a pu, par suite d'inondations, de guerres ou d'épizooties, jouir du bien affermé, il doit lui être accordé sur le cens une remise proportionnelle pour le temps pendant lequel il a été privé de sa jouissance.

1134. Un censitaire héréditaire n'a aucun droit à une remise de ce genre; il doit, tant qu'une partie du bien soumis au cens subsiste, acquitter en entier le cens fixé.

1135. Quand le censitaire héréditaire n'a pas acquitté le cens à l'époque convenue, le propriétaire peut demander la saisie des produits pour être appliqués à le tenir indemne.

1136. Le propriétaire d'une ferme héréditaire a le choix, quand le cens est arriéré de plus d'une année, de demander, pour acquitter l'arriéré, la saisie des fruits ou la vente de la ferme aux enchères judiciaires.

1137. Le nu propriétaire [direct] est tenu de garantir le propriétaire usufruitier [utile], relativement au droit d'usufruit [domaine utile] qu'il lui a directement cédé, et lorsque le droit d'usufruit vient à être réuni de nouveau au fonds, de lui tenir compte, à lui ou à ses successeurs, des améliorations effectuées comme à tout autre possesseur de bonne foi, et en outre de répondre de l'exactitude des livrés et registres authentiques qu'il tient pour ses biens soumis à cer.

1138. Le nu propriétaire [direct] n'est point responsable des autres charges imposées par le proprié-

taire usufruitier [utile] et non inscrites sur les registres
publics. Le propriétaire usufruitier [utile] ne peut pas
en général transférer à un autre plus de droits qu'il
n'en a lui même ; ainsi le droit de l'un s'éteint avec
le droit de l'autre.

1139. Les droits et les obligations de l'usufruitier
[propriétaire utile] sont en général en rapport avec
les droits et les obligations déterminées pour le nu
propriétaire [direct].

1140. Le propriétaire usufruitier n'a pas besoin,
pour céder ses droits, du consentement du nu propriétaire; il doit cependant lui faire connaître le successeur afin qu'il juge s'il est capable d'administrer le
bien et de supporter les charges qui le grèvent. Le
nupropriétaire ne peut prétendre à aucun droit de
préemption ou de préférence.

1141. Mais si le nu propriétaire s'est expressément réservé ces droits et ce consentement, il doit
faire connaître sa volonté dans un délai de trente jours
après que la notification ordinaire lui a été faite.
Passé ce délai, son consentement est censé avoir été
donné. Lorsqu'il ne veut pas exercer son droit de
préemption ou de retrait, il ne peut refuser son consentement qu'en cas de danger évident pour le fonds,
ou pour les droits qui y sont attachés.

1142. La somme que le nu propriétaire est quelquefois en droit de demander au nouvel usufruitier

s'appelle *laudemium*, lorsque le changement se fait entre-vifs, et cens à cause de mort, lorsqu'il a lieu à la suite d'un décès. Elle s'appelle aussi dans l'un et l'autre cas droit de mutation. La constitution du pays, les livres et documents publics, une possession paisible pendant trente ans, servent à déterminer si, et jusqu'à quel point, ces droits sont fondés.

1143. Le propriétaire usufruitier a aussi droit à une part proportionnelle dans tout trésor que l'on vient à découvrir (art. 399). Il est même en droit de diminuer le fonds lorsqu'il peut prouver au nu propriétaire que l'on ne saurait autrement se servir du fonds (art. 1129).

1144. L'usufruitier supporte toutes les charges ordinaires et extraordinaires inhérentes au fonds; il paye les taxes, les dîmes et autres impôts spéciale-ment indiqués. Le nu propriétaire répond des charges qui pèsent sur le cens.

1145. Tout nouveau propriétaire usufruitier est tenu en général de se faire donner par le nu pro-priétaire un certificat de reconnaissance, ou un titre constatant le renouvellement de l'usufruit.

1146. C'est d'après la constitution de chaque pro-vince et les lois politiques, que l'on doit déterminer s'il existe entre les usufruitiers et les nu propriétaires d'autres rapports que ceux ci-dessus énumérés, et quels sont les droits et les obligations qui subsistent en particulier entre les propriétaires fonciers et leurs vassaux.

1147. Celui qui ne paye qu'un cens foncier ne peut prétendre qu'à l'usufruit de la surface, tels que des arbres, des plantes, des bâtiments, et au partage du trésor qu'on viendrait à découvrir sur cette surface. Les trésors enfouis et tous autres produits souterrains n'appartiennent qu'au nu propriétaire seul.

1148. Les règles établies pour l'extinction de la propriété complète, s'appliquent aussi en général à celle qui est divisée.

1149. Les biens soumis à ferme ou à cens héréditaire passent à tous les héritiers qui n'en ont pas été expressément exclus. Si l'usufruitier n'a pas de successeur légitime, l'usufruit est réuni à la nue propriété. Néanmoins le nu propriétaire qui veut faire usage de ce droit doit acquitter toutes les dettes de l'usufruitier que le surplus des biens de celui-ci ne suffirait pas à éteindre. Les lois politiques déterminent les cas dans lesquels un nu propriétaire est tenu d'abandonner à d'autres le bien qui lui a fait retour.

1150. La destruction des plantes, des arbres et des bâtiments n'éteint pas l'usufruit de la superficie. Tant qu'une portion du fonds subsiste, le possesseur peut, pourvu d'ailleurs qu'il acquitte son cens, le garnir de nouveau de plantes, d'arbres ou de bâtiments.

CHAPITRE XXVI.

DES CONTRATS DE LOUAGE DE SERVICES À TITRE ONÉREUX.

1151. Lorsqu'une personne s'oblige, moyennant un certain salaire en argent, à une prestation de services ou à la confection d'un ouvrage, il se forme un contrat de louage de services.

1152. Toute personne qui commande un travail ou un ouvrage est présumée avoir consenti à un salaire proportionné. Lorsque le salaire n'a été fixé ni par la convention ni par une loi, il est déterminé par le juge.

1153. En cas de défauts essentiels qui rendent l'ouvrage impropre à son usage ou qui sont contraires à une condition expresse, l'auteur de la commande est en droit de se désister du contrat. S'il ne veut pas y renoncer, ou si les défauts ne sont ni essentiels ni contraires aux conditions expresses, il peut réclamer soit la réparation de l'ouvrage soit un dédommagement convenable, et retenir à cet effet une partie proportionnelle du salaire.

1154. Lorsque, par sa faute, celui qui a reçu la commande n'accomplit pas la promesse dans le temps expressément convenu, l'auteur de la commande n'est plus tenu d'accepter la chose commandée ; il est même en droit de demander une indemnité pour le dommage qui a pu en résulter. Par contre, si l'auteur de la commande tarde à acquitter le salaire, il est pareillement tenu de dédommager d'une manière complète celui à qui il est dû.

1155. Les services et les travaux, alors même qu'ils n'ont pas été accomplis, donnent lieu à des dommages-intérêts proportionnels au profit de la personne qui a reçu la commande lorsqu'elle était prête à l'exécuter et qu'elle en a été empêchée par celui qui l'a faite, soit par sa faute, soit par accident survenu à sa personne, ou qu'en général l'auteur de la commande lui a causé préjudice par la perte de son temps.

1156. En général le salaire n'est dû qu'après l'achèvement de l'ouvrage. Mais si le travail est exécuté suivant certaines divisions du temps ou de l'ouvrage, ou s'il exige des avances dont celui qui a reçu la commande ne se soit pas chargé, ce dernier est en droit de demander avant que l'ouvrage ait été achevé ou le travail entièrement accompli une part du salaire proportionnée aux services ou à l'ouvrage, ainsi que le remboursement des avances faites.

1157. Lorsque par un pur accident la matière préparée pour la confection d'un ouvrage, ou l'ouvrage lui-même a péri en partie ou en totalité, c'est le propriétaire de la matière ou de l'ouvrage qui supporte le dommage. Mais si l'auteur de la commande a fourni une matière évidemment impropre à un emploi convenable, l'ouvrier est responsable du dommage, quand il n'en a pas prévenu l'auteur de la commande, et que l'ouvrage se trouve manqué par cette cause.

1158. En cas de doute sur la question de savoir si la commande d'un ouvrage doit être considérée comme contrat de vente ou contrat de louage, on présume que celui qui a fourni à cet effet la matière a fait à l'ouvrier une commande. Mais quand l'ouvrier a fourni la matière, on présume qu'il y a eu vente.

1159. Lorsqu'à un contrat de louage de services se trouvent annexés d'autres contrats accessoires, on observera les dispositions particulières tracées par la loi relativement à chacun d'eux.

1160. Les ouvriers qui ont été engagés pour un temps déterminé ou jusqu'à l'achèvement d'un ouvrage déterminé, ne peuvent, sans motif légitime, ni abandonner l'ouvrage ni être congédiés avant le temps fixé ou avant l'achèvement de l'ouvrage. Si le travail vient à être interrompu, chaque partie sera responsable de sa faute, mais aucune ne le sera du cas fortuit.

1161. Un ouvrier ou un maître ne peut, à moins de circonstances urgentes, confier à d'autres l'ouvrage dont il a été chargé, et, même dans ce cas, il est responsable de la faute qu'il commettrait dans le choix de la personne.

1162. Un contrat de louage pour des travaux à l'égard desquels il est d'usage de prendre en considération l'habileté particulière de la personne s'éteint par la mort de l'ouvrier, et les héritiers ne peuvent demander que le prix de la matière mise en œuvre et susceptible d'emploi, ainsi qu'une partie du salaire proportionnée à la valeur du travail accompli. Si la personne qui a commandé un ouvrage meurt, ses héritiers sont tenus de maintenir le contrat ou de dédommager l'ouvrier.

1163. Les dispositions qui précèdent sont aussi applicables aux avocats, aux médecins, chirurgiens, facteurs, proviseurs, artistes, fournisseurs et autres personnes qui ont tacitement ou expressément stipulé en leur faveur un traitement, des gages ou toute autre récompense dans les cas non prévus par des dispositions particulières.

1164. Le contrat pour l'édition d'un écrit est celui par lequel un auteur donne à une personne le droit de multiplier cet écrit par la voie de l'impression, et de le vendre. L'auteur se dépouille, par ce contrat, du droit de céder l'édition du même ouvrage à un autre.

1165. L'auteur est tenu de livrer l'ouvrage, conformément aux conventions arrêtées, et l'éditeur de payer la rémunération promise immédiatement après la remise de l'ouvrage.

1166. Si l'ouvrage n'est pas livré par l'auteur à

l'époque fixée ou de la manière convenue, l'éditeur peut se désister du contrat et il peut réclamer des dommages-intérêts si la livraison n'a pas lieu par la faute de l'auteur.

1167. Quand le nombre des exemplaires a été déterminé, l'éditeur doit, pour chaque nouvelle édition, demander le consentement de l'auteur et faire avec lui un nouvel arrangement pour les conditions.

1168. Si l'auteur veut faire une nouvelle édition avec des changements dans le texte de l'ouvrage, il sera également nécessaire de conclure à cet égard un nouveau contrat. Mais tant qu'une édition n'est pas épuisée, l'auteur ne peut en faire faire une nouvelle qu'en offrant de donner à l'éditeur une indemnité convenable à raison des exemplaires non vendus.

1169. Les droits de l'auteur relativement aux nouvelles impressions ou éditions ne passent pas à ses héritiers.

1170. Lorsqu'un écrivain se charge de la rédaction d'un ouvrage d'après le plan qui lui est soumis par l'éditeur, il n'a droit qu'à la rémunération convenue. A l'éditeur seul appartient par la suite la libre et entière disposition du droit de publication.

1171. Ces dispositions doivent aussi être appliquées aux cartes géographiques, aux dessins topographiques et aux compositions de musique. Les restrictions auxquelles la contrefaçon est soumise sont déterminées par les lois politiques.

1172. Les droits et devoirs entre les maîtres et les domestiques sont contenus dans les règlements qui y sont spécialement relatifs.

1173. Les contrats par lesquels on promet un service ou une chose pour un autre service doivent être jugés d'après les règles fixées pour les contrats à titre onéreux en général, notamment d'après celles contenues dans ce chapitre.

1174. Nul ne peut réclamer la restitution de ce qu'il a sciemment donné pour provoquer une action impossible ou illicite. Les lois politiques déterminent les cas où le fisc est en droit d'en faire la confiscation. Mais lorsque, pour empêcher une action illicite, quelque chose a été donné à celui qui voulait commettre cette action, la restitution peut en être réclamée.

CHAPITRE XXVII.

DU CONTRAT DE COMMUNAUTÉ DE BIENS.

1175. Le contrat par lequel deux ou plusieurs personnes conviennent de mettre en commun, pour s'en partager le bénéfice, soit leur industrie seulement, soit leur industrie et des objets à eux appartenant, donne lieu à une société d'acquêts commune.

1176. La nature des sociétés varie, et les droits

sociaux sont plus ou moins étendus, selon que les
membres de la société apportent à la communauté
seulement des choses ou des sommes d'argent déterminées, ou toute une généralité de choses, par exemple, toutes leurs marchandises, tous leurs fruits, tous
leurs biens-fonds ou encore toute leur fortune, sans
exception.

1177. Quand un contrat de société se forme pour
la totalité de la fortune, cette classe ne comprend que
la fortune actuelle. Lorsqu'on y a également compris la
fortune à venir, à moins de dispositions expresses,
cette dénomination n'embrasse que la fortune d'acquêts et non celle échéant par héritage.

1178. Les contrats de société qui ne se rapportent
qu'à la fortune présente ou à celle qui est à venir sont
nuls si les biens apportés par l'une et l'autre partie ne
sont pas exactement décrits et inventoriés.

1179. Les lois commerciales et politiques déterminent les règles suivant lesquelles le contrat de société doit être conclu entre négociants, inscrit sur des
registres et rendu public. Lorsqu'il ne s'agit que de
poursuivre en commun des affaires isolées, il suffit
que le contrat formé à ce sujet soit porté sur les
livres de commerce.

1180. Le contrat relatif à la communauté de toute
la fortune, tant présente qu'à venir, lorsqu'il est contracté entre époux, ce qui est le cas le plus ordinaire,

doit être apprécié suivant les dispositions contenues à ce sujet dans le chapitre des pactes matrimoniaux.

Les présentes dispositions s'appliquent à toutes les espèces de communautés de biens établies par contrat.

1181. Le contrat de société est, il est vrai, au nombre des modes d'acquérir la propriété, mais l'acquisition elle-même et la communauté des biens et des choses ne s'effectuent que par la tradition.

1182. Tout ce qui a été expressément destiné à la poursuite de l'affaire commune forme le capital ou le fonds de la société. Tout ce que les membres de la société possèdent d'ailleurs est considéré comme bien particulier.

1183. Lorsqu'on a mis en commun de l'argent, des choses fongibles ou des choses non fongibles, mais appréciables à prix d'argent, on doit considérer comme propriété commune non-seulement le profit qui en résulte, mais encore le fonds social relativement aux membres qui y ont contribué. Celui qui a simplement promis d'employer ses peines à l'avantage commun a droit aux bénéfices, mais non au fonds social (art. 1193).

1184. Tout associé est tenu, à moins d'une convention particulière, de contribuer au fonds commun par portion égale.

1185. En général tous les associés sont tenus de

contribuer également à l'avantage commun sans égard à la quotité de leur part.

1186. Nul associé n'est autorisé à confier sa coopération à un tiers, à admettre un étranger dans la société ou à entreprendre une affaire séparée nuisible à la société.

1187. Les devoirs des associés doivent être plus particulièrement déterminés par le contrat. Celui qui ne s'est obligé qu'à travailler n'est tenu à aucun apport. Celui qui a simplement promis un apport en argent ou tout autre apport, n'a ni l'obligation ni le droit de concourir d'une autre manière à la gestion commune.

1188. On appliquera aux délibérations et à la décision sur les affaires de la société, s'il n'existe aucune autre convention, les dispositions contenues à cet égard dans le chapitre de la communauté de la propriété (art. 833 à 842).

1189. Les consociés ne peuvent être forcés à un apport plus considérable que celui auquel ils se sont obligés. Si cependant, par suite d'un changement de circonstances, le but de la société ne pouvait être atteint sans une augmentation d'apport, le consocié qui s'y refuse peut se retirer et même y être contraint.

1190. Lorsque la gestion des affaires est confiée à un ou plusieurs associés, ils sont considérés comme mandataires. On appliquera également à leurs délibérations et décisions sur les affaires de la société les dispositions mentionnées ci-dessus (art. 833 à 842).

1191. Chaque associé est responsable du dommage qu'il cause à la société par sa faute. Ce dommage ne peut entrer en compensation avec les bénéfices que le même associé procure d'ailleurs à la société. Mais si un associé, en entreprenant de son chef une nouvelle affaire sociale, a, d'une part, causé du dommage à la société et lui a procuré, d'autre part, des bénéfices, il sera établi une compensation jusqu'à due concurrence.

1192. L'avoir qui reste en sus du fonds social après la déduction de tous les frais et de toutes les pertes forme le bénéfice. Le capital même reste la propriété de ceux qui y ont contribué, à moins que la valeur du travail n'ait ajouté au capital et que le tout n'ait été déclaré bien commun.

1193. Le bénéfice est partagé en proportion de la part contributive au capital, et les travaux des divers associés sont respectivement compensés. Lorsqu'un ou plusieurs associés font seuls le travail ou fournissent un travail indépendamment de leur mise sociale, la part proportionnelle dans les bénéfices en raison de ce travail, quand il n'existe pas de convention et que les associés ne peuvent pas tomber d'accord, est fixée par les tribunaux en ayant égard à l'importance de l'affaire, aux soins donnés et au bénéfice qui en est résulté.

1194. Si le bénéfice ne consiste pas en argent, mais en d'autres espèces de produits, le partage s'en fait suivant les dispositions contenues dans le chapitre de la communauté de la propriété (art. 840 à 843).

1195. La société peut attribuer à un associé, en raison de ses qualités éminentes ou de ses peines extraordinaires, une part plus considérable dans les bénéfices que celle qui lui reviendrait suivant son apport; mais les exceptions de ce genre ne doivent pas dégénérer en stipulations ou lésions illégales.

1196. On considère comme stipulation illégale de ce genre le contrat par lequel, moyennant un capital fourni à la société, une personne se laisse garantir d'une part contre tout risque de perte, tant sur le capital que sur les intérêts, et dispenser de toute coopération, et s'assure néanmoins d'autre part des bénéfices excédant le taux légal des intérêts conventionnels.

1197. Si la société a perdu son fonds social en tout ou en partie, la perte est répartie comme l'eût été le bénéfice dans le cas contraire. Celui qui n'a pas apporté de capital perd le prix de ses peines.

1198. Les associés auxquels la gestion est confiée sont tenus de tenir et de rendre exactement des comptes du capital social, ainsi que des recettes et des dépenses qui s'y rapportent.

1199. On ne peut réclamer le compte final et la répartition des bénéfices ou des pertes avant l'achèvement de l'affaire. Mais quand il s'agit d'affaires qui durent pendant plusieurs années et qui doivent donner un profit annuel, les associés peuvent demander tous les ans non-seulement des comptes, mais encore le partage des bénéfices, si d'ailleurs l'affaire principale n'a pas à en souffrir. Du reste chaque associé peut en tout temps examiner les comptes à ses propres frais.

1200. Celui qui a acquiescé à la simple production d'un bilan, ou qui a renoncé au droit de demander des comptes, peut, s'il est en mesure de prouver un dol dans une seule partie de la gestion, exiger des comptes complets, non-seulement pour le passé, mais encore pour l'avenir.

1201. La société ne peut être engagée vis-à-vis d'un tiers sans le consentement légitime, exprès ou tacite, des associés ou de leurs mandataires. A l'égard des négociants, le droit conféré à un ou plusieurs associés de se servir de la raison sociale, c'est-à-dire de signer tous les titres et écrits au nom de la société (art. 1028), s'il a été dûment notifié, vaut comme procuration de tous les associés.

1202. L'associé qui n'a mis dans la société qu'une partie de sa fortune peut posséder une fortune distincte de celle de la société et dont il est en droit de disposer librement. Les droits et les obligations qu'un tiers peut avoir contre la société doivent donc être distingués des droits et des obligations qu'il peut avoir contre un associé en particulier.

1203. Par conséquent celui qui a quelque chose à réclamer ou à payer à un associé en particulier, et non à la société, ne peut le demander ou le payer qu'à cet associé et non à la société. De même chaque associé n'a de droit ou ne contracte d'obligations en ce qui concerne les dettes et les créances sociales que jusqu'à concurrence de sa mise, sauf le cas présumé à l'égard des commerçants, où tous se seraient obligés ou auraient stipulé d'une manière solidaire en leur faveur.

1204. Les associés anonymes d'une société de commerce, c'est-à-dire ceux qui lui ont fourni une partie des fonds pour participer aux profits ou aux pertes, mais qui n'ont pas été proclamés comme associés, ne sont en aucun cas responsables au delà du montant de leur mise. Les associés apparents sont responsables des pertes sur toute leur fortune.

1205. La société se dissout d'elle-même lorsque l'affaire pour laquelle elle a été formée est terminée ou ne peut plus être continuée, ou lorsque tout le capital social se trouve détruit, ou lorsque le temps fixé pour la durée de la société est écoulé.

1206. Les droits et les obligations de la société ne passent pas en général aux héritiers des associés. Ceux-ci ont cependant le droit, quand la société n'est

pas continuée avec eux , de demander et de faire liquider les comptes jusqu'au moment du décès du
testateur. Mais ils peuvent aussi, par contre, être
obligés à rendre et à liquider des comptes.

1207. Si la société ne se compose que de deux
personnes, elle se dissout par la mort de l'une d'elles.
Si elle se compose d'un plus grand nombre, il y a présomption de la part des autres associés qu'ils entendent
continuer la société entre eux. Cette présomption
existe également en général à l'égard des héritiers de
commerçants.

1208. Si un contrat de société formé entre personnes non commerçantes se trouve expressément
étendu à leurs héritiers, ceux-ci sont tenus, lorsqu'ils
acceptent la succession, de se conformer aux volontés
du testateur; toutefois cette volonté ne s'étend pas aux
héritiers des héritiers; elle peut encore moins fonder
une société perpétuelle (art. 832).

1209. Lorsque l'héritier n'est pas en état de
rendre les services à la prestation desquels le décédé
s'était engagé envers la société, il doit se soumettre à
une réduction proportionnée sur les avantages stipulés.

1210. L'associé qui n'accomplit pas les conditions
essentielles du contrat, qui tombe en faillite, qui est
judiciairement déclaré prodigue ou qui, en général,
est mis en curatelle, ou qui, par suite d'un crime, se

rend indigne de toute confiance, peut être exclu de la société avant l'expiration de sa durée.

1311. Le contrat de société peut être résilié avant l'expiration du terme stipulé lorsque l'associé de qui dépendait principalement la gestion de l'affaire est mort ou s'est retiré de la société.

1312. Lorsque la durée de la société n'a pas été expressément fixée et ne peut être déterminée d'après la nature de l'affaire, chaque associé peut à volonté dénoncer le contrat, pourvu qu'il n'agisse pas avec dol ou d'une manière intempestive (art. 830).

1313. Les effets d'une exclusion ou d'une résiliation contestée, mais déclarée valable par la suite, rétroagissent au jour où elle a eu lieu.

1314. La dissolution d'une société commerciale, l'adjonction et la retraite de ses membres apparents doivent être rendues publiques de la même manière que sa formation. C'est d'après cette publication qu'on apprécie la force et la durée des procurations.

1315. On suivra pour le partage de la fortune sociale qui doit être fait après la dissolution d'une société, en outre des règles posées ci-dessus, les dispositions du chapitre de la communauté de la propriété pour le partage d'une chose commune en général.

1316. Les dispositions contenues dans ce chapitre sont aussi applicables aux sociétés commerciales dans tous les cas qui ne sont point régis par des dispositions particulières.

CHAPITRE XXVIII.

DES PACTES MATRIMONIAUX.

1217. On appelle pactes matrimoniaux les contrats formés relativement aux biens en vue d'un mariage. Ils ont principalement pour objet la dot, les dons nuptiaux, le présent du lendemain de noces, la communauté de biens, l'administration et l'usufruit de la fortune particulière des époux, l'ordre de succession ou l'usufruit viager de la fortune en cas de décès de l'un des époux, et le douaire.

1218. On entend par dot les biens apportés ou promis au mari par la femme ou par un tiers pour l'aider à supporter les charges inhérentes à la société conjugale.

1219. Lorsque la future épouse possède des biens propres et qu'elle est majeure, elle et le futur époux peuvent s'entendre librement sur la dot et sur les autres donations réciproques. Mais si la future épouse est mineure, le contrat ne peut être conclu que par son père ou par son tuteur avec le consentement du tribunal pupillaire.

1220. Si la future épouse ne possède pas une fortune particulière suffisante pour constituer une dot convenable, les père et mère ou les aïeuls et aïeules, suivant

l'ordre dans lequel ils sont obligés de nourrir et d'entretenir les enfants, sont tenus de donner à leurs filles
ou petites-filles, lors de leur mariage, une dot proportionnée à leur condition et à leur fortune, ou bien d'y
contribuer chacun pour une part (art. 141 et 143).
Une fille naturelle ne peut réclamer de dot que de sa
mère.

1221. Si les père et mère ou aïeuls allèguent leur
impuissance à constituer une dot convenable, le tribunal, sur la demande des futurs époux, vérifiera les
circonstances, sans entrer cependant dans un examen
trop rigoureux de l'état de la fortune, et fixera en
conséquence une dot proportionnée, ou bien en dis-
pensera les père et mère ou les aïeuls.

1222. Lorsqu'une fille s'est mariée à l'insu et
contre le gré de ses parents, et que le tribunal trouve
fondés les motifs du refus des parents, ceux-ci ne sont
pas tenus de constituer une dot, lors même que par
la suite ils ratifieraient le mariage.

1223. Lorsqu'une fille a reçu sa dot et qu'elle l'a perdue, même sans sa faute, elle n'est plus en droit, même
en cas de secondes noces, d'en demander une nouvelle.

1224. En cas de doute sur la question de savoir si
la dot a été constituée sur la fortune des père et mère
ou sur celle de la future épouse, on admet la dernière
supposition. Mais si les père et mère ont payé la dot
de leur fille mineure sans l'assentiment du tribunal

pupillaire, il y a présomption qu'ils l'ont constituée sur leur propre fortune.

1225. Si le futur époux n'a pas stipulé de dot avant la conclusion du mariage, il n'est plus en droit d'en réclamer une. La remise de la dot stipulée peut être demandée immédiatement après la conclusion du mariage lorsqu'il n'a pas été fixé d'autre époque.

1226. Lorsqu'une faillite s'ouvre sur les biens du mari, la reconnaissance verbale ou écrite faite par lui avant l'ouverture de la faillite de la réception de la dot, fait preuve contre les tiers; mais si cette reconnaissance n'est faite qu'après l'ouverture de la faillite, elle n'a point force de preuve vis-à-vis des créanciers.

1227. Tout ce qui peut être aliéné et qui est susceptible d'usufruit peut être constitué en dot. Tant que dure l'union conjugale, l'usufruit de la dot et de ce qui y accroît appartient au mari. La propriété parfaite lui en appartient si la dot consiste en argent comptant, dans la cession de créances, ou dans des choses fongibles.

1228. Si la dot consiste en biens immobiliers, en droits ou en objets mobiliers dont on peut se servir en conservant la substance, on considère la femme comme propriétaire et le mari comme usufruitier, jusqu'à ce qu'il soit prouvé que le mari s'est chargé de la dot moyennant un prix déterminé, et qu'il ne s'est engagé qu'à la restitution de cette somme.

1229. D'après la loi, la dot, à la mort du mari, revient à la femme, et aux héritiers de celle-ci quand elle est prédécédée. Si elle ou ses héritiers doivent en être exclus, cette exclusion doit être stipulée expressément. Celui qui constitue volontairement une dot peut stipuler qu'elle lui fera retour à la mort du mari.

1230. On appelle douaire ou don nuptial (*Widerlage*) ce que l'époux ou un tiers donne à la mariée en augmentation de sa dot. L'épouse n'en a, il est vrai, aucune jouissance pendant le mariage, mais, si elle survit au mari, la libre propriété lui en revient, même sans stipulation particulière, quoique la dot ne dût pas revenir au mari en cas de survie.

1231. Ni le futur époux ni ses père et mère ne sont tenus de donner un douaire. Mais, de même que les parents de la future épouse sont tenus de lui assigner une dot, de même aussi les parents du futur sont obligés de lui fournir un établissement proportionné à leur fortune (art. 1220 à 1223).

1232. On appelle présent de lendemain de noces le cadeau que le mari promet de donner à sa femme le lendemain du mariage. Quand il a été stipulé, on présume, en cas de doute, qu'il a été donné dans les trois premières années du mariage.

1233. L'union conjugale n'établit pas de plein droit une communauté de biens entre les époux. Elle ne peut être fondée que par un contrat spécial dont l'étendue et la forme légale doivent être déterminées d'après les articles 1177 et 1178 du chapitre précédent.

1234. En général la communauté de biens entre époux n'est censée établie que pour le cas de mort. Elle donne à l'époux survivant droit à la moitié des biens respectivement apportés à la communauté et qui restent au décès de son conjoint.

1235. En cas d'une communauté générale de tous les biens, on déduira avant le partage toutes les dettes, sans exception, et en cas d'une communauté des biens présents ou des biens à venir seulement, on ne déduira que les dettes qui ont été contractées dans l'intérêt du bien mis en communauté.

1236. Lorsqu'un époux possède un bien immobilier et que le droit de communauté de l'autre conjoint a été inscrit sur les registres publics, celui-ci acquiert par cette inscription sur la moitié de la substance de ce bien un droit réel qui a pour effet d'enlever à l'autre époux la faculté de disposer de cette moitié; mais cette inscription ne lui donne, pendant le mariage, aucun droit à l'usufruit. A la mort du conjoint, l'époux survivant a immédiatement droit à la libre propriété de sa portion. Cette inscription ne peut cependant pas préjudicier aux droits des créanciers antérieurement inscrits sur ce bien.

1237. Lorsque les époux n'ont pas fait de contrat

spécial pour l'emploi de leur fortune, chaque époux conserve son droit de propriété antérieur, et l'autre conjoint n'a aucun droit sur ce que chacun acquiert et sur ce qui lui advient d'une manière quelconque pendant le mariage. En cas de doute on présume que l'acquêt provient du mari.

1238. Tant que la femme n'a pas manifesté de volonté contraire, il y a présomption légale qu'elle a confié l'administration de sa fortune propre à son mari comme étant son protecteur légal.

1239. Le mari est considéré en général, par rapport à cette administration, comme un mandataire ordinaire; il n'est cependant responsable que du fonds ou du capital. A moins d'une stipulation expresse, il ne doit aucun compte des fruits perçus pendant son administration; ses comptes sont au contraire censés liquidés jusqu'au moment où son administration a cessé.

1240. La femme n'est pas tenue non plus de rendre compte des fruits qu'elle a cédés à son mari, mais qu'elle a perçus elle-même pendant le mariage; toutefois il est libre aux époux de faire cesser ces sortes de concessions tacites d'administration.

1241. En cas d'urgence ou de préjudice imminent, l'administration de la fortune peut être retirée au mari, alors même qu'elle lui aurait été accordée expressément et pour toujours. Par contre, il est aussi en droit de mettre un frein à la gestion désordonnée du ménage de sa femme et il peut, même en se conformant aux dispositions de la loi, la faire déclarer prodigue.

1242. On appelle douaire de viduité ce qui est accordé à la femme pour son entretien en cas de veuvage. Elle y a droit immédiatement après la mort du mari; il doit toujours être acquitté par trimestre, et d'avance.

1243. La veuve a encore droit à son entretien ordinaire sur la succession pendant six semaines après la mort de son mari, et lorsqu'elle est enceinte jusqu'à six semaines après son accouchement. Mais tant qu'elle jouit de cet entretien elle ne peut toucher son douaire.

1244. La veuve qui convole en secondes noces perd ses droits au douaire.

1245. Celui qui constitue la dot est en droit de réclamer de celui qui la reçoit une caution convenable, soit lors de la remise, soit ultérieurement, si elle est mise en péril. Les tuteurs et curateurs d'une future épouse ne peuvent sans l'autorisation du tribunal pupillaire renoncer à la caution pour la dot ni pour les dons nuptiaux convenus ou pour le douaire.

1246. La validité ou la nullité des donations entre époux est déterminée d'après les lois sur les donations en général.

1247. Ce qu'un mari a donné à sa femme en bijoux, pierreries ou autres choses précieuses pour la toilette, est considéré, en cas de doute, comme donné en présent et non comme prêté. Mais lorsque l'un des futurs conjoints promet ou donne à l'autre, ou lorsqu'un tiers donne ou promet à l'un d'eux quelque chose en considération du mariage, la donation peut être révoquée lorsque, sans la faute du donateur, le mariage n'a pas eu lieu.

1248. Il est permis aux époux de s'instituer réciproquement ou d'instituer d'autres personnes pour héritiers dans un seul et même testament. Un tel testament est révocable; mais la révocation faite par l'une des parties n'autorise pas à présumer la révocation de l'autre (art. 583).

1249. Il peut aussi être conclu entre époux un pacte successoral, par lequel on promet et on accepte le don de tout ou partie de la future succession (art. 602); mais pour qu'un tel contrat soit valide, il est nécessaire qu'il soit dressé par écrit, avec toutes les formalités requises pour les testaments écrits.

1250. Un époux sous tutelle ou curatelle peut accepter la succession non dommageable qui lui est promise; mais s'il a disposé de sa propre succession sans l'assentiment du tribunal pupillaire, cette disposition n'a d'effet qu'autant qu'elle forme un testament valable.

1251. Les dispositions relatives aux conditions

ajoutées aux contrats en général doivent aussi être appliquées aux pactes successoraux entre époux.

1252. Un contrat successoral, même lorsqu'il est inscrit sur les registres publics, n'empêche pas les conjoints de disposer librement de leurs biens leur vie durant. Le droit qui en naît suppose la mort du testateur; il ne peut pas plus être transféré à d'autres par l'héritier conventionnel lorsqu'il ne survit pas au testateur, qu'on ne peut exiger de caution à raison de la future succession.

1253. Les conjoints ne peuvent, par le pacte successoral, renoncer entièrement au droit de tester. La loi réserve, dans tous les cas, à la libre disposition des parties, par acte de dernière volonté, un quart net des biens affranchi de toute légitime au profit d'autrui et de toute autre charge. Si le défunt n'a point disposé de cette part, elle ne revient pas aux héritiers conventionnels, lors même que toute la succession aurait été promise, mais aux héritiers légitimes.

1254. Le pacte successoral ne peut être révoqué au préjudice du conjoint avec lequel il a été conclu; il ne peut être annulé que conformément aux dispositions de la loi. Les droits des héritiers nécessaires contre le pacte successoral sont réservés comme ils le sont à l'égard de toute autre disposition de dernière volonté.

1255. Lorsqu'un conjoint a accordé à l'autre l'usufruit de ses biens en cas de survie, il n'en conserve pas moins sans restriction le droit d'en disposer librement par acte entre-vifs; le droit d'usufruit (art. 509 à 520) ne s'applique qu'aux biens laissés qui peuvent être librement transmis à des héritiers.

1256. Mais si la donation de l'usufruit d'un bien immobilier a été inscrite sur les registres publics avec le consentement du donataire, il ne peut plus être porté préjudice à cet usufruit par rapport au bien sur lequel il est assis.

1257. Dans le cas où l'époux survivant convolerait à de secondes noces ou voudrait céder cet usufruit à un tiers, les enfants du conjoint prédécédé ont le droit de demander que l'usufruit leur soit abandonné moyennant une rente annuelle proportionnée.

1258. L'époux qui prétend à l'usufruit de la totalité ou d'une partie de la succession de l'autre conjoint n'a pas le droit de réclamer en outre la part que la loi lui accorde dans le cas de succession légitime (art. 757 à 759).

1259. L'assimilation des enfants, c'est-à-dire le contrat par lequel il est stipulé que les enfants de différents lits seront considérés comme égaux en droits relativement à la succession, n'a pas d'effet légal.

1260. Lorsqu'un ordre s'ouvre sur les biens du mari, de son vivant, la femme ne peut pas demander la restitution de la dot et le payement du cadeau de noces, mais elle peut seulement réclamer des créan-

ciers une caution pour le cas de la dissolution du mariage.

Elle est en outre autorisée à réclamer, à partir de
l'ouverture de l'ordre, la jouissance de son douaire, et,
lorsqu'il n'en a pas été stipulé, celle de sa dot; mais
elle n'a aucun droit ni à l'une ni à l'autre jouissance,
lorsqu'il est prouvé qu'elle est elle-même cause du
désordre des affaires de son mari.

1261. Si un ordre vient à s'ouvrir sur les biens
de la femme, les pactes matrimoniaux demeurent intacts.

1262. Lorsqu'il existe une communauté de biens
conventionnelle entre les époux, cette communauté
cesse par la faillite de l'un ou de l'autre des époux, et
les biens communs entre eux sont partagés comme en
cas de décès de l'un d'eux.

1263. Lorsque des époux conviennent de vivre
séparés, ils ont aussi la faculté, dont ils devront toutefois user en même temps (art. 103 à 105), de
convenir soit du maintien de leurs pactes matrimoniaux, soit des changements qu'ils veulent y apporter.

1264. Si la séparation a été prononcée par décision judiciaire, et si la faute de la séparation n'est imputable à aucune des deux parties ou est imputable à
toutes les deux, chacun des deux époux peut demander que les pactes matrimoniaux soient déclarés rom-

pas, mais le tribunal devra, dans tous les cas, tenter d'amener une conciliation (art. 108).

Si l'une des parties n'a aucun tort à se reprocher, elle a la faculté de demander soit la continuation ou la rupture des pactes matrimoniaux, soit, selon les circonstances, un entretien convenable.

1265. Lorsqu'un mariage est déclaré nul, les pactes matrimoniaux cessent également d'avoir leur effet; les biens qui existent encore sont remis dans leur état antérieur; mais la partie coupable est tenue de fournir des dommages-intérêts à la partie innocente (art. 102).

1266. Lorsque le divorce est accordé sur la demande des deux époux pour cause d'incompatibilité invincible d'humeur (art. 115 et 133), les pactes matrimoniaux sont rompus pour les deux parties, à moins d'une convention spéciale à cet égard (art. 117). Lorsque le divorce est prononcé par jugement, l'époux innocent a non-seulement droit à des dommages-intérêts, mais il a encore droit, à partir de la prononciation du divorce, à tout ce qui a été stipulé en sa faveur par le contrat de mariage pour le cas de survie. Les biens qui auraient été mis en communauté sont partagés comme dans le cas de mort, et les droits résultant d'un pacte successoral en faveur de la partie innocente lui demeurent réservés pour le cas de mort. Un conjoint divorcé, quoique innocent, ne peut prétendre à la succession ab intestat (art. 757 à 759).

CHAPITRE XXIX.

DES CONTRATS ALÉATOIRES.

1267. Le contrat aléatoire, est celui par lequel une personne promet et une autre accepte l'espérance d'un avantage encore incertain. Ce contrat appartient à la classe des contrats gratuits ou à celle des contrats onéreux, suivant que celui qui a accepté promet ou ne promet point quelque chose en retour.

1268. L'action donnée par la loi pour lésion d'outre moitié n'est pas applicable aux contrats aléatoires.

1269. Sont considérés comme contrats aléatoires: le pari, le jeu et le tirage au sort; tous contrats de vente et autres, relatifs à des droits espérés ou à des choses futures encore incertaines; en outre, les contrats de rentes viagères, les sociétés en tontine, enfin les contrats d'assurance et à la grosse.

1270. Le pari se forme lorsqu'on convient d'un prix déterminé en faveur de celui dont l'assertion se trouvera vérifiée par la réalisation d'un événement encore inconnu aux deux parties. Si la partie gagnante avait connaissance certaine de l'événement et l'avait cachée à l'autre partie, elle se rend coupable d'un dol et le pari est nul. La partie perdante qui connaissait l'événement d'avance doit être considérée comme donateur.

1271. Les paris faits de bonne foi, et d'ailleurs licites, sont obligatoires lorsque le prix n'a pas seulement été promis, mais effectivement payé ou déposé. Le prix ne peut pas être réclamé en justice.

1272. Tout jeu est une espèce de pari. Les droits établis quant aux paris sont aussi applicables aux jeux. Les lois politiques déterminent quels sont les jeux défendus en général ou pour certaines classes, quelles sont les peines à infliger à ceux qui se livrent à des jeux défendus ou à ceux qui les favorisent.

1273. Le tirage d'un lot entre particuliers pour un pari ou un jeu doit être jugé d'après les dispositions relatives aux paris ou aux jeux. Mais lorsqu'un partage, un choix ou un procès doit être décidé par le sort, on appliquera les dispositions relatives aux autres contrats.

1274. Les loteries de l'état ne doivent pas être jugées d'après la nature du pari et du jeu, mais d'après des statuts qui sont publiés lors de leur établissement.

1275. Celui qui promet un prix proportionnel pour une mesure déterminée d'un produit à venir, conclut un contrat de vente ordinaire.

1276. Celui qui achète les produits futurs d'une chose à forfait, ou l'espérance de ces produits moyennant un prix déterminé, conclut un contrat aléatoire; il court la chance d'être complétement trompé dans son attente, mais il a droit aussi à tous les produits ordinaires que l'on avait en vue.

1277. L'intérêt dans une mine s'appelle *kux*. L'achat d'un *kux* appartient aux contrats aléatoires. Le vendeur n'est responsable que de l'existence du *kux*, et l'acheteur reste soumis aux lois sur les mines.

1278. L'acheteur d'une succession recueillie par le vendeur, ou qui lui est au moins échue, succède non-seulement aux droits, mais encore aux obligations du vendeur, comme héritier, en tant qu'ils ne sont pas purement personnels. Lors donc que la vente n'a pas été basée sur un inventaire, l'achat d'une succession est également un contrat aléatoire.

1279. L'acquéreur d'une succession n'a aucun droit sur les choses de la succession qui reviennent au vendeur, non comme héritier, mais à un autre titre, et qui lui seraient revenues indépendamment de ses droits successifs, tels qu'un préciput, un fidéicommis, une substitution ou une créance. Par contre, il perçoit tout ce qui accroît à la succession, soit par la retraite d'un légataire ou d'un cohéritier, ou de toute autre manière que ce soit, pourvu que le vendeur y eût des droits.

1280. Tout ce que l'héritier a perçu en vertu de

son droit d'hérédité, tel, par exemple, que les fruits et les dettes échues, est compté dans la masse, et l'on en déduit par contre tout ce qu'il a dépensé de ses propres deniers pour recueillir la succession ou pour l'administrer. On comptera comme dépenses de ce genre les dettes acquittées par lui, et les legs délivrés par lui, les impôts et les frais de justice, et aussi, à moins de stipulations expressément contraires, les frais d'enterrement.

1281. Si le vendeur a administré la succession avant d'en faire la remise, il en est responsable envers le vendeur, comme le serait tout autre gérant d'affaires.

1282. Les créanciers de la succession et les légataires peuvent s'adresser pour leur payement à l'acheteur de la succession, ou s'en tenir à l'héritier même. Leurs droits, de même que ceux des débiteurs de la succession, ne sont pas changés par la vente de la succession, et l'addition d'hérédité de la part de l'un est aussi obligatoire pour l'autre.

1283. Lorsqu'un inventaire a été pris pour base de la vente, le vendeur est responsable du contenu. Si la vente a été faite sans inventaire, il est responsable de l'existence de son droit d'hérédité, tel qu'il l'a déclaré, ainsi que de tout dommage causé à l'acheteur par sa faute.

1284. On appelle contrat de rente viagère celui

par lequel on promet à une personne, moyennant de l'argent ou une chose appréciable à prix d'argent, une certaine rente annuelle pendant la durée de la vie d'une personne déterminée.

1285. La durée de la rente viagère peut dépendre de la vie de l'une des deux parties ou bien de celle d'un tiers. En cas de doute, elle est payée par trimestre à l'avance et cesse dans tous les cas avec la vie de celui sur la tête duquel elle repose.

1286. Ni les créanciers, ni les enfants de celui qui stipule en sa faveur une rente viagère, ne sont en droit d'attaquer ce contrat. Néanmoins les créanciers peuvent réclamer leur payement sur le produit de la rente viagère, et les enfants peuvent demander le placement de la partie de la rente dont leur auteur peut se passer, afin d'être affectée à l'entretien que les lois leur accordent.

1287. Le contrat par lequel il est établi, au moyen d'une mise, un fonds commun de prévoyance en faveur des membres, de leurs épouses ou de leurs orphelins, doit être jugé suivant la nature et le but de la fondation et suivant les conditions de son établissement.

1288. Le contrat d'assurance se forme lorsqu'une personne prend sur elle le risque du dommage qui pourrait frapper un autre sans sa faute et promet de lui fournir l'indemnité convenue, moyennant un certain prix. L'assureur répond du dommage qui peut arriver à l'assuré et celui-ci doit le prix convenu.

1289. Les objets ordinaires de ce contrat sont les marchandises transportées, soit par eau, soit par terre. On peut cependant assurer également d'autres choses, par exemple, des maisons et des fonds de terre, contre le feu, les inondations ou d'autres dangers.

1290. Si le dommage accidentel dont la réparation a été stipulée vient à se réaliser, l'assuré, quand il ne survient pas d'obstacle insurmontable ou que l'on n'en est pas autrement convenu, doit en donner avis à l'assureur dans le délai de trois jours, lorsqu'ils se trouvent dans le même lieu, ou autrement, dans le délai fixé par l'article 862, pour l'acceptation d'une promesse par une personne absente. S'il néglige de donner cet avis, s'il ne peut pas fournir la preuve du dommage, ou si l'assureur peut prouver que le dommage est arrivé par la faute de l'assuré, ce dernier n'a aucun droit à la somme assurée.

1291. Lorsqu'au moment de la conclusion du contrat, la perte de la chose était connue de l'assuré ou que l'assureur la savait hors de danger, le contrat est nul.

1292. Les dispositions relatives aux assurances sur mer, de même que celles relatives aux contrats à la grosse, sont l'objet des lois maritimes.

CHAPITRE XXX.

DE LA RÉPARATION DES DOMMAGES ET DES INDEMNITÉS.

1293. On appelle dommage tout préjudice causé à quelqu'un dans sa fortune, ses droits ou sa personne. On distingue du dommage la privation d'un profit qu'une personne pouvait espérer, d'après le cours ordinaire des choses.

1294. Le dommage provient soit d'une action ou d'une omission illégale de la part d'autrui, soit d'un accident. La lésion illégale est ou volontaire ou involontaire; la lésion volontaire provient soit d'une mauvaise intention quand le dommage a été causé sciemment et volontairement, soit d'un manquement *(Versehen)* quand le dommage a été causé par une ignorance imputable ou par un manque d'attention ou de soins convenables. Il y a faute dans les deux cas.

1295. Toute personne a le droit de demander la réparation d'un dommage à celui qui le lui a causé par sa faute, soit que le dommage provienne de la violation d'un devoir fondé sur une convention, soit qu'il ne se rapporte à la violation d'aucun contrat.

1296. En cas de doute, on présume que le dommage a été causé sans la faute d'autrui.

1297. Quiconque possède l'usage de sa raison est présumé avoir le degré d'attention et de diligence que l'on peut attendre d'hommes ayant une capacité ordinaire. Celui qui n'a pas apporté ce degré de diligence et d'attention à une action d'où résulte un préjudice pour les droits d'autrui, se rend coupable d'une faute.

1298. Celui qui prétend que, sans qu'il y ait faute de sa part, il n'a pu accomplir une obligation résultant de la loi ou d'un contrat, doit en fournir la preuve.

1299. Celui qui entreprend d'exercer publiquement un emploi, un art, une industrie, un métier; ou celui qui sans nécessité se charge volontairement d'une affaire dont l'exécution exige des connaissances spéciales ou une activité extraordinaire, déclare implicitement qu'il croit avoir l'activité nécessaire et les connaissances extraordinaires exigées; en conséquence, il répond des suites de son inaptitude. Mais si celui qui lui a confié l'affaire connaissait son inexpérience ou pouvait la reconnaître avec une attention ordinaire, il est également en faute.

1300. Un homme de l'art est responsable aussi lorsqu'appelé à donner son avis, moyennant salaire, dans des affaires qui relèvent de son art ou de sa science, il donne par mégarde un avis préjudiciable.

Hors ce cas, celui qui donne un conseil n'est responsable que du dommage qu'il a sciemment causé à autrui en donnant un mauvais conseil.

1301. Plusieurs personnes peuvent être à la fois responsables d'un dommage illégalement causé, lorsqu'elles y ont contribué en commun, directement ou indirectement, par séduction, menaces, commandement, aide, recel, etc., ou même en négligeant d'accomplir l'obligation particulière où elles se trouvaient d'empêcher le mal.

1302. Dans ce cas, lorsque le dommage ne provient que d'une faute et que l'on peut déterminer la part respective, chacun ne répond que du dommage causé par sa faute. Lorsque le dommage a été causé avec préméditation, ou bien lorsque la part de dommage causé par chacun ne peut être déterminée, ils sont tous solidairement responsables; mais celui qui a réparé le dommage a son recours contre les autres.

1303. C'est d'après la nature du contrat que l'on doit déterminer jusqu'à quel point plusieurs codébiteurs sont responsables du non-accomplissement de leur obligation.

1304. Lorsque, dans le cas d'un dommage, il y a également faute de la part de la personne lésée, celle-ci doit supporter le dommage proportionnellement avec celui qui en est l'auteur principal, et par moitié lorsque la proportion ne peut pas être établie.

1305. Celui qui fait usage de son droit dans les limites légales n'a point à répondre du dommage qui en résulte pour autrui.

1306. En général quiconque cause du dommage à autrui, sans sa faute ou par une action involontaire, n'est tenu à aucune réparation.

1307. Mais lorsque quelqu'un s'est mis par sa faute dans un état passager de trouble d'esprit, le dommage qu'il a causé dans cet état doit lui être imputé. Il en sera de même du tiers qui, par sa faute, aura mis le coupable dans cet état.

1308. Lorsque des fous, des imbéciles, des enfants causent du dommage à quelqu'un qui, par une faute quelconque, en a lui-même fourni l'occasion, ce dernier ne peut prétendre à aucun dédommagement.

1309. Sauf ce cas, il a droit à un dédommagement de la part de ceux auxquels le dommage peut être imputé à raison de la négligence apportée par eux dans la surveillance qui leur était confiée sur de telles personnes.

1310. Si la partie lésée ne peut obtenir de dédommagement par le moyen de ce recours, le juge

statuera sur la réparation complète ou partielle du
dommage, en examinant si une faute ne peut être
imputée à l'auteur du dommage, dans la circonstance
particulière, bien qu'il n'ait pas habituellement l'u-
sage de sa raison, ou si la partie lésée n'a pas négligé
de s'opposer au dommage par ménagement pour celui
qui l'a causé, et enfin en prenant en considération la
fortune de la partie lésée ainsi que de celle de l'auteur du dommage.

1311. Le simple accident est à la charge de celui
sur la fortune ou la personne duquel il frappe. Mais
celui qui a causé l'accident par sa faute, qui a violé
une loi tendant à prévenir les dommages accidentels,
ou qui s'est immiscé sans nécessité dans les affaires
d'autrui, est responsable de tout le dommage qui autrement ne serait pas arrivé.

1312. Celui qui dans un cas d'urgence a rendu
service à quelqu'un n'est point responsable du dommage qu'il a négligé d'empêcher, à moins que par sa
faute il n'ait mis dans l'impossibilité d'agir une autre
personne qui aurait pu rendre des services plus essentiels. Mais, même dans ce cas, il peut compenser le
dommage causé avec l'avantage réel qu'il a procuré.

1313. En général, nul n'est responsable des actions illégales d'autrui auxquelles il n'a pas pris part ;
et dans les cas où les lois en ont disposé autrement,

il conserve son recours contre l'auteur du dommage.

1314. Toute personne qui prend à son service un domestique sans attestation, ou qui conserve sciemment à son service une personne dangereuse par sa constitution physique ou morale, ou donne asile à un malfaiteur notoire, est tenue envers le propriétaire et les colocataires de la maison à la réparation du dommage causé par le caractère dangereux de cet individu.

1315. Celui qui a confié la gestion d'une affaire aux soins d'une personne de ce caractère dangereux ou incapable, est responsable du dommage qui peut en résulter pour un tiers.

1316. Les aubergistes, les patrons de navires et les voituriers sont responsables du dommage causé par leurs domestiques ou par ceux qu'ils ont recommandés, aux choses reçues d'un voyageur dans leur hôtel ou leur navire (art. 970).

1317. Des règlements particuliers déterminent les cas dans lesquels les établissements publics d'expédition sont responsables des dommages.

1318. Lorsque quelqu'un éprouve un dommage par la chute d'une chose suspendue ou placée d'une manière dangereuse, ou par une chose jetée ou répendue hors d'une habitation, celui qui occupe le logement d'où la chose est tombée ou a été jetée ou répandue, est responsable du dommage.

1319. Nul ne peut porter plainte en justice, parce que la chute d'une enseigne, d'un vase ou de tout autre objet suspendu ou placé sur la voie publique, paraîtrait probable et menacerait les passants ; mais tout individu a le droit, dans l'intérêt de la sûreté générale, de dénoncer le danger aux autorités chargées de la police.

1320. Lorsqu'un animal blesse une personne, celui-là en est responsable qui y a poussé, excité l'animal ou qui a négligé de l'en empêcher. Si nul ne peut être convaincu d'une faute de ce genre, le dommage est considéré comme accidentel.

1321. Celui qui rencontre sur ses terres des animaux appartenant à autrui n'est pas autorisé de plein droit à les tuer. Il peut les chasser en usant des moyens de force convenables, ou, s'il en a souffert du dommage, il peut appliquer le droit de séquestre privé au nombre de bestiaux nécessaire pour le dédommager. Mais il doit, dans les huit jours, s'arranger à l'amiable avec le propriétaire ou porter sa plainte devant le juge et, à défaut, restituer le bétail retenu en gage.

1322. Le bétail retenu en gage doit également

être restitué lorsque le propriétaire fournit une autre caution suffisante.

1323. Celui qui se trouve obligé à réparer un dommage causé doit tout remettre dans son état antérieur, ou, si cela n'est pas possible, payer la valeur de l'estimation. Lorsque la réparation n'a pour objet que le dommage causé, elle s'appelle à proprement parler dédommagement (*Schadloshaltung*); mais lorsqu'elle s'étend au gain perdu et qu'elle doit faire disparaître complétement le tort causé, elle s'appelle satisfaction pleine ou dommages et intérêts (*volle Genugthuung.*)

1324. Dans le cas d'un dommage causé par l'effet d'un dol ou d'une négligence évidente, la partie lésée est en droit de demander des *dommages et intérêts;* dans les autres cas elle ne peut prétendre qu'au dédommagement simple. C'est d'après cette distinction que l'on doit déterminer la nature de la réparation dans les cas où la loi se sert du mot générique de réparation.

1325. Celui qui cause une blessure corporelle à autrui est tenu de payer au blessé ses frais de guérison, de lui tenir compte du profit qu'il a manqué, et si le blessé est devenu incapable de gagner sa vie, du gain qui lui échappe dans l'avenir; en outre, de lui payer, s'il le demande, une indemnité, dite *de souffrance,* proportionnée aux circonstances.

1326. Si la personne blessée a été rendue difforme par suite de mauvais traitements, cette circonstance devra être prise en considération surtout s'il s'agit d'une femme, en tant qu'il en résulterait un obstacle à son établissement à venir.

1327. Lorsqu'une blessure corporelle a été suivie de mort, on devra non-seulement payer tous les frais funéraires, mais encore fournir à la femme et aux enfants du défunt une indemnité proportionnée à leur perte.

1328. Celui qui séduit une femme et qui la rend mère doit payer les frais de l'accouchement et des couches; il doit remplir, en outre, les autres devoirs de la paternité déterminés dans le chapitre III de la première partie de ce Code. Le Code pénal fixe les cas dans lesquels la séduction est en même temps punie comme crime ou comme grave infraction de police.

1329. Celui qui prive quelqu'un de sa liberté par un enlèvement commis à l'aide de violences, par une séquestration privée ou avec préméditation, par une arrestation illégale, est tenu de rendre la liberté à celui qui a été lésé et de lui donner des dommages et intérêts. S'il ne peut plus lui rendre la liberté, il doit des indemnités à sa femme ou à ses enfants comme en cas de mort.

1330. Celui qui éprouve réellement un dommage

ou un manque à gagner, par suite d'atteintes portées
à son honneur, est en droit de réclamer un dédommagement ou des dommages et intérêts.

1331. Celui qui est lésé dans sa fortune par le
dol ou par la négligence évidente d'un tiers est en
droit de demander la compensation du gain qui lui
est échappé, et même une indemnité fixée d'après
le prix d'affection si le dommage a été causé par mé-
chanceté, envie de nuire ou par une action défendue
par le Code pénal.

1332. Le dommage qui provient de l'effet d'une
faute ou d'une négligence légère est réparé par le
payement de la valeur commune que la chose avait
au moment du dommage.

1333. Le dommage que le débiteur occasionne à
son créancier par le retard du payement du capital
au terme convenu est réparé par des intérêts fixés
par la loi (art. 995).

1334. Le débiteur est en général coupable de
retard quand il ne s'acquitte pas au jour de payement
fixé par la loi ou par le contrat, ou quand, dans le
cas où l'époque du payement n'a pas été fixée, il ne
s'est pas libéré envers le créancier après le jour de la
sommation judiciaire ou extrajudiciaire.

1335. Lorsque le créancier, sans sommation judiciaire, a laissé accumuler les intérêts jusqu'à concur-

rence de la dette principale, il perd le droit d'exiger de nouveaux intérêts sur le capital. Mais il peut exiger de nouveaux intérêts à partir du jour où il a formé sa demande en justice.

1336. Les parties contractantes peuvent stipuler spécialement que, dans le cas où la promesse n'aurait pas été remplie ou ne l'aurait été que d'une manière imparfaite ou trop tardive, une certaine somme d'argent ou autre valeur sera payée à titre de dédommagement (art. 912). Néanmoins, lorsqu'il s'agira d'emprunts, le juge ne pourra jamais prononcer à raison d'un retard de payement un dédommagement excédant le maximum des intérêts fixés par la loi.

Dans les autres cas, le dédit conventionnel pourra, si le débiteur prouve qu'il est excessif, être modéré par le juge après expertise s'il y a lieu. Le payement du dédit convenu ne dispense pas, à moins d'une stipulation particulière, de l'exécution du contrat.

1337. L'obligation de réparer le dommage et de payer le profit perdu ou d'acquitter le dédit conventionnel pèse sur tous les biens et passe aux héritiers.

1338. L'action à fin de réparation d'un dommage doit en général, comme toute autre action privée, être portée devant le juge ordinaire. Si celui qui a causé le dommage a en même temps violé une loi pénale, il encourt également la peine prononcée par la loi. Mais l'instruction relative à la réparation du dommage appartient, même dans ce cas, au tribunal civil, à moins que les lois pénales ne l'aient attribuée au tribunal criminel ou à l'autorité politique.

1339. Les lésions corporelles, les atteintes illégales à la liberté ou à l'honneur, sont instruites et jugées suivant les circonstances, soit par le tribunal criminel comme crimes, soit par l'autorité politique comme graves infractions de police ou comme simples contraventions si elles ne rentrent ni dans l'une ni dans l'autre catégorie.

1340. Ces autorités, dans le cas où le dédommagement peut être apprécié immédiatement, doivent prononcer sur-le-champ à cet égard en se conformant aux dispositions contenues dans ce chapitre. Mais lorsque le dédommagement ne peut être apprécié immédiatement, le jugement déclarera d'une manière générale que le recours à fin de dédommagement est réservé à la partie par les voies de droit. Ce recours est aussi réservé à la partie lésée dans les affaires criminelles, et aux deux parties dans les autres cas, lorsqu'elles ne sont pas satisfaites de la fixation du dédommagement faite par l'autorité qui a statué sur peine.

1341. C'est devant la juridiction supérieure que

doivent être portées les plaintes formées contre les fautes reprochées à un juge. Celle-ci instruit sur la plainte et la juge d'office.

FIN DE LA DEUXIÈME PARTIE.

TROISIÈME PARTIE.

DES DISPOSITIONS COMMUNES AUX DROITS PERSONNELS ET AUX DROITS RÉELS.

CHAPITRE Iᵉʳ.

DE LA CONSOLIDATION DES DROITS ET DES OBLIGATIONS.

1342. Les droits personnels aussi bien que les droits réels, ainsi que les obligations qui en dérivent, peuvent être consolidés, modifiés ou annulés de la même manière.

1343. Les modes admis par la loi pour garantir une obligation ou pour consolider un droit en en conférant un nouveau à l'intéressé, sont le gage et l'engagement d'un tiers pour le débiteur.

1344. Un tiers peut s'engager envers le créancier pour le débiteur de trois manières :

1° En se chargeant, avec le consentement du créancier, d'acquitter la dette comme payeur unique ;

2° En accédant à l'obligation comme codébiteur;

3° En s'obligeant à payer le créancier au cas où le premier débiteur ne remplirait pas son obligation.

1345. Lorsqu'une personne se charge avec le consentement du créancier de la dette entière d'un autre, il ne s'opère pas une consolidation, mais une novation d'obligation dont il sera traité dans le chapitre suivant.

1346. Celui qui s'oblige à payer le créancier au cas où le premier débiteur ne remplirait pas ses engagements est appelé caution, et la convention formée entre lui et le créancier s'appelle contrat de cautionnement. Dans ce cas, le débiteur primitif demeure toujours débiteur principal, et la caution n'intervient que comme débiteur accessoire.

1347. Lorsqu'une personne accède à une obligation comme codébiteur, sans la réserve de l'obligation du débiteur principal qui existe de droit au profit du garant, il se forme une communauté de plusieurs codébiteurs dont les conséquences doivent être appréciées d'après les dispositions du chapitre relatif aux contrats en général (art. 888 à 896).

1348. On appelle caution *d'indemnité* celui qui promet de tenir la caution indemne dans le cas où elle éprouverait une perte par suite de son cautionnement.

1349. Toute personne de l'un ou de l'autre sexe qui

a la libre administration de sa fortune peut se charger
de la garantie des obligations d'autrui.

1350. Le cautionnement peut avoir pour objet
non-seulement des choses et des sommes d'argent,
mais encore des actions ou des omissions licites sous
le rapport de l'avantage ou du tort qui peut en résulter
pour le garanti.

1351. Les obligations qui n'ont jamais légalement
existé ou qui sont déjà éteintes ne peuvent être l'objet
ni d'une novation de débiteur, ni d'une garantie.

1352. Celui qui se porte caution d'une personne
qui, à raison de sa qualité personnelle, ne peut pas
s'obliger, est obligé comme codébiteur solidaire, alors
même que cette incapacité lui aurait été inconnue
(art. 896).

1353. Le cautionnement ne doit pas être étendu
au delà des termes dans lesquels la caution l'a expressément stipulé. Celui qui se porte caution d'un capital
portant intérêt ne répond que de ceux des intérêts
dus que le créancier n'était pas encore en droit
d'exiger.

1354. La caution ne peut pas exciper du droit
accordé par la loi au débiteur de demander la conservation d'une partie de sa fortune pour son entretien.

1355. La caution ne peut en général être attaquée
que lorsque le débiteur principal, après une sommation judiciaire ou extra-judiciaire au nom du créancier,
n'a pas rempli ses engagements.

1356. Néanmoins la caution peut, alors même qu'elle n'est expressément obligée que pour le cas où le débiteur principal serait hors d'état de payer, être attaquée la première si le débiteur principal est tombé en faillite ou si, au moment où le payement devait être fait, sa résidence est inconnue et qu'on ne puisse reprocher aucune négligence au créancier.

1357. Celui qui s'est obligé comme caution et comme payeur unique répond de toute la dette comme codébiteur solidaire ; dans ce cas le créancier est absolument libre d'attaquer en premier lieu soit le débiteur principal, soit le garant, ou de les attaquer tous les deux en même temps (art. 891).

1358. Celui qui acquitte la dette d'un autre est subrogé dans les droits du créancier et est en droit d'exiger du débiteur le remboursement de la dette qu'il a payée. A cette fin le créancier désintéressé est tenu de livrer à celui qui a payé tous les titres et moyens de garantie dont il est en possession.

1359. Lorsque plusieurs personnes ont cautionné la même somme, chacune doit la totalité de la dette. Mais si l'une d'elles a payé la dette entière, elle a son recours contre les autres de même qu'un codébiteur (art. 896).

1360. Lorsqu'avant ou en même temps que le cautionnement il a en outre été fourni un gage au créancier par le débiteur principal ou par un tiers, le créancier conserve toujours son droit contre la caution conformément aux dispositions de l'article 1355; mais il ne peut se dessaisir du gage à son préjudice.

1361. Lorsque la caution ou le payeur intervenant a payé le créancier sans s'entendre à cet effet avec le débiteur principal, ce dernier peut leur opposer toutes les exceptions qu'il eût pu opposer au créancier.

1362. La caution ne peut exiger de dommages-intérêts de la caution d'*indemnité* que lorsqu'elle ne s'est pas attiré le dommage par sa propre faute.

1363. L'obligation de la caution finit simultanément avec celle du débiteur; si la caution ne s'est obligée que pour un certain temps, elle n'est responsable que pendant cet espace de temps. La remise de l'obligation faite à une caution n'a d'effet que vis-à-vis du créancier et non vis-à-vis des autres cofidéjusseurs.

1364. La caution n'est pas libérée par l'échéance du terme auquel le débiteur aurait dû payer, alors même que le créancier a négligé de le mettre en demeure; mais il est en droit de réclamer des sûretés du débiteur lorsque c'est de son consentement qu'il s'est rendu caution. Le créancier est également responsable envers la caution des dommages qu'il a pu lui faire éprouver par sa négligence à poursuivre la rentrée de la créance.

1365. Lorsqu'il a des raisons fondées de craindre

l'insolvabilité du débiteur ou son éloignement des états héréditaires pour lesquels ce Code est rendu, la caution a le droit d'exiger du débiteur des sûretés pour le payement de la dette cautionnée.

1366. Lorsque la transaction cautionnée est terminée, on peut exiger la liquidation des comptes réciproques et l'annulation du cautionnement.

1367. Le contrat de cautionnement qui n'est garanti ni par une hypothèque, ni par un gage manuel, s'éteint par le délai de trois ans après la mort de la caution, si le créancier a négligé dans l'intervalle de poursuivre le recouvrement de la dette échue contre les héritiers soit en justice, soit extrajudiciairement.

1368. On appelle contrat de gage le contrat par lequel le débiteur ou un tiers pour lui confère effectivement au créancier le droit de gage sur une chose, et lui remet en conséquence l'objet formant le gage s'il est mobilier; ou lui donne un droit d'inscription sur les registres hypothécaires si l'objet est immobilier.

La promesse de donner un gage ne constitue pas encore un contrat de gage.

1369. Les dispositions générales relatives aux contrats sont aussi applicables au contrat de gage; ce contrat est synallagmatique.

Le preneur du gage doit soigneusement garder le gage quand il est manuel, et le restituer à l'engagiste dès que celui-ci a fourni le payement. S'il s'agit d'une hypothèque, le créancier qui a été désintéressé doit mettre l'engagiste en état de pouvoir faire rayer l'obligation sur les registres des hypothèques. Les droits et les obligations de celui qui fournit et de celui qui reçoit le gage, relativement à la possession de l'objet du gage, sont déterminés dans le chapitre VI de la seconde partie de ce Code.

1370. Celui qui reçoit un gage manuel est tenu de remettre à celui qui le donne un reçu spécifiant les marques distinctives de l'objet du gage; on peut également y mentionner les conditions essentielles du contrat.

1371. Toutes les conditions et conventions accessoires contraires à la nature des contrats de gage et de prêt sont nulles; telles sont les stipulations par lesquelles on convient qu'après l'échéance de la dette l'effet formant le gage appartiendra au créancier, ou qu'il pourra à volonté ou moyennant un prix convenu d'avance aliéner ou s'approprier ce gage; que le débiteur ne pourra jamais retirer le gage ou hypothéquer l'immeuble à un autre, ou bien que le créancier à l'expiration du terme ne pourra pas exiger la vente de l'objet formant le gage.

1372. La convention accessoire qui accorde au créancier l'usufruit de la chose engagée est sans effet légal. Si le simple usage d'un gage mobilier a été accordé au créancier (art. 459), cet usage doit être exercé d'une manière qui ne puisse être préjudiciable au débiteur.

1373. Celui qui est tenu de fournir des sûretés doit remplir cette obligation, soit par un gage manuel, soit par une hypothèque. Des cautions solvables ne sont admises que dans le cas où il serait hors d'état de fournir un gage.

1374. Nul n'est tenu d'accepter comme gage une chose qui doit servir de sûreté pour une valeur de plus de moitié de l'estimation s'il s'agit de maisons, et de plus des deux tiers s'il s'agit de fonds de terre et de choses mobilières. On considère comme caution solvable celui qui possède une fortune convenable et qui peut être actionné devant les tribunaux de la province.

CHAPITRE II.

DE LA MODIFICATION DES DROITS ET DES OBLIGATIONS.

1375. Il dépend de la volonté du créancier et du débiteur de modifier leurs droits et leurs obligations conventionnelles réciproques. Cette modification peut avoir lieu avec ou sans l'intervention d'une tierce personne, soit comme nouveau débiteur, soit comme nouveau créancier.

1376. La modification sans l'intervention d'une tierce personne a lieu lorsqu'on change la base légale

ou l'objet principal d'une créance, et que par conséquent l'ancienne obligation se transforme en une
nouvelle.

1377. Un changement de cette espèce se nomme
contrat de novation. Au moyen de ce contrat l'ancienne obligation principale cesse et la nouvelle commence immédiatement.

1378. Les droits de cautionnement de gage et
autres attachés à la précédente obligation principale
s'éteignent par le contrat de novation lorsque les parties contractantes n'ont pas fait de nouvelles stipulations à cet égard par un arrangement particulier.

1379. Les stipulations plus précises sur le lieu,
l'époque et le mode de l'exécution d'une obligation
préexistante et toutes autres stipulations accessoires
qui n'apportent aucune modification à l'objet principal ni à la base légale de l'obligation, ne doivent
pas être considérées comme constituant un contrat de
novation; il en est de même de la simple remise d'un
nouveau titre de créance ou de tout autre document
semblable.

De pareilles modifications apportées aux stipulations accessoires ne peuvent non plus imposer aucune
charge nouvelle à un tiers qui n'y a pas concouru.

En cas de doute, l'ancienne obligation est considérée comme n'étant pas éteinte tant qu'elle peut
coexister avec la nouvelle.

1380. On appelle transaction le contrat de nova-tion par lequel des droits litigieux ou douteux sont réglés de manière à ce que chaque partie s'oblige réci-proquement à donner, à faire ou à ne pas faire une certaine chose.

Cette transaction rentre dans la classe des contrats synallagmatiques et doit être jugée d'après les mêmes principes.

1381. La remise à titre gratuit faite à l'obligé avec son consentement d'un droit litigieux ou douteux constitue une donation (art. 939).

1382. Il y a des cas douteux que la loi défend de régler par transaction. Telles sont les contestations qui naissent entre époux sur la validité de leur ma-riage. L'autorité judiciaire instituée par la loi est seule compétente pour les décider.

1383. On ne peut transiger sur le contenu d'un acte de dernière volonté avant qu'il ait été rendu pu-blic. La gageure faite à ce sujet est jugée d'après les principes des contrats aléatoires.

1384. Les transactions sur des transgressions de la loi ne sont valables qu'en ce qui regarde les répa-rations particulières; elles ne peuvent prévenir la poursuite ni la punition que dans le cas où les trans-gressions sont de la nature de celles dont les tribu-naux ne doivent connaître que sur la plainte des parties.

1385. L'erreur ne rend la transaction nulle que lorsqu'elle a porté sur l'individualité de la personne ou sur l'essence de l'objet du contrat.

1386. On ne peut, sous le prétexte de la lésion d'outre moitié, attaquer une transaction conclue de bonne foi.

1387. La découverte de titres nouveaux, lors même qu'ils feraient reconnaître l'absence de tout droit de la part de l'une des parties, ne peut non plus invalider une transaction faite de bonne foi.

1388. Une erreur évidente de calcul ou une erreur commise lors de la conclusion de la transaction dans une addition ou une soustraction ne préjudicie à aucune des parties contractantes.

1389. Une transaction conclue sur une contestation particulière ne s'étend pas à d'autres cas; de même les transactions générales qui portent sur toutes les contestations en général ne sont pas applicables aux droits qui ont été sciemment celés ou auxquels les parties contractantes ne pouvaient pas penser.

1390. Les cautions et les engagistes qui ont garanti la totalité du droit encore en litige sont responsables à raison de la partie du droit qui a été réglée par transaction. Néanmoins les cautions et le tiers qui a fourni le gage, s'ils n'ont pas adhéré à la transaction, conservent le droit de faire valoir contre le créancier toutes les exceptions qui auraient pu être opposées à la demande du créancier si la transaction n'était pas intervenue.

1391. Le contrat par lequel des parties nomment un arbitre pour la décision de leurs droits litigieux est réglé par l'ordonnance sur la procédure civile.

1392. Lorsqu'une personne transfère une créance à une autre qui l'accepte, il s'opère une modification du droit par l'intervention d'un nouveau créancier. Cet acte s'appelle une cession et peut être fait à titre onéreux ou gratuit.

1393. Tout droit aliénable peut être l'objet d'une cession. Les droits qui sont inhérents à la personne et qui, par conséquent, s'éteignent avec elle ne peuvent être cédés. Les titres de créance qui sont au porteur se cèdent par la seule tradition et n'exigent aucune autre preuve de la cession que celle résultant de la possession.

1394. Les droits du cessionnaire par rapport à la créance sont les mêmes que ceux du cédant.

1395. Le contrat de cession n'établit d'obligation nouvelle qu'entre le cédant et le cessionnaire, mais non entre ce dernier et le débiteur cédé. En conséquence le débiteur, tant que le cessionnaire ne lui est pas connu, est en droit de payer le premier créancier ou de s'arranger de toute autre manière avec lui

1396. Le débiteur n'a plus cette faculté dès qu'on lui a fait connaître le cessionnaire; il conserve néanmoins le droit de faire valoir ses exceptions contre le créancier. S'il a reconnu la dette comme régulière vis-à-vis du cessionnaire de bonne foi, il est tenu de payer celui-ci comme son créancier.

1397. Celui qui cèd une créance à titre gratuit, c'est-à-dire qui la donne, n'en est plus responsable. Mais si la cession est faite à titre onéreux, le cédant est garant envers le cessionnaire tant de la validité de la créance que de la possibilité de la recouvrer, jusqu'à concurrence du prix qu'il a reçu du cessionnaire.

1398. Si le cessionnaire a pu s'éclairer par l'inspection des registres hypothécaires sur la possibilité de recouvrer la créance, il n'a droit à aucun dédommagement si elle est irrécouvrable. Le cédant n'est pas non plus garant de la créance si elle était recouvrable au moment de la cession et si elle n'est devenue irrécouvrable que par un simple accident ou par la faute du cessionnaire.

1399. Le cessionnaire commet une faute de ce genre lorsqu'il ne dénonce pas la créance au moment où elle pouvait être dénoncée, lorsqu'il n'en poursuit pas le remboursement après qu'elle est échue, lorsqu'il accorde des termes au débiteur, lorsqu'il néglige de se faire donner en temps convenable les garanties qui

pouvaient lui être données ou qu'il ne pourrait pas
le payement par les voies d'exécution judiciaire.

1400. Il s'effectue une modification de l'obligation
par l'intervention d'un nouveau débiteur lorsque le
premier débiteur présente un tiers pour payer à sa
place, et renvoie le créancier par devers lui.

1401. Lorsque le créancier à qui un nouveau débiteur a été assigné (*l'assignataire*) accepte à la place
du premier débiteur (*l'assignant*) le tiers qui lui a
été indiqué (*l'assigné*), et que ce dernier y consent,
l'assignation est complète, et l'assignataire ne peut
plus en général réclamer la dette de *l'assignant*
(art. 1406 et 1407).

1402. Tant que les trois parties n'ont pas donné
leur consentement, l'assignation de payement demeure incomplète, et elle n'a d'effet qu'entre les parties qui y ont consenti.

1403. Lorsque l'assignant a chargé du payement
un tiers qui ne lui doit rien, ce dernier est libre d'accepter ou de répudier l'assignation. S'il la répudie,
il ne se forme pas d'obligation nouvelle; s'il l'accepte,
il se forme entre lui et l'assignant un contrat de mandat, mais il n'y a pas encore de contrat à l'égard de
l'assignataire.

1404. L'assignant peut révoquer l'assignation tant
qu'elle n'a pas été acceptée par l'assignataire. Dans ce
cas l'assigné ne peut plus, par suite du mandat, payer
l'assignataire.

1405. Si l'assignataire ne veut pas accepter l'assignation qui lui a été donnée, ou si elle n'est pas acceptée par l'assigné, ou si, par suite de l'absence de ce dernier, le mandat ne peut être présenté, l'assignataire doit sans délai en donner avis à l'assignant, sous peine d'être responsable envers ce dernier de toutes conséquences dommageables.

1406. Lorsque l'assignataire et l'assigné ont accepté l'assignation, mais que ce dernier n'effectue pas le payement en temps convenable, l'assignant est responsable envers l'assignataire sous les mêmes conditions auxquelles le cédant est responsable envers le cessionnaire de la validité et de la possibilité de recouvrer la dette cédée (art. 1397 et 1399).

1407. Cependant si l'assignataire a déclaré expressément ou tacitement, en donnant quittance à son précédent débiteur ou en lui restituant les titres de la créance, qu'il acceptait l'assigné comme payeur unique, l'assignant demeure libéré de toute responsabilité envers lui.

1408. Lorsque l'assignant charge son propre débiteur de payer à titre d'assigné, jusqu'à concurrence seulement de ce qu'il lui devait, et qu'il renvoie l'assignataire par devers lui pour toucher, cette assignation a pour l'assignataire l'effet d'un acte de cession, et il s'établit entre lui et l'assigné le même rapport que celui qui existe entre le cessionnaire d'une créance et le débiteur cédé auquel on a fait connaître le cessionnaire.

1409. Lorsqu'à la suite d'une telle assignation qui contient en même temps une cession, l'assigné refuse le payement sans motifs, ou lorsqu'après avoir promis le payement à l'assignataire il y apporte des délais, l'assigné répond des conséquences de son refus ou de ses retards. Si, au contraire, il a effectué d'une manière régulière le payement dont il s'est chargé, et s'il a payé plus qu'il ne devait à l'assignant, ce dernier lui en doit le remboursement (art. 1014).

1410. Les commerçants doivent se conformer, par rapport aux assignations, aux dispositions particulières qui les concernent.

CHAPITRE III.

DE L'EXTINCTION DES DROITS ET DES OBLIGATIONS.

1411. Les droits et les obligations sont dans une telle corrélation que le droit cessant l'obligation s'éteint, et que cette dernière cessant le droit s'éteint également.

1412. L'obligation s'éteint principalement par le payement, c'est-à-dire par la prestation de ce qu'on est tenu de fournir (art. 469).

1413. On ne peut contraindre un créancier à recevoir contre son gré autre chose que ce qui lui est dû , ni un débiteur à fournir autre chose que ce qu'il est tenu de fournir. Cette disposition s'applique aussi au temps, au lieu et au mode d'exécution de l'obligation.

1414. Lorsque par suite de l'accord du créancier et du débiteur, ou par suite de l'impossibilité d'effectuer le payement convenu, on fournit quelque autre chose pour tenir lieu de payement, cette transaction doit être considérée comme constituant un contrat à titre onéreux.

1415. Le créancier n'est pas tenu d'accepter le payement d'une créance d'une manière partielle ou par à-compte. Mais lorsqu'il y a plusieurs créances distinctes à acquitter , on considérera comme payée celle que le débiteur, avec le consentement du créancier, aura manifesté l'intention expresse d'éteindre.

1416. Lorsque l'intention du débiteur est douteuse ou est contredite par le créancier , on imputera le payement d'abord sur les intérêts, ensuite sur le capital, et s'il y a plusieurs capitaux, sur celui qui a déjà été réclamé ou qui du moins est échu , et ensuite sur la créance dont il importe le plus au débiteur d'être déchargé.

1417. Lorsque l'époque du payement n'est nullement déterminée, l'obligation de payer ne commence que du jour où la sommation en a été faite (art. 904).

1418. Dans certains cas l'époque du payement

est déterminée par la nature de l'affaire. Les aliments doivent être payés au moins un mois d'avance. Si la personne à laquelle ils sont dus meurt dans l'intervalle, ses héritiers ne sont tenus à aucune restitution sur les avances.

1419. Si le créancier a tardé à accepter le payement, les conséquences fâcheuses en retombent sur lui.

1420. Lorsque le lieu et le mode de la prestation n'ont pas été déterminés, on appliquera les dispositions établies plus haut (art. 905). Dans tout autre cas que celui d'un contrat, le débiteur n'est tenu d'effectuer le payement que dans le lieu de son domicile.

1421. Une personne d'ailleurs incapable d'administrer ses biens peut acquitter légalement une dette valable et échue, et se décharger ainsi de ses obligations. Mais si elle acquitte une dette encore incertaine ou non échue, son tuteur ou curateur est en droit de réclamer la restitution de ce qu'elle a payé.

1422. Lorsqu'un tiers peut et veut payer à la place, et avec le consentement du débiteur, jusqu'à concurrence de l'obligation contractée, le créancier est tenu d'accepter le payement et de subroger dans tous ses droits celui qui le paye ; mais dans ce cas le créancier n'est responsable ni de la validité de la dette ni de la possibilité de la recouvrer, à moins qu'il n'y ait dol de sa part.

1423. En général (art. 462), un tiers ne peut, sans le consentement du débiteur, obliger le créancier à recevoir le payement. Mais si ce dernier l'accepte, celui qui a payé est en droit d'exiger, même après que le payement a été fait, la cession des droits qui appartiennent au créancier.

1424. Le montant de la dette doit être payé au créancier ou à son fondé de pouvoirs autorisé à recevoir, ou enfin à celui que le tribunal a reconnu comme propriétaire de la créance. Le débiteur qui a payé à une personne qui n'a pas l'administration personnelle de ses biens est tenu de payer une seconde fois si ce qui a été payé n'existe plus en nature, ou n'a pas tourné à l'avantage de celui qui l'a reçu.

1425. Lorsqu'une dette ne peut être acquittée parce que le créancier est inconnu, absent ou n'est pas satisfait de ce qui lui a été offert, le débiteur a la faculté de déposer en justice la chose qu'il doit fournir, ou, si cette chose n'est pas susceptible de dépôt, de réclamer les mesures judiciaires convenables pour pourvoir à sa garde. Chacun de ces moyens, lorsqu'ils ont été employés régulièrement et notifiés au créancier, libère le débiteur de son obligation, et fait retomber le péril de la chose payée sur le créancier.

1426. Celui qui a payé peut dans tous les cas

exiger du créancier désintéressé une quittance, c'est-
à-dire une preuve écrite de l'accomplissement de l'o-
bligation. On doit insérer dans la quittance le nom
du débiteur et du créancier, ainsi que le lieu, l'é-
poque et l'objet de la dette acquittée, et cette quittance doit être signée par le créancier ou par son
fondé de pouvoirs.

1427. La quittance du payement d'un capital entraîne la présomption que les intérêts en ont aussi
été acquittés.

1428. Lorsque le créancier possède un titre du
débiteur, il est tenu de le lui rendre en même temps
qu'il lui remet la quittance, ou de mentionner sur
ce titre même les à-compte qui auraient pu être
payés. Le titre de créance restitué sans quittance établit, en faveur du débiteur, la présomption légale de
l'acquittement de la dette; mais la preuve contraire
n'est pas exclue. Lorsque le titre qui devait être rendu
a été perdu, celui qui fait le payement est en droit
d'exiger des sûretés ou de mettre le montant du payement en dépôt judiciaire et d'exiger que le créancier
poursuive l'annulation du titre conformément aux
dispositions du règlement sur la procédure.

1429. Une quittance donnée par le créancier au
débiteur à raison du payement d'une créance récente
ne prouve pas que les créances plus anciennes aient
été également acquittées; mais lorsqu'il s'agit de cer-

taines redevances de rentes ou de payements qui., comme les rentes pécuniaires, les cens, les loyers de biens fonds ou de maisons, d'intérêts de capitaux, sont acquittés au même titre et à des époques déterminées, on présume que celui qui représente la quittance du dernier terme échu a également acquitté ceux qui sont échus antérieurement.

1430. On présume également que les négociants et les artisans qui ont l'habitude de régler leurs comptes avec leurs pratiques à certaines époques ont reçu le payement de comptes antérieurs lorsqu'ils ont donné quittance du compte d'une époque postérieure.

1431. Lorsque par erreur, fût-ce même par une erreur de droit, une personne a reçu la prestation d'une chose ou d'une action à laquelle elle n'avait pas droit de la part de celui qui l'a fournie, la chose dans le premier cas peut être réclamée, et dans le second on peut exiger une récompense proportionnée au profit qui a été procuré.

1432. On ne peut se faire restituer ni contre le payement d'une dette prescrite ou d'une dette qui n'est nulle que par défaut de formes ou pour le payement de laquelle la loi se borne à refuser une action, ni contre le payement que l'on fait sciemment sans le devoir.

1433. Cette disposition (1432) n'est pas applicable au payement fait par une personne en tutelle ou en curatelle, ou par toute autre personne n'ayant pas la libre disposition de ses biens.

1434. On peut encore réclamer la restitution de ce qui a été payé d'une manière quelconque lorsque la créance est encore incertaine ou qu'elle est encore subordonnée à l'accomplissement d'une condition. Mais on ne peut pas réclamer la restitution des sommes données en payement d'une dette liquide et non conditionnelle par le seul motif que l'échéance n'en est pas encore arrivée.

1435. Celui qui a donné des choses comme légitimement dues peut en réclamer la restitution de celui qui les a reçues, lorsque ce dernier n'a plus de titre légal pour les retenir.

1436. Lorsqu'une personne était obligée de donner à son choix de deux choses l'une, et que par erreur elle les a données toutes deux, elle peut réclamer la restitution de l'une ou de l'autre.

1437. Celui qui a reçu le montant d'une dette qui n'était pas due est considéré comme possesseur de bonne ou de mauvaise foi, suivant qu'il a connu ou ignoré l'erreur de celui qui a payé, ou qu'il a pu ou n'a pas pu la présumer d'après les circonstances.

1438. Lorsqu'il se rencontre, en opposition l'une à l'autre, deux créances valides, de même nature et constituées de manière que la chose qui est due à l'un comme créancier, puisse en même temps être donnée à l'autre par celui-ci comme débiteur, il y a lieu, jusqu'à concurrence du montant respectif des créances, à l'extinction de l'obligation réciproque ou à une compensation, laquelle compensation opère de plein droit le payement réciproque.

1439. La compensation n'a pas lieu entre une dette liquide et une dette non liquide, ni entre une dette échue et une autre qui ne l'est pas. Le règlement sur la procédure détermine les cas dans lesquels la compensation s'établit avec la masse d'un failli.

1440. De même on ne peut compenser des obligations qui ont pour objet des choses d'espèce différente, des objets déterminés et indéterminés. Les choses prises d'autorité, empruntées ou reçues en dépôt, ne peuvent en général donner lieu à une compensation.

1441. Un débiteur ne peut porter en compte à son créancier ce que celui-ci doit à un tiers, qui le lui doit à lui-même. On ne peut même déduire d'un payement à faire à une caisse publique la somme que l'on aurait à exiger d'une autre caisse publique.

1442. Lorsqu'une créance a été successivement cédée à plusieurs personnes, le débiteur peut opposer la créance qu'il avait contre le premier possesseur au moment de la cession, de même que celle qu'il a contre le dernier possesseur; mais il ne peut pas opposer celle qu'il avait contre l'un des possesseurs intermédiaires.

1443. La compensation ne peut être opposée à un cessionnaire à l'occasion d'une créance inscrite sur les registres publics qu'autant que la créance reconventionnelle se trouve également inscrite en marge de la créance même, ou que le cessionnaire a été informé de la créance opposée au moment de la cession.

1444. Dans tous les cas où le créancier est autorisé à renoncer à son droit, il peut y renoncer au profit de son débiteur et éteindre par là l'obligation de ce dernier.

1445. Toutes les fois que le droit et l'obligation se trouvent réunis dans la même personne de quelque manière que ce soit, ils s'éteignent tous deux, sauf le cas où le créancier est encore en droit de demander la séparation de ses droits (articles 802 et 812), ou celui où il se forme des rapports d'une nature toute particulière. Ainsi la succession du débiteur aux biens de son créancier n'opère aucun changement dans les droits des créanciers de la succession, des cohéritiers ou légataires, et les droits du créancier ne sont pas changés par la succession entre le débiteur et les cautions.

1446. Les droits et les obligations qui sont inscrits dans les registres publics ne sont pas éteints par leur réunion dans la même personne, tant que la radiation n'en a pas été opérée sur les registres (articles 469 et 526).

1447. La perte totale et accidentelle d'une chose déterminée éteint toute obligation, même celle d'en payer la valeur. Ce principe est également applicable aux cas dans lesquels l'accomplissement de l'obligation ou le payement de la dette est rendu impossible par quelque autre accident. Dans tous les cas le débiteur doit restituer ce qu'il a reçu à l'effet d'accomplir l'obligation ou en restituer la valeur comme le ferait un possesseur de bonne foi, mais de manière qu'il ne retire aucun profit du dommage d'autrui.

1448. La mort n'éteint que les droits et les obligations qui sont limités à la personne ou qui concernent des actions purement personnelles du défunt.

1449. Les droits et les obligations s'éteignent aussi par l'échéance du terme auquel ils ont été limités par la loi, par contrat, par décision judiciaire ou par actes de dernière volonté. Le chapitre suivant indique de quelle manière ils s'éteignent par la prescription établie par la loi.

1450. Les lois civiles d'après lesquelles les actions ou les affaires illicites peuvent être attaquées directement, lorsque la prescription ne s'y oppose pas, n'admettent pas la restitution intégrale. Les cas de restitution intégrale qui appartiennent à la procédure civile sont déterminés par le règlement sur la procédure.

CHAPITRE IV.

DE LA PRESCRIPTION ET DE L'USUCAPION.

1451. La prescription est la perte d'un droit qui n'a pas été exercé pendant un certain espace de temps déterminé par la loi.

1452. Lorsque le droit prescrit a été transmis à un tiers par le moyen de la possession légale, il s'appelle droit usucapé, et ce mode d'acquisition se nomme usucapion.

1453. Quiconque est capable d'acquérir peut aussi acquérir une propriété ou un droit par usucapion.

1454. La prescription et l'usucapion peuvent avoir leur effet contre toute personne privée capable d'exercer ses droits ; elles n'ont lieu contre les mineurs et les personnes en curatelle, contre les églises, les communes et les autres personnes morales, contre les administrateurs de la fortune publique et contre les personnes qui sont absentes sans leur faute, que sous les restrictions indiquées ci-après (articles 1472, 1475 et 1494).

1455. Tout ce qui peut être acquis peut aussi être usucapé. Au contraire les choses qu'on ne peut acquérir, soit à cause de leur essence, soit par suite d'une disposition des lois, ainsi que les choses et les droits qui sont absolument inaliénables, ne peuvent être l'objet d'une usucapion.

1456. Ainsi, ne peuvent être acquis par usucapion les droits qui appartiennent exclusivement au chef de l'État, en cette qualité, par exemple, les droits d'établir des impôts, de frapper des monnaies, d'ordonner des contributions et autres droits régaliens; on ne peut non plus prescrire les obligations qui naissent de ces droits.

1457. Les autres droits appartenant au chef de l'État, mais qui ne lui sont pas exclusivement réservés, tels que les droits sur des forêts, les droits de chasse, de pêche ou autres de même nature, peuvent en général être usucapés par les citoyens de l'État, mais seulement après un plus long espace de temps que celui fixé pour l'usucapion ordinaire (article 1472.)

1458. Les droits d'un époux, d'un père, d'un enfant et les autres droits personnels ne peuvent être l'objet d'une usucapion. Néanmoins, ceux qui exercent ces droits de bonne foi peuvent se prévaloir de leur ignorance involontaire pour la défense et l'exercice éventuels de leurs droits supposés.

1459. Les droits d'une personne sur ses actions et ses biens, tels que celui de vendre une marchandise dans tel ou tel endroit, d'utiliser ses prairies ou ses

eaux ne sont sujets à aucune prescription, sauf le cas
où la loi a expressement rattaché la perte de ces droits
à leur non-exercice pendant un temps déterminé.
Mais si une personne a interdit à une autre d'exercer
un droit de ce genre ou l'en a empêchée, la possession
du droit d'interdiction de la part de l'une contre la liberté de l'autre commence à partir du moment où
celle-ci s'est soumise à la défense ou à l'empêchement,
et la prescription ou l'usucapion s'opère lorsque les
autres conditions requises à cet effet viennent à se
réunir (articles 313 et 351).

1460. Pour qu'il y ait usucapion il faut, outre la
capacité de la personne et de l'objet, que quelqu'un
possède effectivement la chose ou le droit qui doivent
être acquis de cette manière, que sa possession soit
légitime, de bonne foi et sincère, et qu'elle ait été
continuée pendant tout le temps fixé par la loi (articles 309, 316, 326 et 345).

1461. Toute possession fondée sur un titre qui
aurait été suffisant pour la prise de possession de la
propriété, si celle-ci avait appartenu au cédant, est
légitime et suffisante pour l'usucapion; tels sont le
legs, la donation, le prêt, la vente ou l'achat, l'échange,
le payement, etc.

1462. Les choses prêtées, données en gage, en
dépôt ou en usufruit ne peuvent être usucapées, faute
de titre légitime, par les créanciers, les emprunteurs,

les dépositaires ou les usufruitiers : les héritiers représentent leurs auteurs et n'ont pas plus de titre qu'eux.
Le tiers possesseur légitime peut seul se prévaloir des
délais de l'usucapion.

1463. La possession doit être de bonne foi ; mais
la mauvaise foi du précédent possesseur n'empêche
pas un successeur ou héritier de bonne foi de com-
mencer l'usucapion à partir du jour de son entrée en
possession (article 1493).

1464. La possession doit aussi être sincère. Lorsque
quelqu'un s'est emparé d'une chose par violence, par
dol, ou qu'il s'est mis secrètement en possession, ou
qu'il ne possède une chose qu'à titre précaire, la
chose ne peut être usucapée ni par lui ni par ses héritiers.

1465. Il est encore nécessaire, pour prescrire et
pour usucaper, que le temps fixé par la loi soit écoulé.
Le temps requis pour prescrire et usucaper est fixé
ici d'une manière générale pour tous les cas dans lesquels les lois n'ont pas fixé de délai particulier. Le
délai est fixé d'après la différence des droits et des
choses, ainsi que des personnes.

1466. Le droit de propriété qui a pour objet une
une chose mobilière est usucapé par une possession
légitime de trois ans.

1467. Celui sous le nom duquel une chose immobilière est inscrite sur les registres publics, en pres-

crit également le droit de propriété à l'abri de toute
répétition par un délai de trois ans. Les limites de
l'usucapion doivent être appréciées selon la mesure
de la possession inscrite.

1468. Dans les lieux où il n'existe pas de registres
publics réguliers et où l'acquisition des choses immobilières doit être prouvée par des actes judiciaires ou
autres documents, ou lorsque les choses n'ont pas été
inscrites sous le nom de celui qui exerce sur elles le
droit de possession, l'usucapion ne s'acquiert que par
trente ans révolus.

1469. Les servitudes et autres droits particuliers exercés sur le fonds d'autrui sont usucapés au
bout de trois ans, comme le droit de propriété, par
celui sous le nom duquel ils ont été inscrits sur les
registres publics.

1470. Dans les lieux où il n'existe pas encore de
registres publics ou dans le cas où un tel droit n'a pas
été inscrit, le possesseur de bonne foi ne peut le prescrire que par trente ans.

1471. Quant aux droits qui ne peuvent être
exercés que rarement (tels que celui de donner une
prébende ou de faire contribuer quelqu'un à la réparation d'un pont), celui qui prétend avoir acquis un
tel droit par usucapion doit prouver, outre l'écoulement de trente années, que le cas d'exercer le droit
s'est présenté au moins trois fois dans le cours de cet

espace de temps et que chaque fois il a exercé son droit.

1472. Le temps fixé pour acquérir par usucapion dans les cas ordinaires est insuffisant pour prescrire contre le fisc, c'est-à-dire contre les administrateurs des biens et de la fortune de l'État, dans les cas où la prescription peut avoir lieu (articles 287, 289, 1456 et 1457), et contre les administrateurs des biens des églises, des communes et autres corps constitués. La possession des choses mobilières, comme la possession des choses immobilières ou des servitudes et autres droits exercés sur ces biens lorsqu'ils sont inscrits sur les registres publics sous le nom du possesseur, doit avoir été continuée pendant six ans. Les droits de ce genre qui n'ont pas été inscrits sur les registres publics sous le nom du possesseur, et tous les autres droits, contre le fisc et les personnes privilégiées énumérées ci-dessus, ne peuvent être prescrits que par une possession de quarante ans.

1473. Le même privilége est accordé à la personne qui se trouve en communauté avec une des personnes privilégiées par la loi sous le rapport du temps de la prescription. Les priviléges d'un plus long délai pour l'usucapion ont aussi leur effet à l'égard des personnes qui jouissent elles-mêmes d'un privilége analogue.

1474. La qualité de fidéicommis de famille, de

bien soumis à ferme ou à cens héréditaire, ne se perd que par une possession de quarante ans à titre de propriétaire libre.

1475. La résidence du propriétaire hors de la province dans laquelle se trouve la chose, est un obstacle à l'usucapion et la prescription ordinaire, en ce sens que le temps d'une absence volontaire et excusable ne compte que pour moitié, c'est-à-dire qu'une année n'est comptée que pour six mois. Cependant on n'aura aucun égard aux absences d'une courte durée qui ne sont pas prolongées pendant une année entière sans interruption, et en général le délai ne devra jamais être étendu au delà de trente ans tout compris. Une absence coupable n'apporte aucune exception au délai ordinaire de la prescription.

1476. Celui qui a reçu une chose mobilière directement des mains d'un possesseur non sincère ou de mauvaise foi, ou qui ne peut faire connaître celui de qui il la tient, doit attendre l'expiration d'un délai double du délai ordinaire de l'usucapion.

1477. Celui qui fonde l'usucapion sur un laps de trente ou de quarante ans n'a pas besoin de produire de titre de possesseur légitime. Cependant il ne peut acquérir par usucapion, même après ce long terme, si on peut prouver que la possession était de mauvaise foi.

1478. Comme toute usucapion renferme une

prescription, l'une et l'autre s'accomplissent dans le même espace de temps suivant les conditions déterminées. Néanmoins pour la prescription proprement dite d'un droit qui a pu être exercé, il suffit du simple non-usage pendant trente ans.

1479. Tous les droits contre un tiers, qu'ils soient ou non inscrits sur les registres publics, s'éteignent en général au plus tard, par un non-usage pendant trente ans ou par un silence observé pendant le même espace de temps.

1480. Les créances provenant d'arrérages de prestations, intérêts, rentes ou services annuels s'éteignent au bout de trois ans ; le droit lui-même est prescrit par le non-usage pendant trente ans.

1481. Ne peuvent être prescrites les obligations qui sont fondées sur les droits de famille et sur les droits personnels en général, telles que celles de fournir aux enfants leur entretien indispensable, non plus que les obligations qui se rapportent au droit ci-dessus mentionné (article 1459) de disposer librement de ces biens, telles que l'obligation de souffrir un abornement, le partage d'une chose commune.

1482. De même celui qui pourrait exercer un droit sur un fonds étranger, soit par rapport au tout, soit de différentes manières à son choix, n'éprouve aucune restriction dans son droit par cela seul que pendant un espace de temps, quelque long qu'il soit, il ne l'a exercé que sur une partie du fonds ou d'une certaine manière; la restriction de son droit ne peut être effectuée que par l'acquisition ou par l'usucapion du droit d'interdiction ou d'empêchement (article 351). Il en est de même lorsqu'une personne n'a exercé jusqu'alors que contre certains membres d'une commune un droit qui lui appartenait contre tous ses membres.

1483. Tant que le créancier a le gage entre les mains, on ne peut pas lui opposer le non-usage du droit de gage et ce droit ne peut être prescrit. Le droit du débiteur de retirer son gage est également imprescriptible. Mais lorsque la créance surpasse la valeur du gage, l'excédant peut s'éteindre par prescription.

1484. Pour prescrire un droit qui ne peut être exercé que rarement, il faut que pendant la durée des trente ans fixés pour la prescription on n'ait fait aucun usage de trois occasions qui se sont présentées d'exercer le droit (article 1471.)

1485. Quant aux personnes privilégiées par l'article 1472, on exige quarante ans pour la prescription comme pour l'usucapion.

1486. La règle générale qu'un droit ne se perd que par un non-usage de trente ou de quarante ans n'est applicable qu'aux cas pour lesquels la loi n'a pas fixé un laps de temps plus court (article 1465).

1487. Le droit d'attaquer un acte de dernière

volonté, de réclamer sa légitime ou son complément, de révoquer une donation pour cause d'ingratitude du donataire, d'annuler un contrat à titre onéreux pour cause de lésion d'outre moitié ou d'attaquer le partage d'un bien commun, et l'action en nullité d'un contrat pour cause de crainte ou d'erreur, lorsque la partie contractante ne s'est rendue coupable d'aucun dol, doivent être exercés dans le délai de trois ans. A l'expiration de ce délai ils sont prescrits.

1488. Le droit de servitude se prescrit par le non-usage lorsque la partie obligée s'est opposée à l'exercice de la servitude et que l'ayant droit n'a pas fait valoir son droit pendant trois années consécutives.

1489. Toute demande de dommages-intérêts s'éteint au bout de trois ans à partir du moment où le dommage a été connu de la partie lésée. Si le dommage ne lui a pas été connu ou s'il a été la suite d'un crime, l'action ne se prescrit que par trente ans.

1490. Les plaintes pour cause d'injures, lorsque celles-ci consistent seulement dans des outrages par paroles, par écrits ou par gestes, ne peuvent plus être formées après le délai d'un an; mais si l'offense consiste en voies de faits, le droit de plainte à fin de dommages-intérêts subsiste pendant trois ans.

1491. Quelques droits sont restreints par la loi à un plus court espace de temps. Les dispositions y relatives sont indiquées aux endroits où l'on traite de ces droits.

1492. L'ordonnance sur les lettres de change fixe l'espace de temps pendant lequel une lettre de change jouit du bénéfice du droit de change.

1493. Celui qui a reçu de bonne foi une chose de son possesseur légitime et de bonne foi est autorisé comme successeur à se prévaloir du temps de l'usucapion de son auteur (art. 1463). Il en est de même du temps nécessaire pour prescrire. Cette imputation a même lieu en l'absence d'un titre légitime lorsqu'il s'agit d'une usucapion par trente ou quarante ans, et en l'absence de bonne foi ou d'ignorance excusable, s'il s'agit d'une prescription proprement dite.

1494. Le délai de l'usucapion et de la prescription ne peut courir contre des personnes qui, par faiblesse d'esprit, sont incapables d'administrer leurs droits, telles que des mineurs, des fous ou des imbéciles, tant qu'elles ne sont pas pourvues d'un tuteur légal. L'usucapion ou la prescription une fois commencée continue à courir, mais elle ne peut en aucun cas être complétée avant deux ans au plus tôt après la cessation des empêchements.

1495. L'usucapion ou la prescription ne peut non plus être ni commencée ni continuée entre époux tant que dure l'union conjugale, ni entre enfants ou pupilles et leurs parents, tuteurs ou curateurs tant que les premiers sont sous la puissance de ces parents, tuteurs ou curateurs.

1496. L'absence par suite d'un service civil ou militaire, ou l'interruption absolue de l'administration de la justice, par exemple en temps de peste ou de guerre, empêche, tant que dure cet obstacle, non-seulement le commencement mais encore la continuation de l'usucapion ou de la prescription.

1497. L'usucapion aussi bien que la prescription est interrompue lorsque celui qui veut s'en prévaloir a reconnu le droit de l'autre, soit expressément, soit tacitement, avant l'expiration du temps de la prescription, ou lorsqu'il se trouve assigné en justice par l'ayant droit et que l'action est régulièrement poursuivie. Mais lorsque l'action est déclarée mal fondée par une décision judiciaire, la prescription doit être considérée comme non interrompue.

1498. Celui qui a acquis une chose ou un droit par usucapion peut poursuivre en justice contre l'ancien propriétaire la reconnaissance de son droit de propriétaire et faire transcrire le droit reconnu sur les registres publics lorsqu'il se rapporte à un objet susceptible de transcription.

1499. De même l'obligé peut, à l'expiration du délai de la prescription, demander la radiation de son .

obligation, si elle est inscrite sur les registres publics, ou la déclaration de nullité du droit appartenant précédemment à l'ayant droit ainsi que des titres qui s'y rapportent.

1500. Le droit acquis par usucapion ou par prescription ne peut porter aucun préjudice à celui qui, se confiant aux registres publics, a acquis une chose ou un droit avant la transcription de l'usucapion ou de la prescription.

1501. La prescription ne peut être suppléée d'office lorsqu'elle n'est point opposée par les parties.

1502. On ne peut ni renoncer d'avance à la prescription ni en proroger conventionnellement la durée au delà du terme fixé par loi.

FIN DE LA TROISIÈME PARTIE.

TABLE DES MATIÈRES.

IIᵉ SECTION.

TROISIÈME PARTIE.

DISPOSITIONS COMMUNES AUX DROITS PERSONNELS ET AUX DROITS RÉELS.

FIN DE LA TABLE.

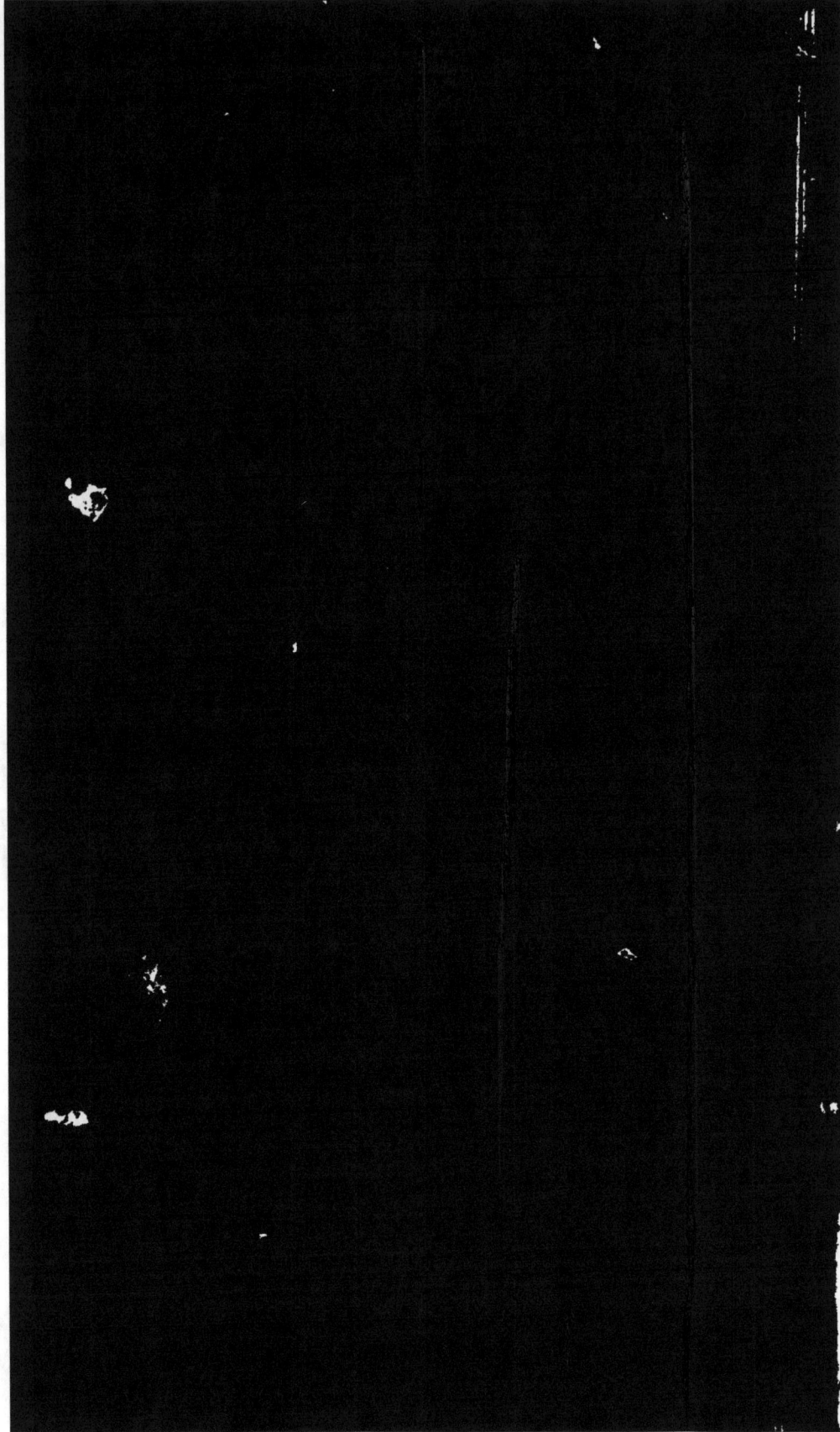

www.ingramcontent.com/pod-product-compliance
Lightning Source LLC
Chambersburg PA
CBHW061009220326

41599CB00023B/3885